[준비 및 결과 파일 홈페이지 탑재]
www.hyunwoosa.co.kr

한 권으로 기본부터 실무까지
엑셀 2016

· KDC 연구회 ·

EXCEL

현우사

머리말

　수년간 다양한 교육 현장에서 강의를 진행하면서 만난 대학생, 취업준비생, 직장인들은 엑셀의 한정적인 기능만으로 업무를 처리하거나, 엑셀 관련 자격증을 준비하면서 단순히 출제사에서 자격증을 부여하기 위한 정해진 기출문제 풀이와 암기식의 공부로 인해 개인적인 연습이 더 필요하다는 의견들이 많았습니다.

　엑셀만큼 기초를 잘 다져 놓으면 업무에서의 활용도와 일의 능률을 높일 수 있는 프로그램도 흔치 않을 것입니다. 이 책을 집필하면서 가장 염두에 둔 것은 엑셀의 기초부터 익혀 나가면서 실무활용까지 체계적으로 기본기를 쌓을 수 있도록 구성하기 위해 노력하였습니다. 엑셀을 처음 사용하는 독자들을 위한 기본 사용법인 엑셀의 환경부터 시작해서 실무에 활용할 수 있는 기능까지 다뤘습니다.

　아무쪼록 이 책을 통하여 엄청난 양의 데이터의 홍수 속에서 자신에게 필요한 데이터를 최대한 빠르게 찾아 효율적으로 관리하고 분석하고 정리하는 데 도움이 되기를 바랍니다.

　이 책이 나오기까지 함께 고생해 준 도서출판 현우사 관계자들에게 감사하며 책을 집필하는 동안 힘을 주고 지원을 아끼지 않은 임정숙 여사님, 함께하는 시간이 부족한데도 늘 응원해 준 든든한 세 아들 휘찬, 휘성, 휘랑! 사랑하고 축복하고 감사합니다.

2018년 1월
저자 일동

contents

Part 1. 엑셀 기본기 익히기   010

Section 01. 엑셀 실행하기   010
Section 02. 엑셀 2016의 기본 화면 구성 이해하기   011
Section 03. 엑셀 서식 파일로 열고 통합 문서 저장하기   013
Section 04. 화면 구성 요소 설정하기   016
    A. 눈금선 숨기기   016
    B. 리본 메뉴 축소하기   017
Section 05. 빠른 실행 도구 모음에 명령 추가하기   018
    A. 빠른 실행 도구 모음 메뉴에서 명령어 추가하기   018
    B. 리본 탭의 명령어 추가하기   019
Section 06. 셀 범위 지정하기   020
Section 07. 채우기 핸들을 이용해 데이터 채우기   025
    A. 같은 내용으로 채우기   025
    B. 숫자만 바꾸면서 채우기   027
    C. 숫자 1씩 증가하면서 채우기   029
    D. 사용자 지정 목록으로 채우기   030
Section 08. 워크시트 편집하기   032
실습하기   035

Part 2. 엑셀 데이터 다루기   036

Section 01. 엑셀 데이터의 종류 알아보기   036
    A. 데이터 구분하기   036
    B. 숫자 데이터   037
    C. 날짜, 시간 데이터   038
    D. 텍스트 데이터   040
    E. 기호, 한자 데이터   042

contents

Section 02. 엑셀의 다양한 사용자 지정 표시 형식 익히기   046
    A. 사용자 지정 표시 형식 살펴보기   046
    B. 문자/숫자 데이터 표시 형식 사용자 지정하기   048
    C. 숫자를 한글로 표시하는 사용자 지정 설정하기   051

Section 03. 데이터 실전, 표시 형식 실무 활용하기   053
    A. 데이터를 백분율로 표시하기   053
    B. 날짜와 요일을 정확하게 입력하기   055
    C. 주민등록번호 뒷자리를 *기호로 표시하기   056
    D. 하이픈 기호(−)로 빈 여백 채우기   058
    E. 양수와 음수에 서로 다른 서식 지정하기   059

Section 04. 조건부 서식 지정해 데이터 강조하기   061
    A. 특정 조건에 맞는 데이터 강조하기   062
    B. 상위/하위 규칙으로 서식 지정하기   065
    C. 수식으로 새 규칙 지정하기   067
    D. 색조와 데이터 막대 지정해 데이터를 시각화하기   071

실습하기   073

Part 3. **수식 작성 및 실무 함수 활용하기**   074

Section 01. 수식에서 사용하는 참조 유형 알아보기   074
    A. 수식 작성의 기본   074
    B. 셀 참조 유형   075

Section 02. 자주 사용하는 함수의 종류와 사용법 알아보기   078
    A. 함수의 종류   078
    B. 함수의 사용법   079

contents

Section 03. 실무 함수 익히기 080
    A. 이름 정의를 이용해 분기별 합계(SUM) 구하기 080
    B. MAX 함수와 LARGE 함수로 최대값 구하기 086
    C. 조건을 만족하는 개수 구하기(COUNTIF, COUNTIFS) 090
    D. SUMIFS 함수로 여러 조건을 만족하는 총매출 구하기 094
    E. RANK.EQ 함수로 순위 구하기 097
    F. CHOOSE 함수와 RIGHT 함수로 판매장소 입력하기 100
    G. IF, OR, MID 함수로 성별 표시하기 103
    H. HLOOKUP 함수와 VLOOKUP 함수로 담당지점과 할인율 계산하기 108
실습하기 112

Part 4. 차트와 스파크라인으로 데이터 시각화하기   114

Section 01. 차트 설정하기 114
    A. 차트 삽입하고 편집하기 114
    B. 차트 종류 변경과 스타일 적용하기 116
    C. 차트에 세부 서식 지정하기 119
Section 02. 스파크라인 삽입하고 편집하기 121
    A. 스파크라인 삽입하기 121
    B. 스파크라인 종류 변경하기 123
    C. 스파크라인 스타일과 디자인 변경하기 124
실습하기 126

Part 5. 데이터베이스 관리와 데이터 분석하기   127

   Section 01. 중복 데이터 삭제하기   127

   Section 02. 데이터 정렬하여 부분합 작성하기   129
       A. 데이터 정렬하기   129
       B. 부분합 구하기   131

   Section 03. 자동 필터로 데이터 추출하기   133

   Section 04. 피벗 테이블 지정하고 편집하기   136
       A. 추천 피벗 테이블 만들기   136
       B. 사용자 지정 새 피벗 테이블 만들기   138
       C. 피벗 테이블 그룹 설정 및 필터링하기   140
       D. 피벗 테이블 레이아웃 및 디자인 변경하기   144

   실습하기   146

Part 6. 분석 도구와 매크로 작성하기   147

   Section 01. 시나리오 관리자   147

   Section 02. 목표값 찾기   152

   Section 03. 매크로 작성하고 실행하기   154
       A. 매크로 기록하기   154
       B. 매크로 포함 문서 저장하기   159

   실습하기   161

contents

Part 7. 인쇄 환경 설정하기 162

    Section 01. 인쇄 미리 보고 여백 설정하기 162
    Section 02. 반복 인쇄할 제목 행 지정하기 165
    Section 03. 인쇄 용지의 머리글/바닥글 지정하기 167
        A. 머리글 삽입하기 167
        B. 바닥글에 페이지 번호 삽입하기 172

    실습하기 174

엑셀 활용 특별 부록

Part 8. 알아두면 쓸데 있는 엑셀 기능 176

    실무활용 01. 저장하지 못한 파일 복구하기 176
    실무활용 02. 보안이 필요한 문서에 암호 지정하기 180
    실무활용 03. 유효성 검사를 이용해 자동화하기 184
        A. 유효성 검사로 목록 설정하기 184
        B. 잘못된 데이터 표시하기 189
    실무활용 04. 틀 고정 기능으로 머리글 항상 표시하기 193
    실무활용 05. 주변 데이터에 영향 주지 않고 행 삽입/삭제하기 195
    실무활용 06. 다양한 조건에 적합한 데이터를 추출하는 고급 필터 사용하기
    198
        A. 고급 필터 조건을 만드는 규칙 198
        B. OR조건으로 고급 필터 적용하기 201
        C. 수식으로 고급 필터 적용하기 203
        D. 복합된 형태의 조건으로 고급 필터 적용하기 205

contents

실무활용 07. 문서에 워터마크 효과 나타내기　　　　　　　　　　　　207
실무활용 08. 앱스토어에서 지오그래픽 히트 맵 작성하기　　　　　　　211
실무활용 09. 조건부 서식과 함수(MOD, ROW 함수)를 이용해 문서 가독성 높이기
　　　　　　　　　　　　　　　　　　　　　　　　　　　　　　　215
실무활용 10. 여러 행의 메일 주소를 연결해 한 번에 메일 보내기(PHONETIC 함수)
　　　　　　　　　　　　　　　　　　　　　　　　　　　　　　　218
실무활용 11. 명단에서 이름과 전화번호 보호하기(REPLACE 함수)　　　222

실습하기 해설

Part 1. 해설　　　　　　　　　　　　　　　　　　　　　　　　　226
Part 2. 해설　　　　　　　　　　　　　　　　　　　　　　　　　229
Part 3. 해설　　　　　　　　　　　　　　　　　　　　　　　　　232
Part 4. 해설　　　　　　　　　　　　　　　　　　　　　　　　　236
Part 5. 해설　　　　　　　　　　　　　　　　　　　　　　　　　238
Part 6. 해설　　　　　　　　　　　　　　　　　　　　　　　　　241
Part 7. 해설　　　　　　　　　　　　　　　　　　　　　　　　　245

PART 01 엑셀 기본기 익히기

엑셀 2016은 리본 메뉴의 탭과 그룹, 명령 아이콘들로 이루어져 이전 버전과 구성이 크게 달라지지 않았습니다. 기본 화면구성과 기본기를 익히기 위한 주요 기능들을 살펴보겠습니다.

Section 01 엑셀 실행하기

학습목표 엑셀 2016을 시작하면 [엑셀 빠르게 시작하기] 화면이 나타납니다. [최근 항목], [다른 통합 문서 열기], [둘러보기], [서식 통합 문서] 중에서 사용자가 선택하여 엑셀을 실행할 수 있습니다.

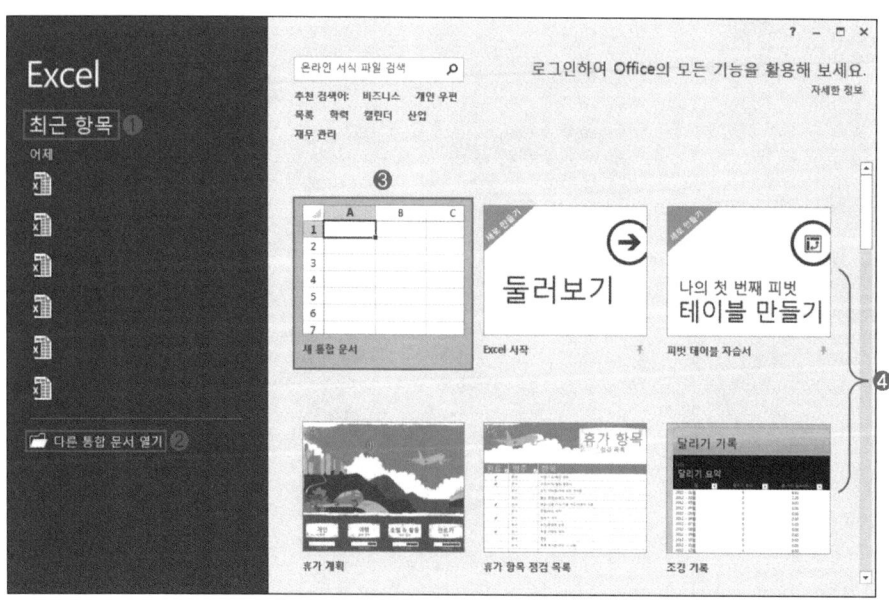

❶ **최근 항목** : 최근에 작업한 통합 문서 목록에서 통합 문서를 불러옵니다.
❷ **다른 통합 문서 열기** : 기존에 작업했던 통합 문서를 온/오프 저장 공간(원 드라이브/컴퓨터 등)에서 찾아올 수 있습니다.
❸ **새 통합 문서** : 새로운 통합 문서를 열어 데이터 입력, 편집, 서식 적용 등을 할 수 있습니다.
❹ **서식 통합 문서** : 자주 사용하는 엑셀 문서의 서식 파일을 열어 빠르게 문서 작업을 합니다.

Section 02 엑셀 2016의 기본 화면 구성 이해하기

> **학습목표** 주요 메뉴의 위치를 제대로 알고 있어야 문서의 작업 속도를 크게 향상시킬 수 있습니다. 엑셀 화면의 위쪽에 펼쳐진 리본 메뉴의 구성만 제대로 이해하고 있으면 얼마든지 원하는 기능을 빠르게 찾을 수 있습니다. 엑셀 2016의 화면 구성이 어떻게 되어 있는지 각각의 명칭과 이름은 무엇인지 알아보겠습니다.

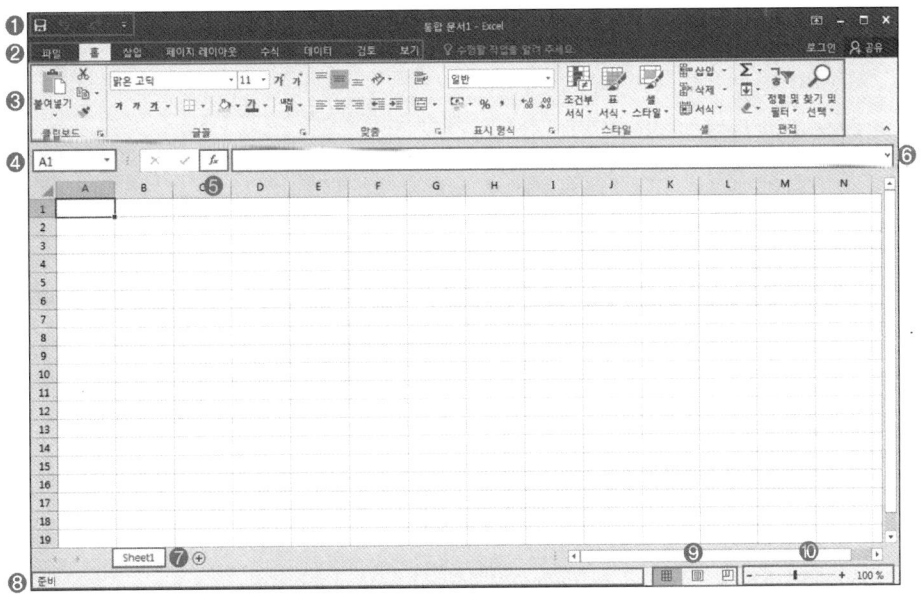

❶ **빠른 실행 도구 모음** : 자주 사용하는 도구만 모아놓은 곳으로, 도구를 추가하거나 삭제하여 사용자의 작업 환경에 맞게 설정할 수 있습니다.

❷ **탭** : 엑셀 2007 버전부터 달라진 리본 메뉴의 구성 중 하나로, 탭을 클릭하면 해당 기능이 모여 있는 그룹이 나타납니다. 기본 제공 탭 외에도 그림, 도형, 차트 등을 선택하면 [그림 도구]나 [표 도구]와 같은 상황별 탭이 추가로 표시됩니다.

❸ **그룹** : 하나의 탭 안에 여러 그룹이 속해 있습니다. [홈] 탭의 경우에는 [클립보드] 그룹과 [글꼴] 그룹, [정렬] 그룹 등으로 구성됩니다.

❹ **이름상자** : 현재 시트에서 작업 중인 셀의 주소를 표시해 주는 곳으로, 조건부 서식 및 표 작업 등에서 특정 셀 범위의 정보를 제공하거나 선택할 때 유용하게 사용할 수 있습니다.

❺ **[함수 삽입] 단추** : 데이터를 입력하거나 취소할 수 있고 [함수 삽입] 단추를 클릭하여 함수 마법사를 실행해 원하는 함수를 골라 입력할 수 있습니다.

❻ **수식 입력줄** : 셀에 입력한 데이터나 함수 및 계산 수식은 수식 입력줄에 수식 결과는 셀에 표시됩니다.

❼ **시트 탭** : 각각의 시트 이름을 표시합니다. 기본 이름은 [Sheet1], [Sheet2]의 순서로 나타납니다.

❽ **상태 표시줄** : 현재 작업 중인 엑셀 파일의 상태를 알려주는 곳입니다. 선택한 셀이 두 개 이상이면 평균, 개수, 숫자 셀 수, 최대값, 최소값과 같은 정보, 합계와 같은 기초 통계량을 보여주기도 합니다.

❾ **화면 보기 단추** : [기본] 보기, [페이지 레이아웃] 보기, [페이지 나누기 미리 보기] 등 원하는 문서 보기 상태를 선택할 수 있습니다.

❿ **화면 보기 비율 확대/축소** : 슬라이드바를 드래그하여 화면 보기 비율을 10~400%까지 확대 또는 축소할 수 있습니다. [100%]를 클릭하여 [확대/축소] 대화상자를 열고 비율을 직접 입력할 수도 있습니다.

Section 03 엑셀 서식 파일로 열고 통합 문서 저장하기

학습목표 모든 프로그램의 기본은 문서를 열고 저장하는 것입니다. 엑셀에서 문서를 작성할 때 새 통합 문서를 열어 작업하거나 마이크로소프트에서 지원하고 있는 온라인 서식 파일을 사용할 수도 있습니다. 서식 파일을 이용해 문서를 열고 저장하는 방법을 알아보겠습니다.

📁 준비파일 기본 화면 📁 결과파일 file/Part1/2018년 예산.xlsx

❶ 엑셀에서 기본으로 제공하는 서식 파일을 열어서 문서를 작성해 보겠습니다.
[파일] 탭 클릭 – [새로 만들기]를 선택 – 추천 검색어에서 [개인 우편]을 선택합니다.

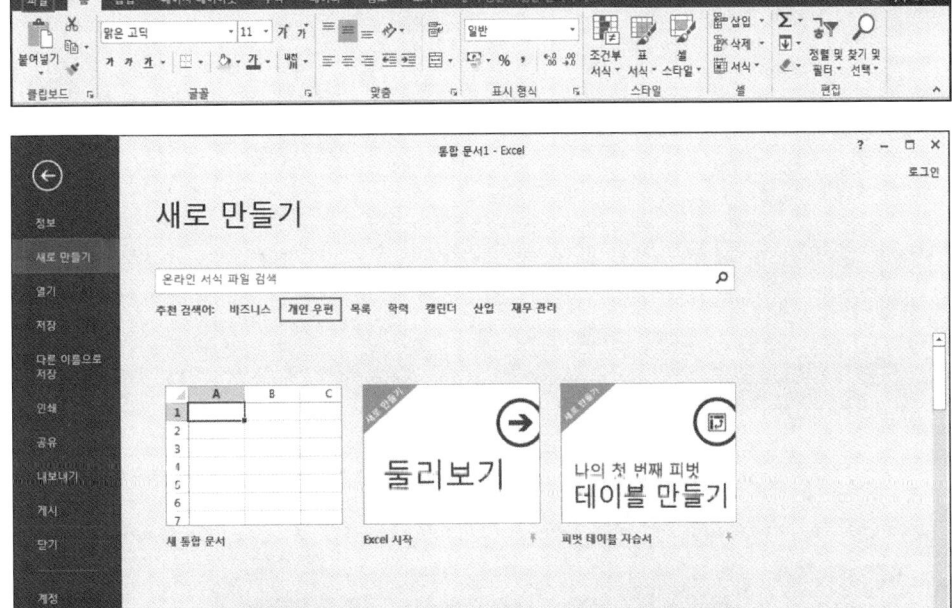

❷ 개인 우편과 관련된 서식 파일 목록이 나타납니다. [간단한 예산]을 더블 클릭합니다.

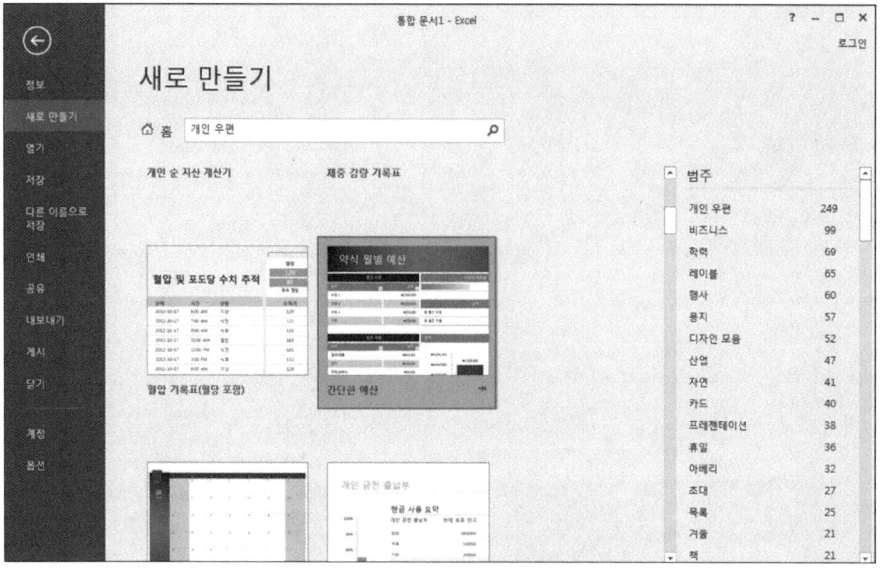

Tip ▶ Office.com 온라인에서 다운로드한 후 파일이 열리므로 인터넷에 연결되어 있어야 합니다.

❸ 연도 도형 박스 안을 클릭해서 '2018'로 수정한 후, 빠른 실행 도구 모음에서 [저장]을 클릭합니다.

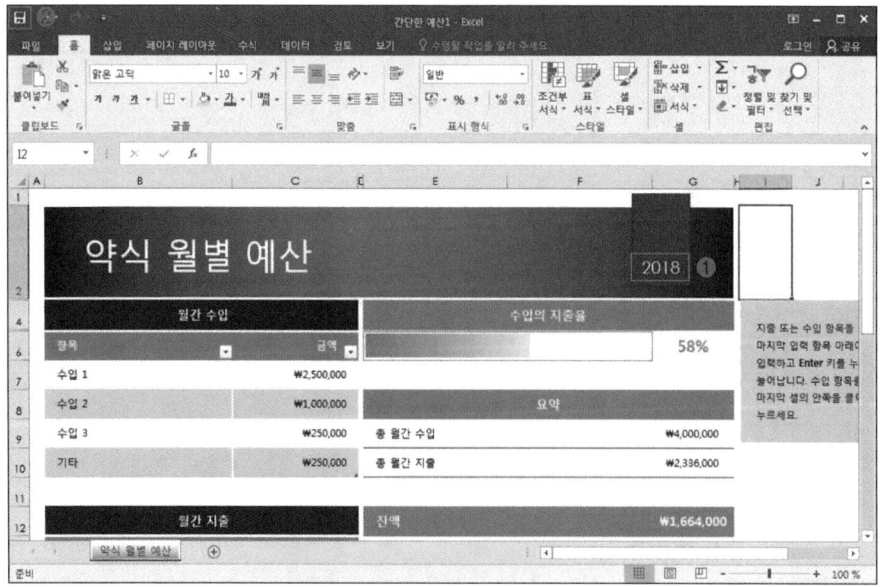

❹ [다른 이름으로 저장]에서 [찾아보기] 명령을 클릭합니다.

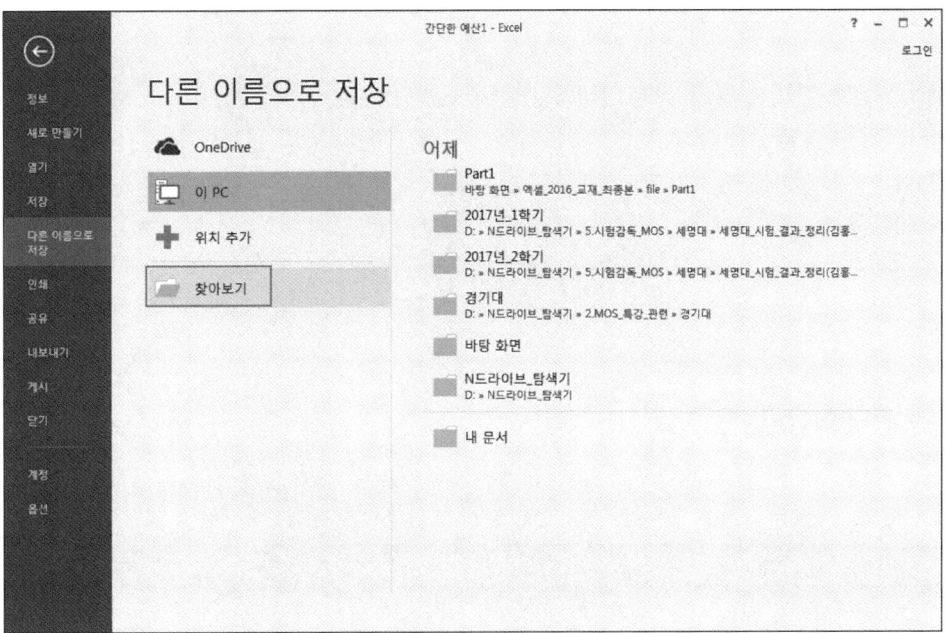

❺ [다른 이름으로 저장] 대화상자에서 [파일 이름]에 '2018년 예산'을 입력한 후 [저장]을 클릭하여 통합문서를 저장합니다.

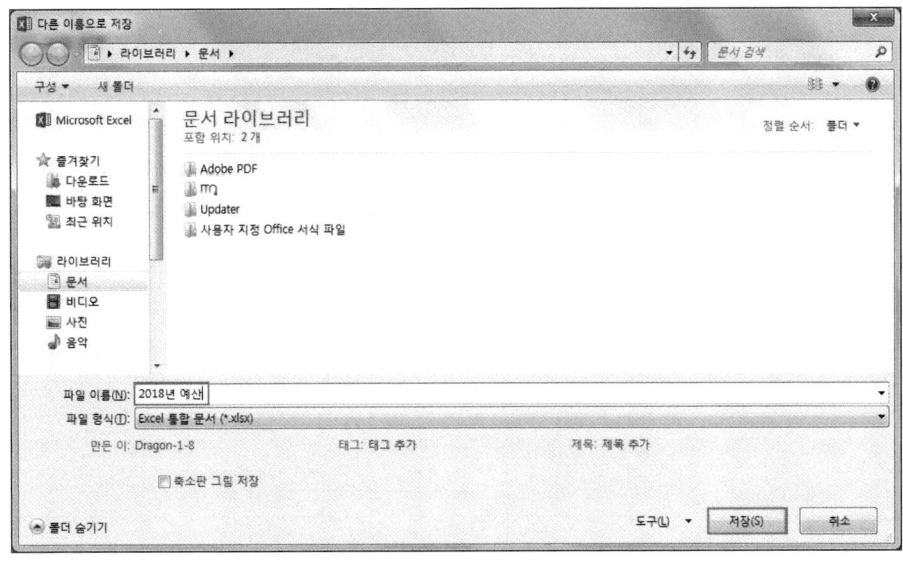

Section 04 화면 구성 요소 설정하기

> **학습목표**
> 문서를 작성할 때 수식 입력 중 열/행 머리글, 워크시트에 나타나는 눈금선이 편리하지만 결과물을 보여줄 때는 거슬리는 요소일 수 있습니다. 엑셀 화면의 구성 요소를 임의로 보여주거나 숨기는 기능을 알아보겠습니다.

📁 준비파일 file/Part1/월간 영업 보고서.xlsx   📁 결과파일 없음

A 눈금선 숨기기

❶ [보기] 탭 – [표시] 그룹 – [눈금선]을 클릭하여 체크 표시를 해제합니다.

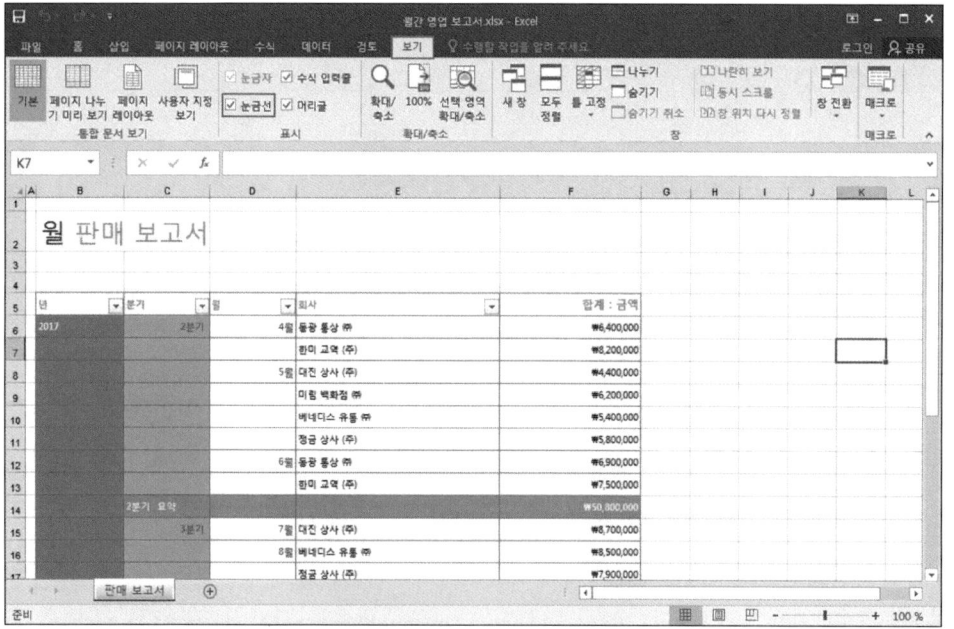

❷ 완성된 보고서를 확인할 때는 눈금선처럼 불필요한 요소를 숨기면 편리합니다.

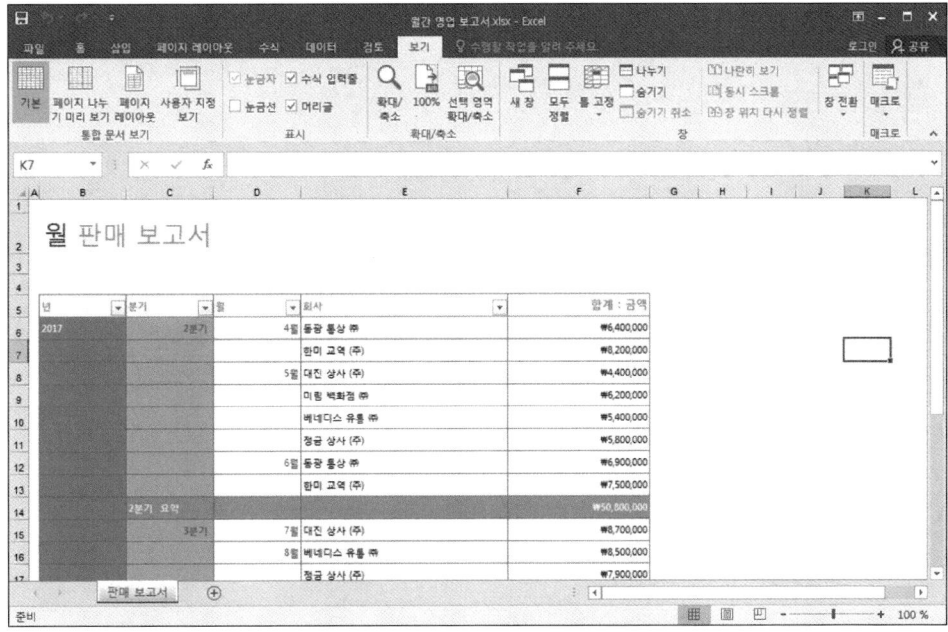

B 리본 메뉴 축소하기

❶ [리본 메뉴 축소] 단추를 클릭하면 리본 메뉴가 축소되면서 작업 창의 문서 내용을 좀 더 넓은 영역에서 볼 수 있습니다.

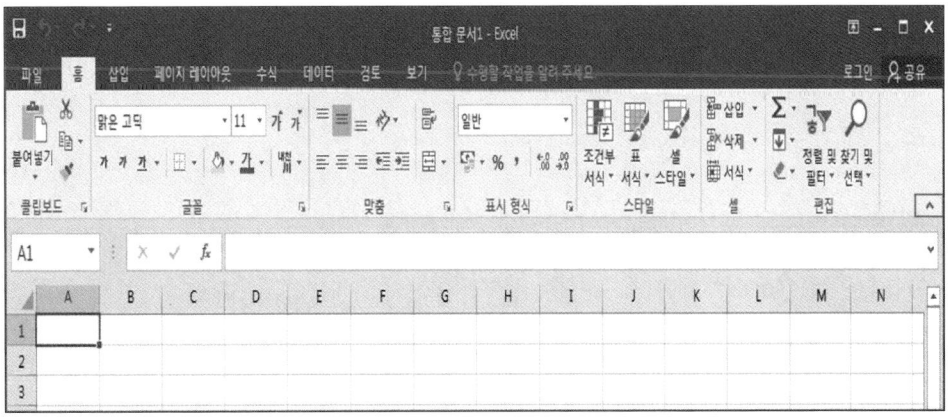

❷ [리본 메뉴 표시 옵션]을 클릭하고 [탭 및 명령 표시] 항목을 클릭하면 다시 원상태로 돌아갑니다.

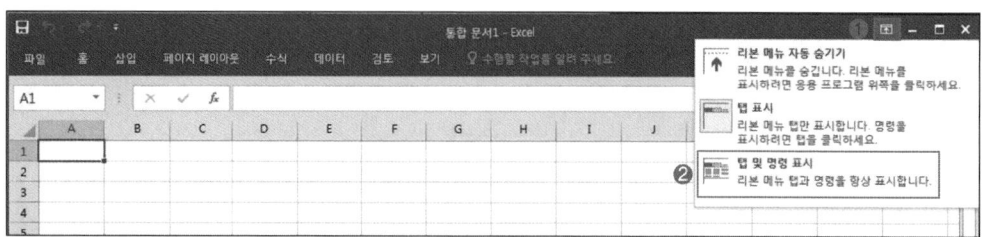

> **Tip** 임의의 리본 탭을 더블클릭하거나, 단축키 Ctrl+F1을 눌러도 리본 메뉴를 축소/확장할 수 있습니다.

Section 05 빠른 실행 도구 모음에 명령 추가하기

학습목표 빠른 실행 도구 모음은 자주 사용하는 명령을 빠르게 실행할 수 있도록 모아놓은 메뉴입니다. 사용자의 편의에 따라 명령 단추를 빠른 실행 도구 모음에 추가하거나 제거할 수 있습니다. 빠른 실행 도구 모음 메뉴에 명령을 추가하고 실행하는 방법에 대해 알아보겠습니다.

📁 준비파일 없음   📁 결과파일 없음

A 빠른 실행 도구 모음 메뉴에서 명령어 추가하기

[빠른 실행 도구 모음 사용자 지정]을 클릭하고 [새로 만들기], [열기], [인쇄 미리 보기 및 인쇄] 항목을 각각 선택하여 빠른 실행 도구 모음에 추가합니다.

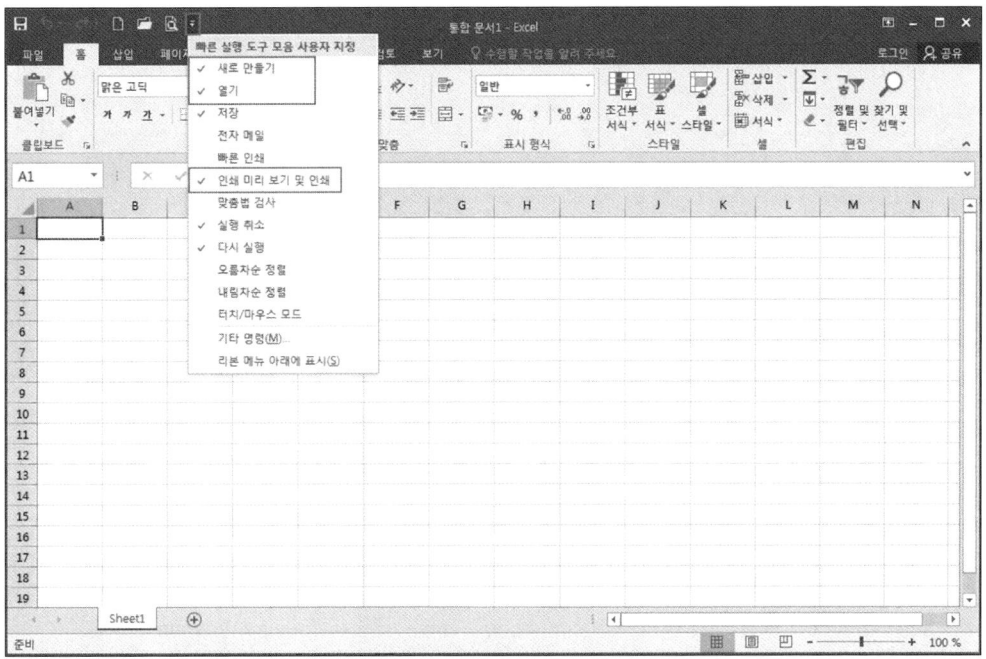

B 리본 탭의 명령어 추가하기

[홈] 탭 – [클립보드] 그룹 – [서식 복사] 명령에서 마우스 오른쪽 버튼을 클릭한 후 [빠른 실행 도구 모음에 추가] 항목을 선택합니다.

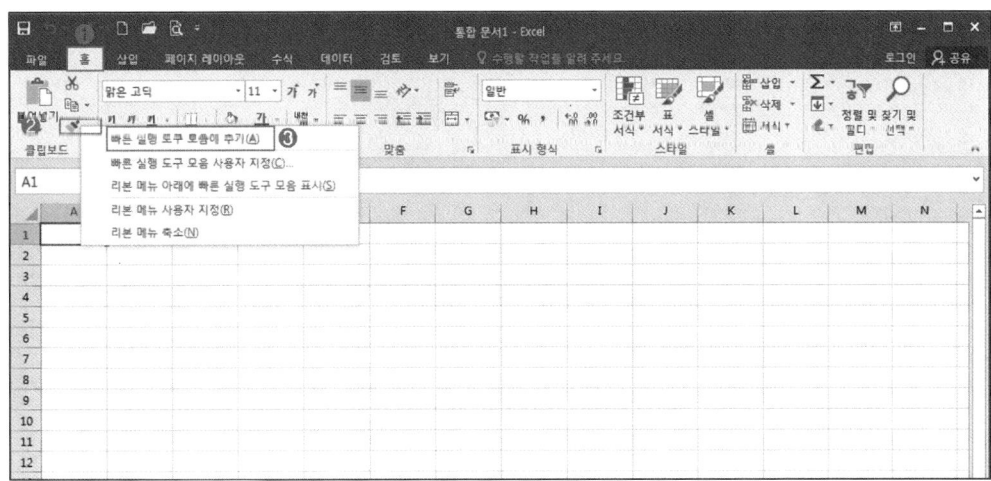

Section 06 셀 범위 지정하기

> **학습목표**
> 업무에서 다루는 데이터의 양은 엄청나기 때문에 많은 양의 데이터를 빠르게 선택하는 방법을 익힌다면 작업 속도를 단축시킬 수 있습니다. 단축키를 활용하여 하나의 셀을 선택하거나 여러 개의 셀을 범위로 지정하는 방법과 이름 정의로 셀 범위를 지정하는 방법에 대해서 살펴보겠습니다.

📁 준비파일 file/Part1/영업 데이터.xlsx   📁 결과파일 file/Part1/영업 데이터_결과.xlsx

❶ 키보드로 셀 범위 지정하기

[B6] 셀을 클릭하고 Ctrl + Shift + ↓ 를 누르면 [B6:B35] 셀 범위가 지정됩니다.

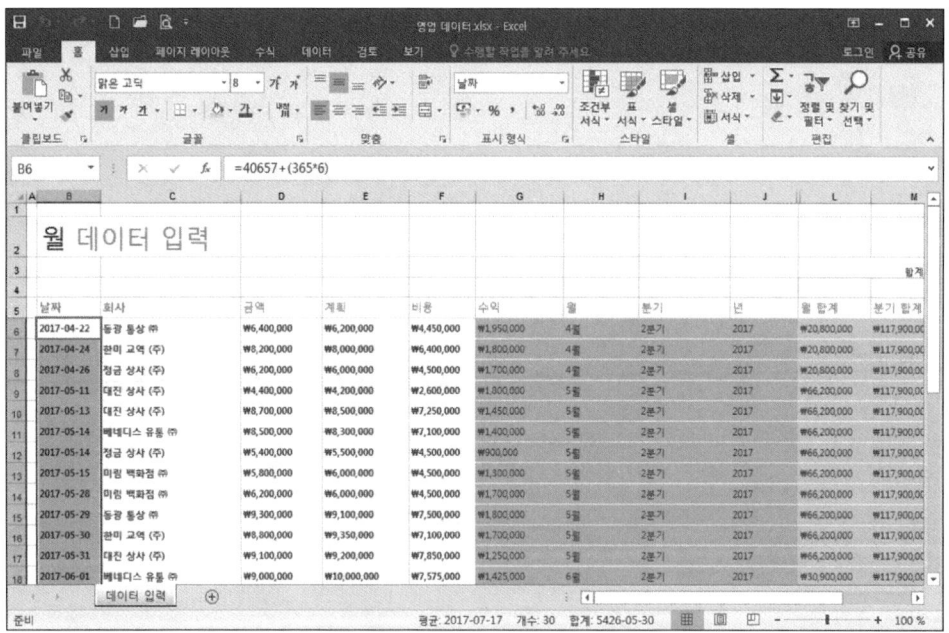

❷ 전체 데이터 범위 지정하기

데이터 목록에서 임의의 셀을 선택한 후 Ctrl+A를 누르면 데이터가 입력된 전체 범위가 선택됩니다.

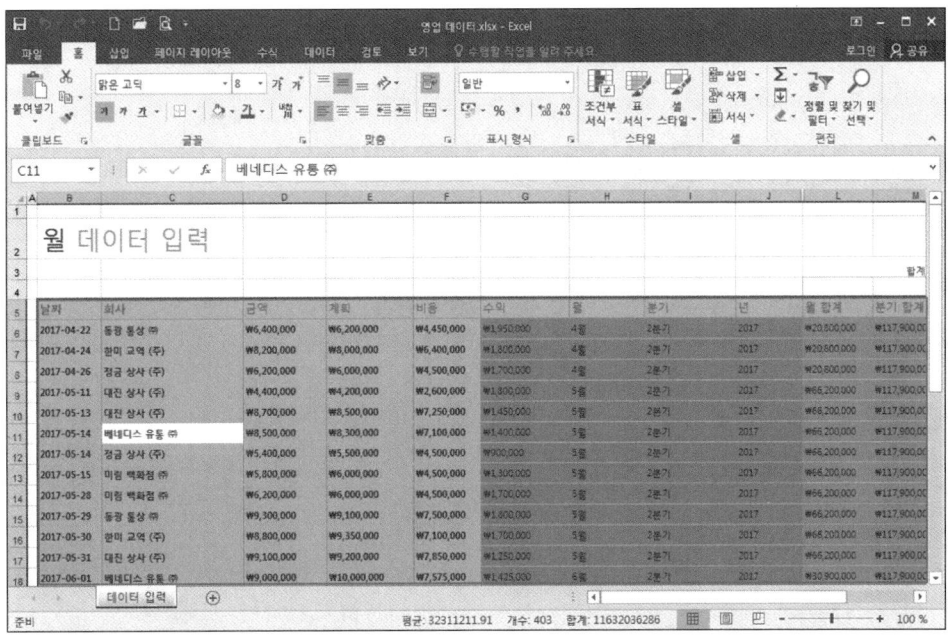

> **Tip** 범위 지정 단축키 (한빛28)
>
> Ctrl+Shift+↑/↓/←/→ : 데이터가 입력된 현재 셀에서 열의 첫 행 또는 마지막 행, 첫 열 또는 마지막 열까지 범위를 지정합니다. 단, 데이터가 입력되지 않았을 때는 현재 열/행의 처음 또는 마지막 셀까지 범위가 지정됩니다.
>
> Ctrl+* : 데이터가 입력된 전체 범위를 지정합니다. 단, 데이터가 입력되지 않았을 때는 범위가 지정되지 않습니다.
>
> Ctrl+A : 데이터가 입력된 전체 범위를 지정합니다. 단, 데이터가 입력되지 않았을 때는 현재 워크시트 전체 셀 범위가 지정됩니다.

❸ **셀 범위 이름으로 정의하기** : 엑셀에서는 참조 셀을 잘못 지정해서 생기는 오류를 줄이기 위해 셀이나 선택 범위에 이름을 정의할 수 있습니다. 셀이나 셀 범위를 선택한 후 [이름 상자]에 이름을 입력하고 Enter를 누르면 이름을 정의할 수 있습니다. [B6:N30] 셀 범위를 드래그합니다. (앞서 익힌 단축키를 활용하여 범위를 지정해 봅니다. [B6] 셀 선택 후 Ctrl+Shift 두 키를 누른 상태에서 → 누르고, ↓ 누르면 해당 범위가 연속으로 선택됩니다.) [이름 상자]에 '분기별데이터'를 입력한 후 Enter를 누릅니다.

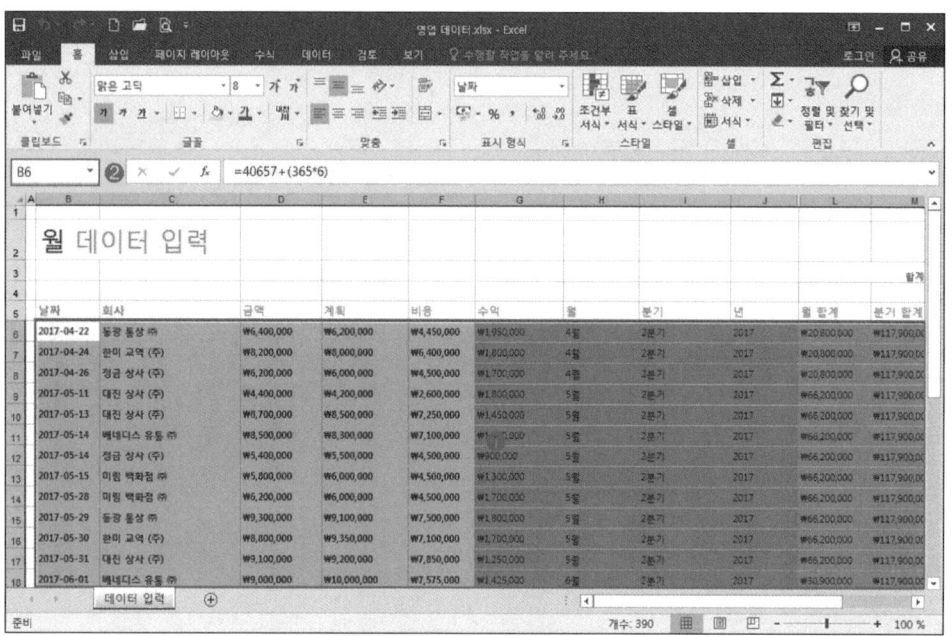

[이름 상자 목록]을 클릭하고 앞서 정의한 이름 범위에서 '분기별 데이터'를 선택합니다. [B6:N35] 셀에 해당하는 '분기별데이터' 범위가 선택됩니다.

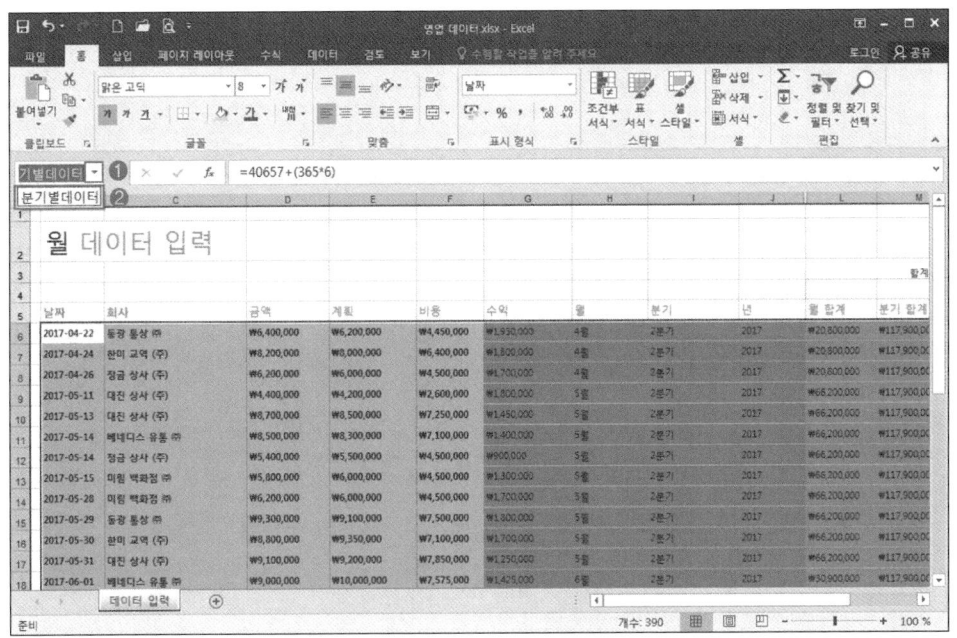

❹ **선택 영역에서 이름 만들기** : [선택 영역에서 만들기]를 이용하면 제목에 해당하는 [첫 행]이나 [왼쪽 열], [끝 행], [오른쪽 열] 등은 한 번에 셀 이름으로 지정할 수 있습니다. 전체 데이터를 선택하기 위해 데이터 목록의 임의의 셀을 선택한 후 Ctrl+* (또는 Ctrl+A)을 누릅니다. [수식] 탭 – [정의된 이름] 그룹 – [선택 영역에서 만들기] 명령을 클릭합니다.

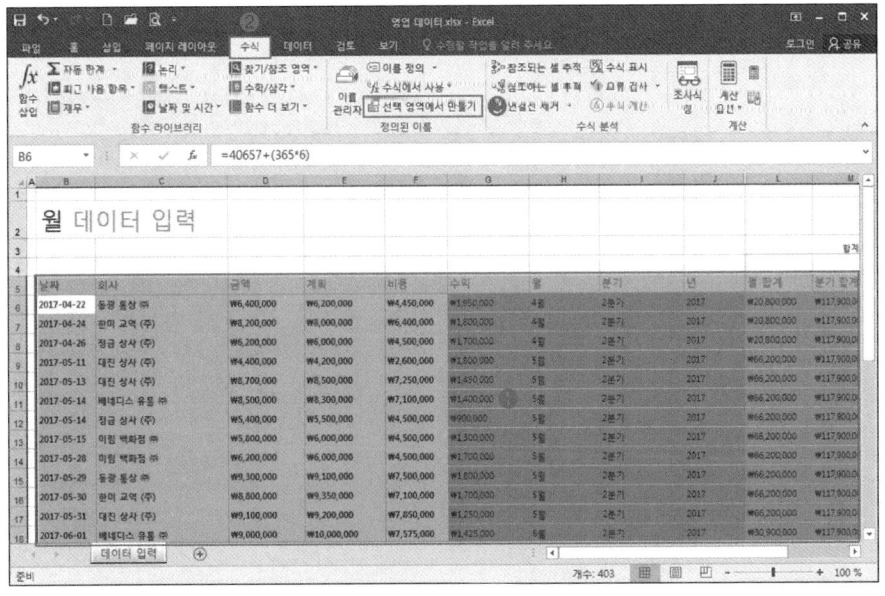

[선택 영역에서 이름 만들기] 대화상자에서 [첫 행]만 체크 표시하고 [확인] 단추를 클릭합니다.

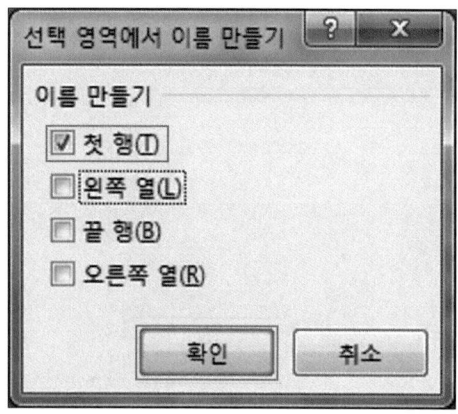

[첫 행]을 셀 이름으로 정의 하였으므로 [이름 상자] 목록에는 첫 행의 필드명이 정의된 목록으로 추가됩니다. [이름 상자 목록]을 클릭하면 정의된 목록이 보여지며 정의한 범위 이름을 클릭하면 해당 열이 선택됩니다.

Section 07 채우기 핸들을 이용해 데이터 채우기

> **학습목표** 연속적인 데이터나 일정한 규칙이 있는 데이터를 채우기 핸들을 이용해 간편하게 입력해 보겠습니다.

📁 준비파일 file/Part1/상반기매출이익.xlsx   📁 결과파일 file/Part1/상반기매출이익_결과.xlsx

A 같은 내용으로 채우기

❶ [매출이익] 워크시트의 업체명, 제품코드, 분기에 해당하는 내용을 채우기 핸들을 이용해 채워 넣어 보겠습니다. [B6] 셀을 클릭 – 채우기 핸들을 [B17] 셀까지 드래그하면 데이터가 채워집니다.

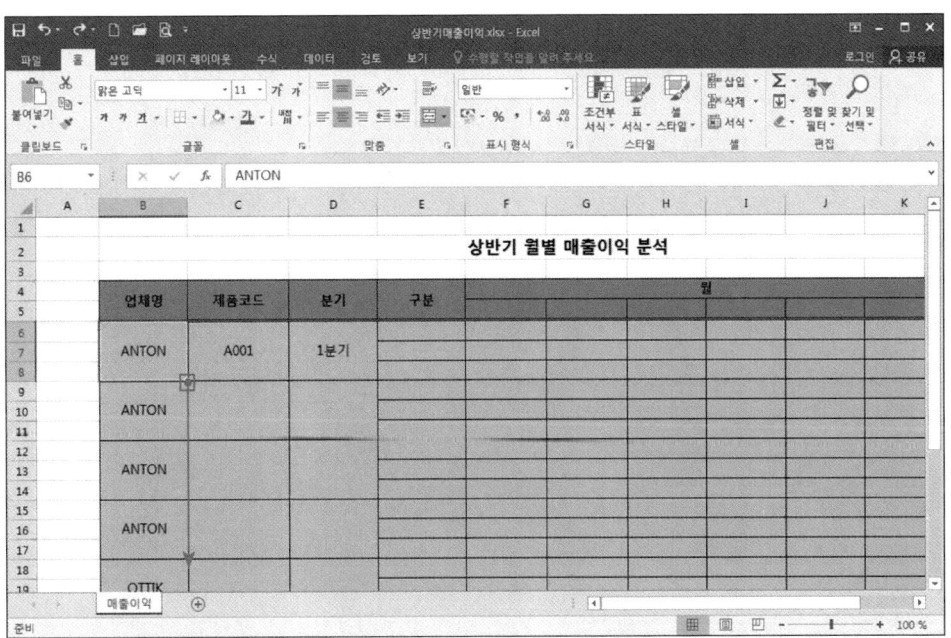

Part 01. 엑셀 기본기 익히기 • 025

❷ 위와 같은 방법으로 [B18] 셀을 클릭하고 채우기 핸들을 [B29] 셀까지 드래그하여 데이터를 채웁니다.

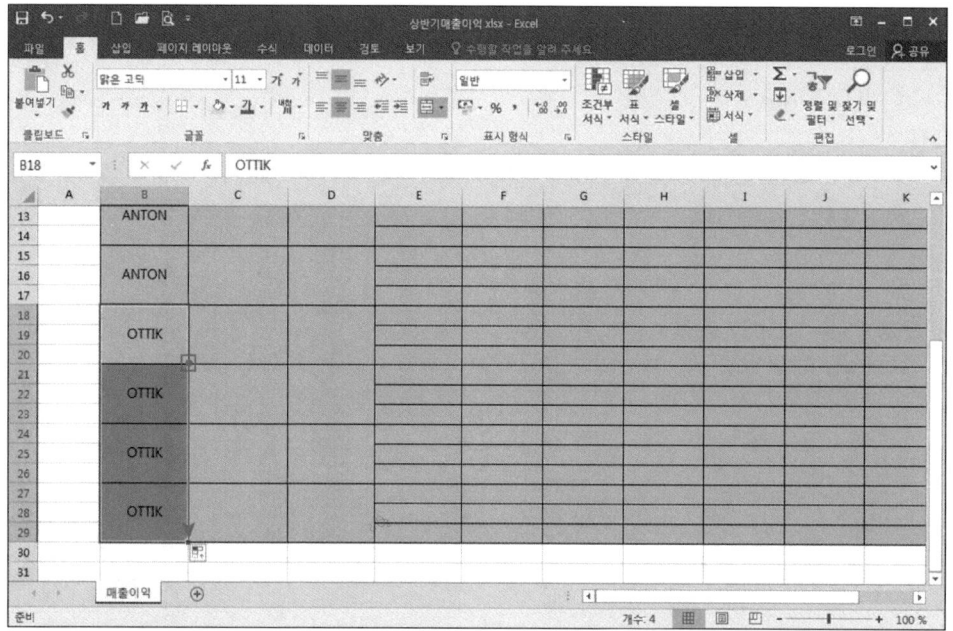

> **Tip**
> - 문자 데이터를 채우기 핸들로 드래그하면 내용이 변하지 않고 동일한 내용으로 복사됩니다.
> - 채우기 핸들을 드래그해서 값을 채우고 나면 마지막 셀 아래쪽에 자동 채우기 옵션(📋)이 나타납니다. 채우기 옵션을 이용하면 셀 복사, 연속 데이터 채우기, 서식만 채우기, 서식 없이 채우기 중 하나를 선택하여 데이터를 채울 수 있습니다.

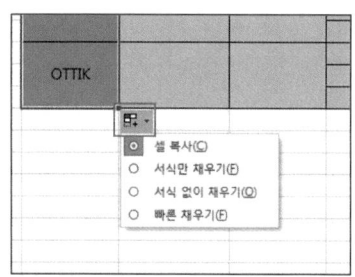

> **Tip** 날짜데이터를 채우기 할 경우 [자동 채우기 옵션(📋)]을 선택하면 '일 단위 채우기', '평일 단위 채우기', '월 단위 채우기', '연 단위 채우기' 등 사용자가 원하는 형태의 날짜 데이터로 채울 수 있습니다.

B 숫자만 바꾸면서 채우기

❶ [C6:D8] 셀 범위를 드래그하고 채우기 핸들을 [D17] 셀까지 드래그합니다.

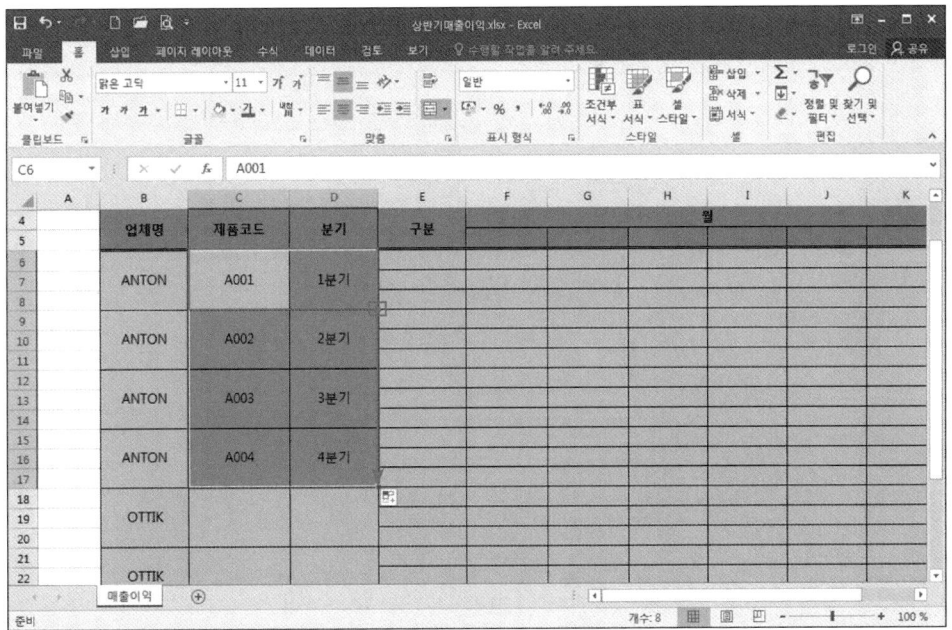

> **Tip** 문자와 숫자가 혼합된 데이터에서 채우기 핸들을 드래그하면 문자는 그대로인 채 숫자만 1씩 증가하여 채워집니다.

❷ [C6:D17] 셀까지 드래그하여 범위를 지정하고 Ctrl을 누른 상태로 채우기 핸들을 [D29] 셀까지 드래그합니다. 지정한 범위 안의 내용이 숫자 데이터는 증가하지 않고 동일한 내용으로 복사됩니다.

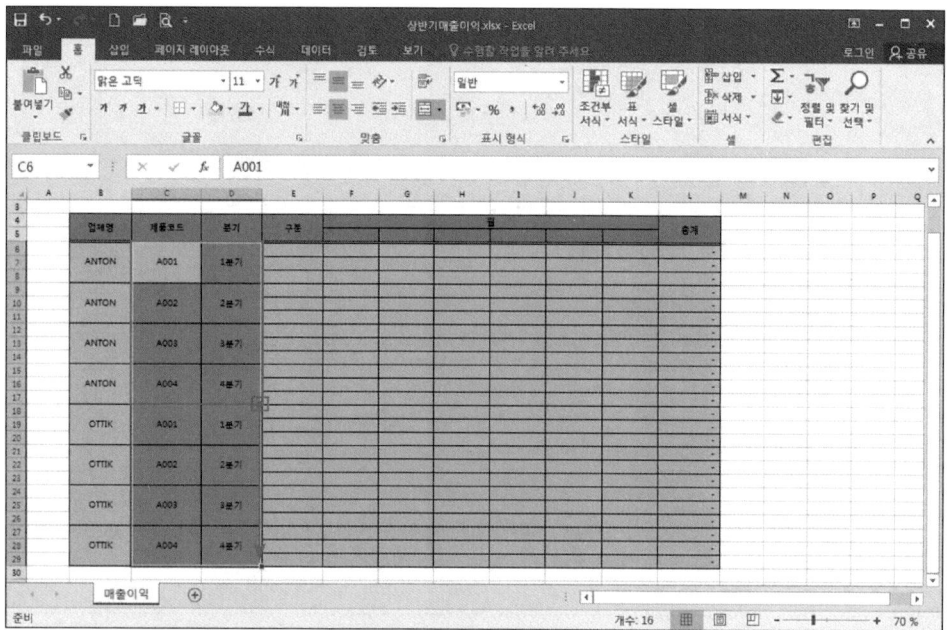

C 숫자 1씩 증가하면서 채우기

❶ [F5] 셀에 숫자 1입력, [G5] 셀에 숫자 2 입력 후, [F5:G5] 셀 범위를 지정하여 채우기 핸들을 [K5] 셀까지 드래그합니다. 숫자가 1씩 증가하여 번호가 채워집니다.

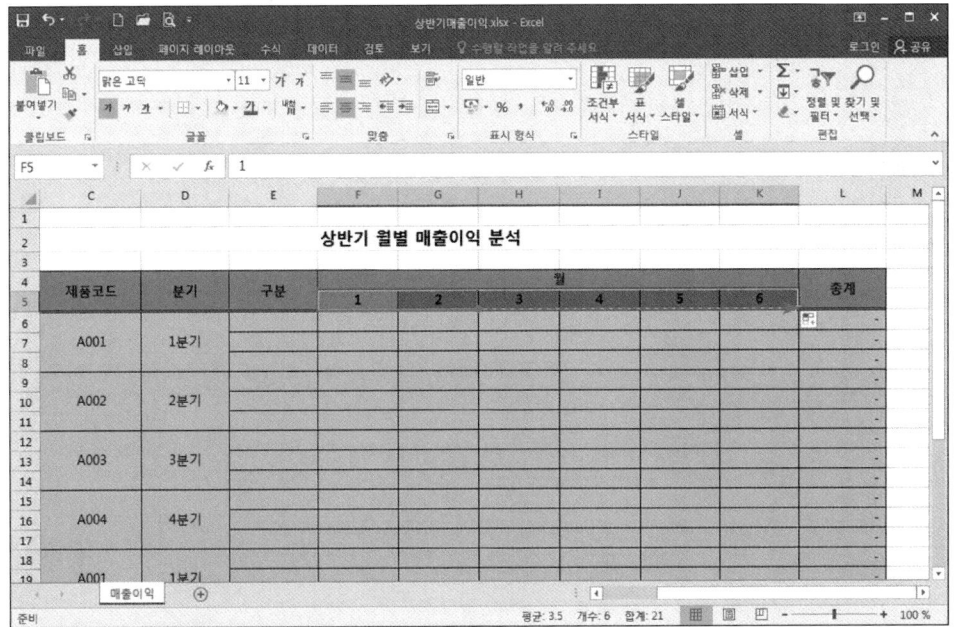

> **Tip** 숫자 데이터인 두 셀을 범위로 지정하고 채우기 핸들을 드래그하면 두 셀 값의 차이만큼 데이터가 증감하면서 채워집니다. 이때 두 셀의 차이에 관계없이 1씩 증가하면서 채우고 싶을 때는 Ctrl 을 누른 상태에서 채우기 핸들을 드래그합니다.

D 사용자 지정 목록으로 채우기

❶ [파일] 탭을 클릭 – [옵션] 명령을 선택합니다.

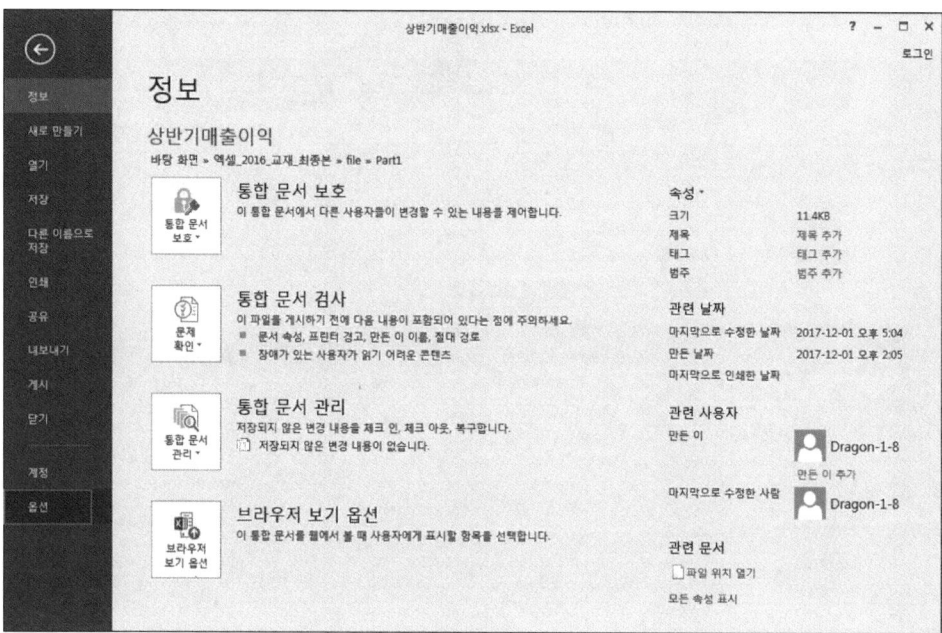

❷ [Excel 옵션] 대화상자에서 [고급] 항목을 선택하고 [사용자 지정 목록 편집] 단추를 클릭합니다.

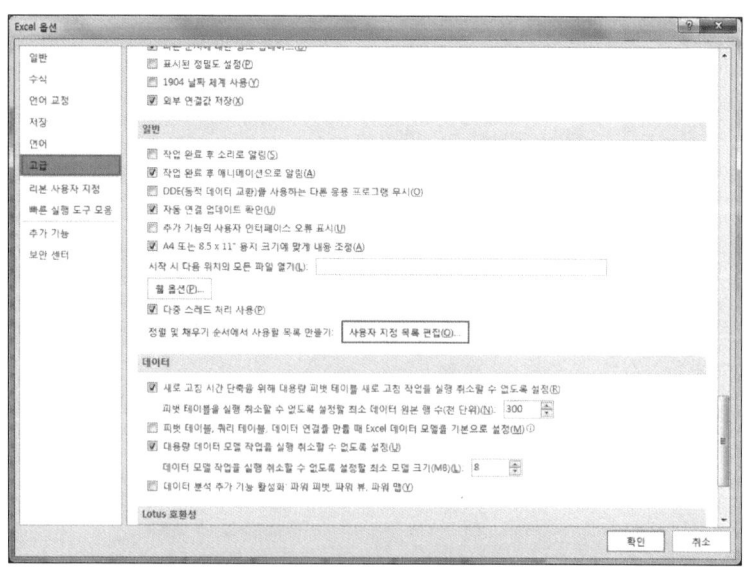

❸ [사용자 지정 목록] 대화상자의 [목록 항목]에 '단가, 수량, 판매금액'을 Enter를 눌러 줄을 구분하면서 입력합니다. [추가] 단추를 클릭하여 사용자 지정 목록에 등록한 후 [확인] 단추를 클릭하고 [Excel 옵션] 대화상자에서 [확인]을 클릭해서 대화상자를 닫습니다.

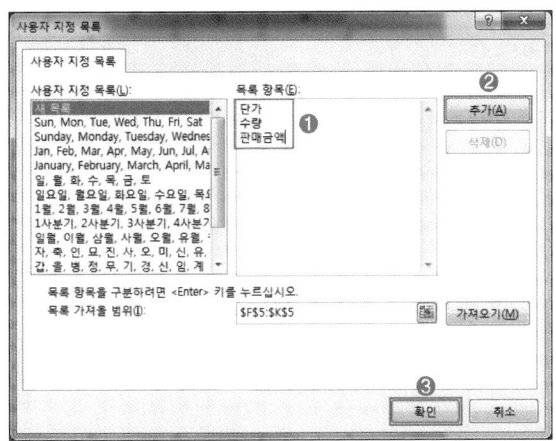

Tip 목록 항목을 입력할 때 각 항목과 항목 사이는 Enter나 콤마(,)로 구분합니다.

❹ [E6] 셀에 '단가'를 입력하고 [E6] 셀의 채우기 핸들을 [E29] 셀까지 드래그합니다. 사용자 지정 목록에 추가한 '단가, 수량, 판매금액' 순서대로 셀이 채워집니다.

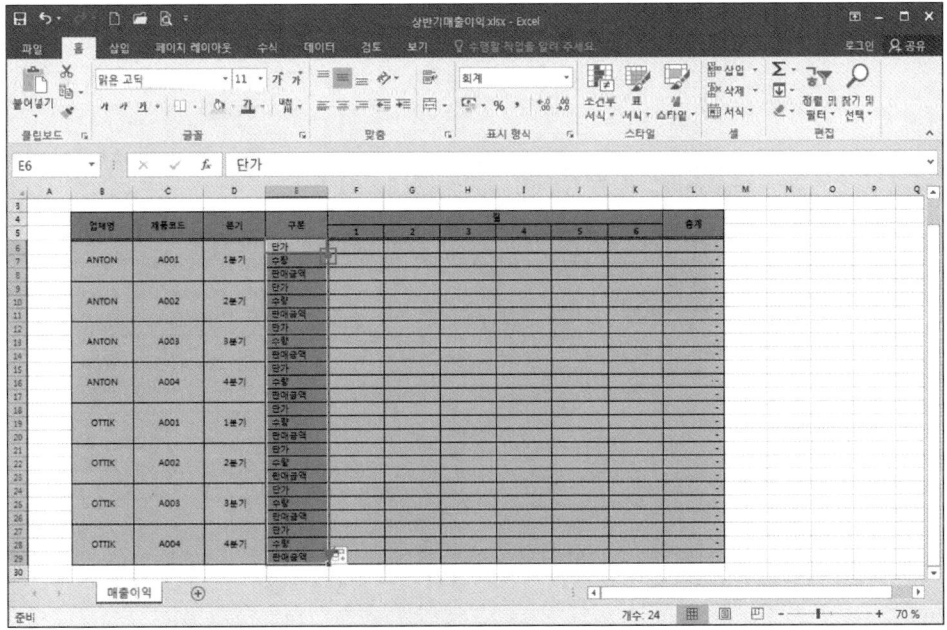

Section 08 워크시트 편집하기

학습 목표 엑셀에서 셀과 워크시트를 다루는 것은 엑셀 문서 편집의 기초라고 할 수 있습니다. 셀은 데이터를 입력하는 기본 단위이며, 워크시트는 작업 영역을 의미합니다. 워크시트의 기본 편집 기능에 대해서 알아보겠습니다.

📁 준비파일 file/Part1/고객 연락처 목록.xlsx   📁 결과파일 file/Part1/고객 연락처 목록_결과.xlsx

❶ 시트를 편집하고 서식을 지정하려면 리본 메뉴에서 해당 명령을 찾는 것보다 시트 탭에서 마우스 오른쪽 단추의 바로 가기 메뉴를 사용하는 것이 편리합니다. 시트 이름을 바꾸기 위해 변경할 시트 탭 위에서 마우스 오른쪽 단추를 눌러 [이름 바꾸기]를 선택합니다. 여기서는 [Sheet1] 시트를 선택합니다.

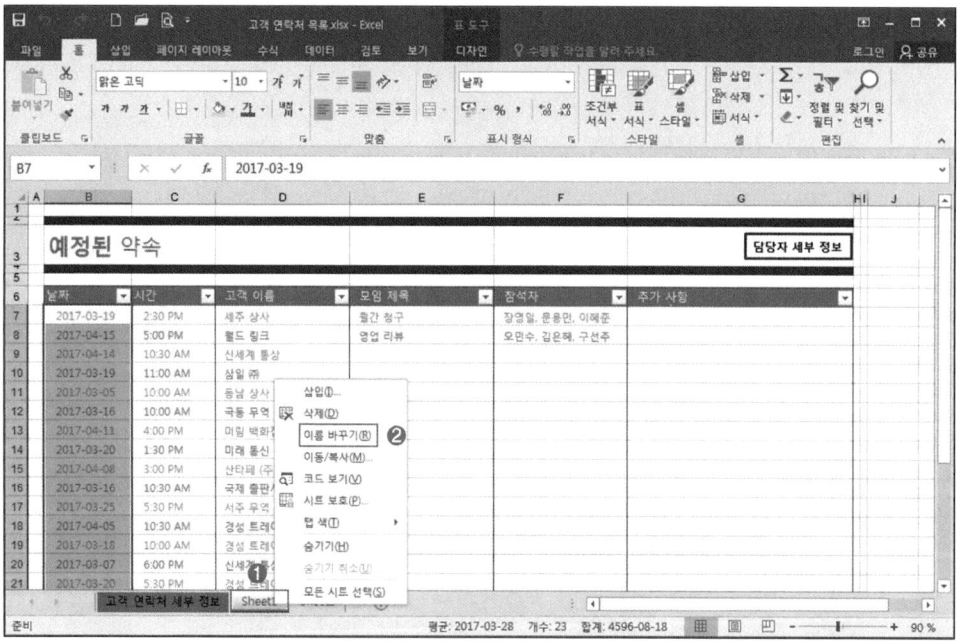

❷ 시트 탭에 '예정된 약속'을 입력하고 Enter를 누릅니다.

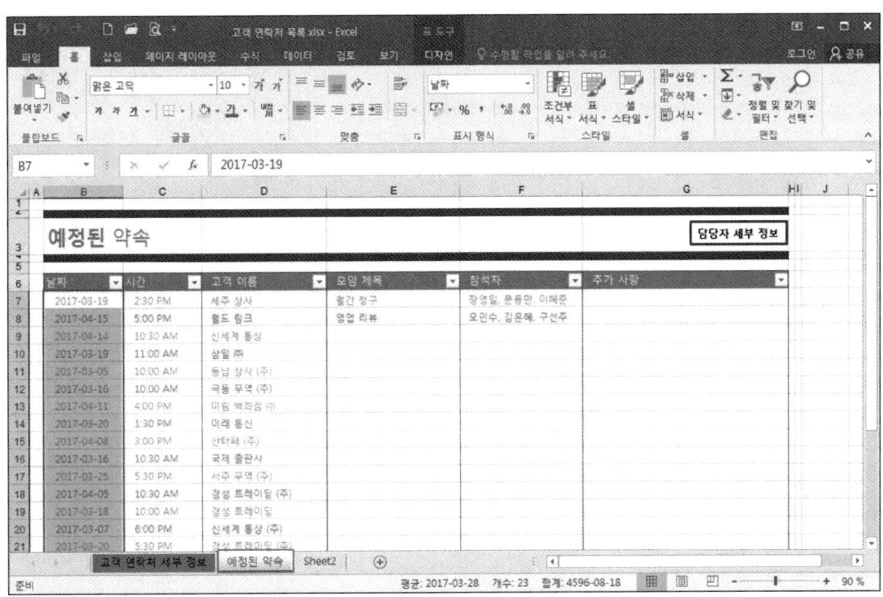

❸ 이번에는 시트를 이동해 보겠습니다. [예정된 약속] 시트 탭을 선택한 상태에서 왼쪽으로 드래그하여 [고객 연락처 세부 정보] 시트 탭의 앞에 ▼표시가 위치하도록 합니다. 원하는 곳으로 이동되었는지 확인해 봅니다.

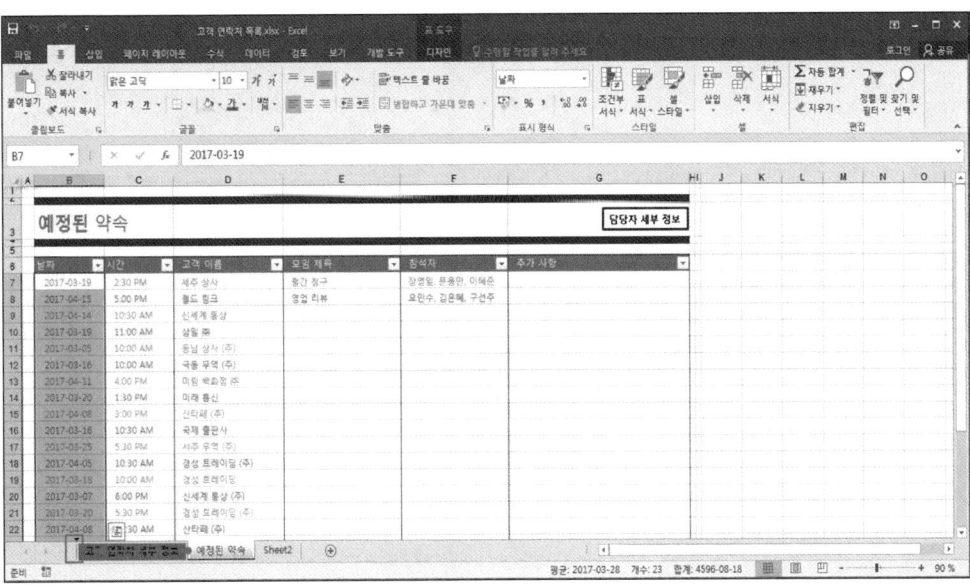

Tip 하나의 시트만 다른 통합 문서로 복사하기

여러 개의 시트가 포함된 엑셀 문서에서 원하는 하나의 시트만 복사하여 새로운 통합 문서로 열 수 있습니다.

❶ 복사할 시트 탭에서 마우스 오른쪽 단추를 눌러 [이동/복사]를 선택합니다.

❷ [이동/복사] 대화상자가 열리면 '대상 통합 문서'에서 [(새 통합 문서)]를 선택하고 [복사본 만들기]에 체크한 후 [확인]을 클릭합니다. [복사본 만들기]에 체크를 하지 않고 [확인]을 클릭하게 되면 선택한 시트가 이동이 됩니다.

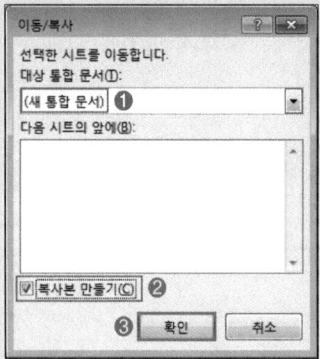

실습하기

📎 **준비파일** : file/실습하기/제품코드분류.xlsx
📎 **결과파일** : file/실습하기/제품코드분류_결과.xlsx, 제품코드복사본.xlsx

예제

1. [새로 만들기], [열기], [인쇄 미리 보기 및 인쇄]를 각각 선택하여 빠른 실행 도구모음에 추가하세요.

2. [SmartArt] 명령을 빠른 실행 모음에 추가하세요.

3. 사용자 지정 목록을 편집하여 [제품코드분류] 워크시트에서 분류 열 값인 [B4:B15] 셀 범위에 '소', '중', '대' 값이 채워지도록 편집하세요.

4. [식료품납품] 워크시트에서 [B3] 셀의 숫자 값이 1씩 증가되면서 채워지도록 편집하세요.

5. [C3] 셀의 날짜 데이터가 '월' 단위로 채워지도록 자동 채우기 옵션을 설정하세요.

6. [제품코드분류] 워크시트와 [식료품납품] 워크시트의 탭 색을 임의의 서로 다른 색으로 수정하세요.

7. [제품코드분류] 워크시트를 [새 통합 문서]로 복사한 후 [문서] 폴더에 『제품코드복사본』이라는 이름으로 저장하세요.

PART 02 엑셀 데이터 다루기

엑셀을 사용하여 데이터를 계산 및 분석하려면 엑셀에서 사용할 수 있는 데이터의 종류에 대해 이해하고 있어야 합니다. 셀에는 문자 데이터, 숫자 데이터, 수식 등을 입력할 수 있습니다. 문자 데이터는 한글, 한자, 일본어, 특수 문자 등과 같이 계산할 수 없는 데이터를, 숫자 데이터는 숫자, 날짜, 시간처럼 계산할 수 있는 데이터를 의미합니다. 데이터를 정해진 규칙에 맞게 입력하고 편집하는 방법에 대해 배워보겠습니다.

Section 01 엑셀 데이터의 종류 알아보기

학습목표 데이터의 종류에 따라 입력 방식이 조금씩 다르지만, 날짜와 시간 등의 데이터 속성을 미리 알고 있으면 데이터를 편집할 때 걸리는 시간을 줄일 수 있습니다. 입력한 데이터의 종류에 따라 달라지는 결과에 대해 배워보겠습니다.

📁 준비파일 file/Part2/데이터종류.xlsx 📁 결과파일 file/Part2/데이터종류_결과.xlsx

A 데이터 구분하기

구분		입력 내용	설명
텍스트	텍스트	엑셀, Office	• 텍스트형 데이터로 입력 • 기본적으로 왼쪽 맞춤 정렬 • 숫자 데이터의 앞에 어포스트로피(')를 입력하면 텍스트로 변경되어 입력
	기호	☎Ⓚ★☜↑❾▦	
	한자	實務, 대한민국(大韓民國)	
	숫자와 텍스트의 혼용	550kcal	
	숫자형 텍스트	'12345	
숫자	숫자	12345	• 숫자형 데이터로 입력 • 기본적으로 오른쪽 맞춤으로 정렬 • 날짜와 시간 데이터는 표시 형식이 지정된 숫자 데이터
	날짜	2018/01/15	
	시간	11:46:20	

B 숫자 데이터

숫자 데이터는 엑셀에서 가장 기본이 되는 데이터로, 0~9 사이의 숫자를 부호 등과 함께 입력할 수 있습니다. 입력한 데이터가 숫자로 인식되면 셀의 오른쪽에 자동으로 표시됩니다. 아주 큰 실수나 세밀한 숫자는 지수 형식과 과학용 표시 방식(1.123456E+13)으로 표시되기도 합니다.

숫자	입력 및 설명	맞춤
45000	형식을 포함하지 않고 숫자만 입력	
1.123456E+13	열 너비보다 긴 숫자는 지수값으로 표시	
123,456,789,012	열 너비보다 긴 숫자이면서 표시 형식이 지정된 경우	오른쪽 맞춤
1/4	분수는 대분수 형식으로 입력(예 : 0 1/4)	
−300	부호를 포함하여 입력하거나 (300)으로 입력	

❶ 숫자 데이터를 입력하기 위해 [Sheet1] 시트에서 [B5] 셀에 『4500』을 입력하고 Enter, [B6] 셀에 『1234567890123456789』를 입력하고 Enter를 누릅니다.

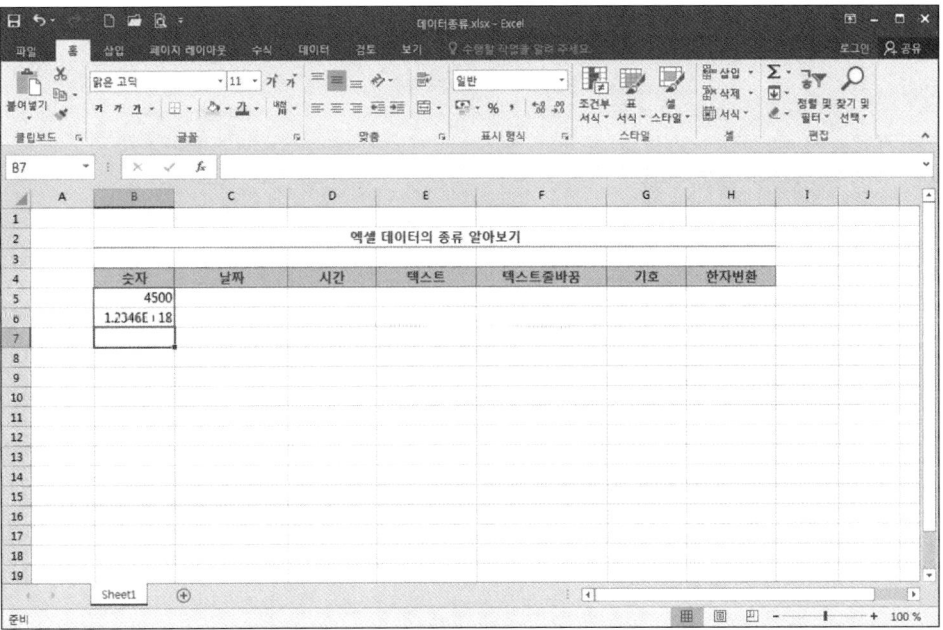

C 날짜, 시간 데이터

날짜 데이터는 숫자로 인식되지만, 하이픈(-)이나 슬래시(/)로 년, 월, 일을 구분하면 셀에 날짜 서식이 자동으로 표시됩니다. 날짜는 1900-1-1을 기준으로 입력한 날짜까지의 일련번호가 표시되고 표식 형식으로 서식을 변경할 수 있습니다. 시간 데이터의 경우에는 콜론(:)을 사용하여 시간, 분, 초를 구분하여 입력합니다.

날짜와 시간	입력 및 설명	맞춤
2018-01-15	년월일을 하이픈(-), 슬래시(/)로 구분	
07월 20일	연도를 빼고 7/20(월/일)으로 입력	
09:40:30	시분초를 콜론(:)으로 구분하여 입력	숫자형 데이터로 오른쪽 맞춤
2018-11-05	Ctrl+; 을 눌러 현재 날짜 입력	
10:45	Ctrl+Shift+; 을 눌러 현재 시간 입력	

❶ 날짜 데이터를 입력하기 위해 [Sheet1] 시트에서 [C5] 셀에 『7-20』을 입력하고 Enter 를 누릅니다. 올 해 년도를 기준으로 07월 20일이 입력됩니다.

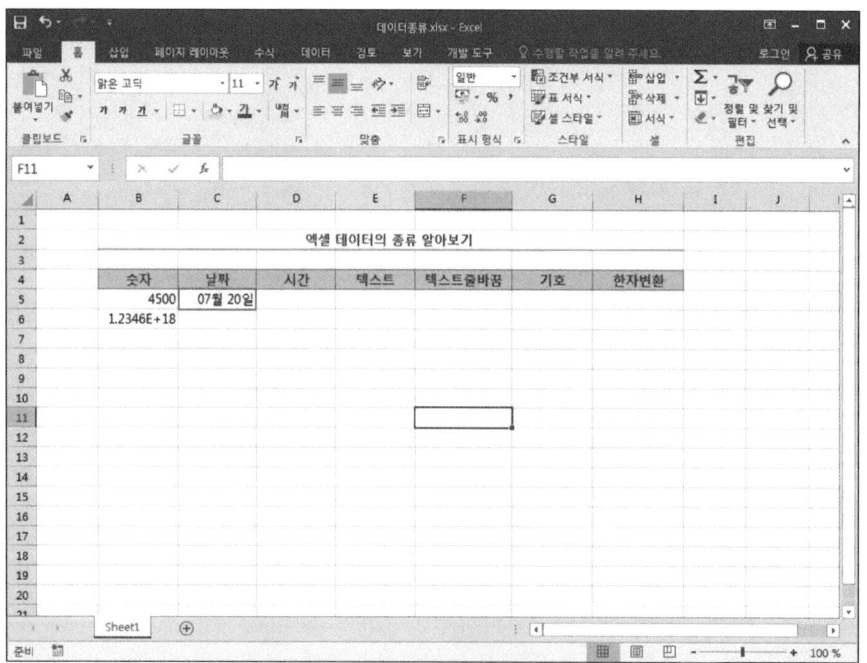

❷ [C6] 셀을 선택하고 『2017/12/25』을 입력한 후 Enter를 누릅니다. '년-월-일'로 인식해 2017-12-25로 입력됩니다.

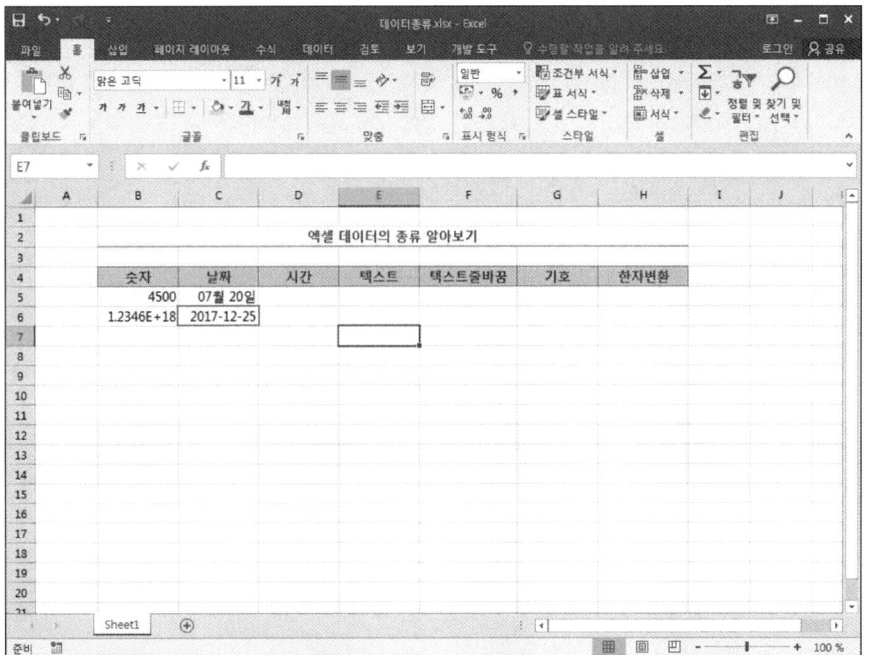

Tip 현재 날짜 입력 단축키 : Ctrl + ;

❸ 시간 데이터를 입력하기 위해 [D5] 셀에 『15:10:45』를 입력한 후 Enter 를 누릅니다. [D5] 셀을 클릭하면 수식 입력줄에 3:10:45 PM이 표시됩니다.

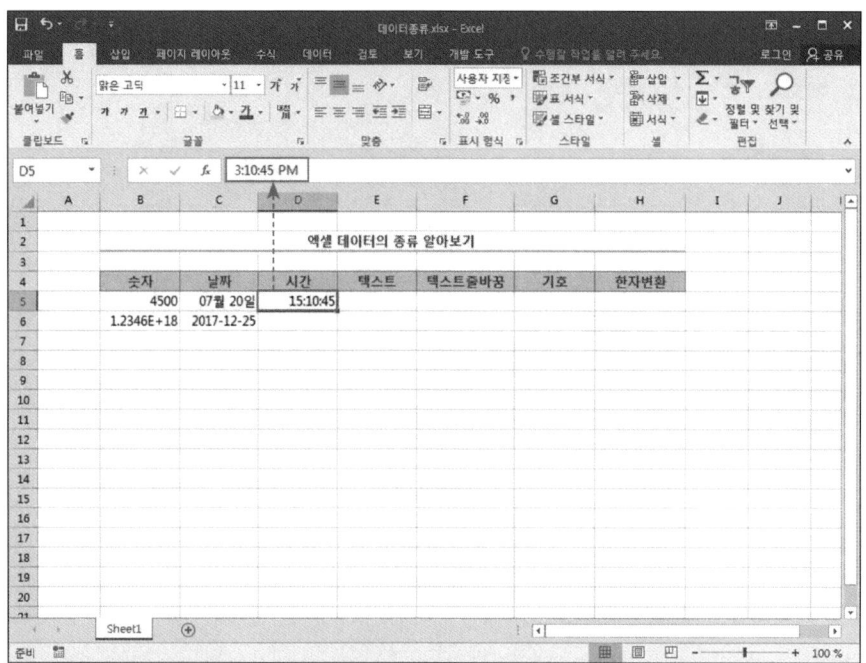

Tip 현재 시간(컴퓨터에 설정된 현재 시간) 입력 단축키 : Ctrl + Shift + ;

D 텍스트 데이터

한글, 영문, 한자, 특수 문자 등의 데이터는 텍스트로 인식됩니다. 숫자와 텍스트를 혼합한 데이터나 어포스트로피(')와 함께 입력한 숫자도 모두 텍스트로 인식되어 왼쪽 맞춤으로 표시됩니다.

문자	입력 및 설명	맞춤
통합 문서	입력한 그대로 결과 표시	왼쪽 맞춤
12345	어포스트로피(')를 입력한 후 숫자를 입력한 경우	
2018년	숫자와 문자를 혼용한 데이터	
Microsoft Excel 2016	Alt + Enter 를 눌러 한 셀 안에서 줄 바꿈	

❶ 텍스트를 입력하기 위해 [E5] 셀에 『업무협약』을 입력하고 Enter 를 누릅니다.
[E6] 셀에 어포스트로피(')를 입력한 후 『12345』를 입력, Enter 를 누릅니다.
[E7] 셀에 『2018년』을 입력한 후 Enter 를 누릅니다.

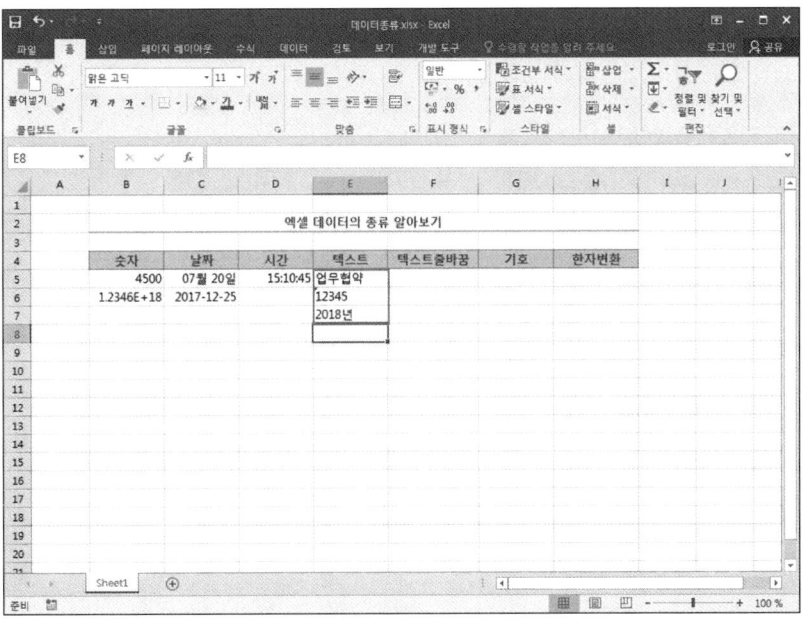

❷ [F5] 셀에 『첫째』를 입력하고 Alt + Enter 를 눌러 봅니다. [F5] 셀에 두 번째 줄이 삽입되면 『둘째』를 입력하고 Enter 를 누르면 한 셀에 두 줄의 텍스트를 입력할 수 있습니다.

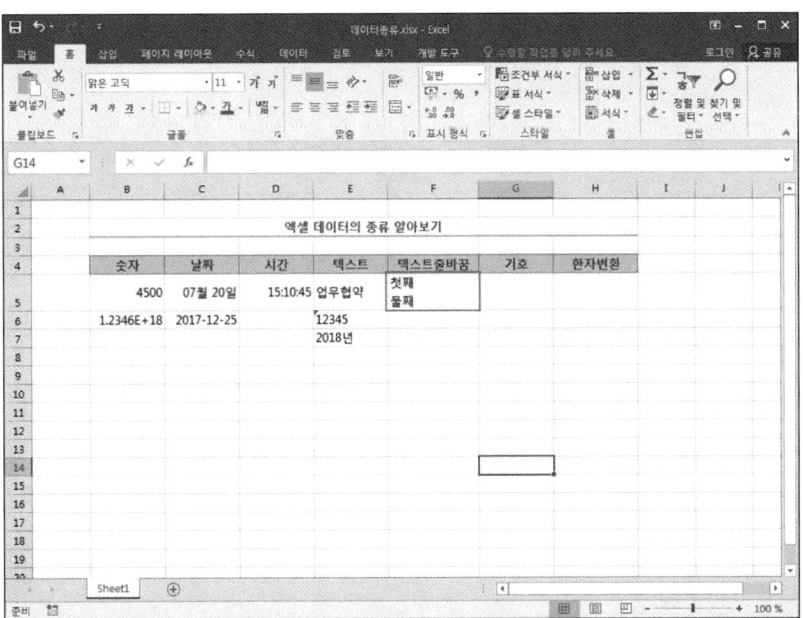

E 기호, 한자 데이터

문서의 제목이나 특정 데이터를 강조하기 위해 기호를 사용하거나 한글 이름을 한자로 변환해서 표시하는 경우가 종종 있으므로 입력 방법을 알아두면 좋습니다.

기호와 한자	입력 및 설명	맞춤
☎★☎£	[삽입] 탭 – [기호] 그룹에서 [기호]를 클릭하여 입력	문자형 데이터로 왼쪽 맞춤
㉠‰℃※	한글의 자음을 입력한 후 [한자]키를 눌러 변환	
李東恩	한글을 입력한 후 [한자]키를 눌러 한 글자씩 변환	
學校	한글을 입력한 후 [검토] 탭 – [언어] 그룹에서 [한글/한자 변환] 클릭	

❶ 기호를 입력하기 위해 [G5] 셀을 클릭한 후 [삽입] 탭 – [기호] 그룹에서 [기호]를 클릭합니다.

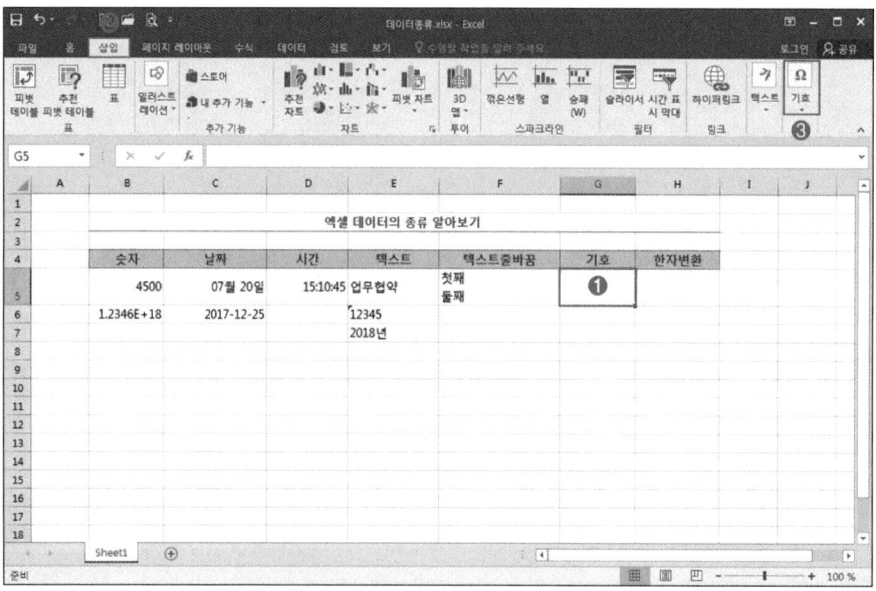

❷ [기호] 대화상자가 열리면 [기호] 탭에서 [글꼴]의 목록을 클릭하여 [Wingdings]를 선택하고 전화기 기호를 더블클릭한 후 [닫기]를 클릭하고 Enter 를 누릅니다.

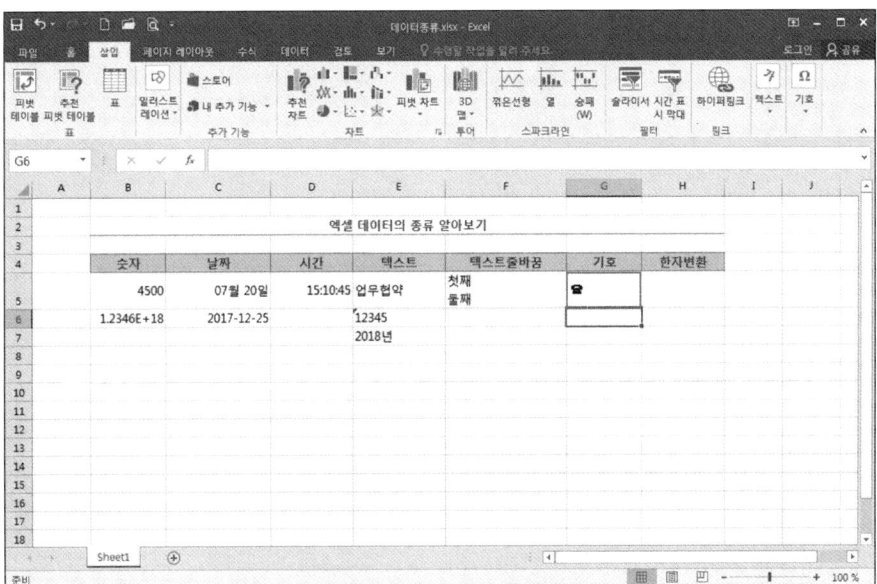

❸ 이번에는 [기호] 대화상자를 열지 않고 셀에 직접 기호를 입력해 보겠습니다. [G6] 셀을 클릭한 후 한글 자음인『ㅁ』을 입력하고 [한자]를 눌러 기호를 선택할 수 있는 목록이 펼쳐지면 원하는 기호를 선택합니다. 이때 원하는 기호가 없다면 [보기 변경] 단추를 클릭합니다.

❹ 더 많은 기호가 확장되면『㏍』을 선택한 후 Enter를 누릅니다.

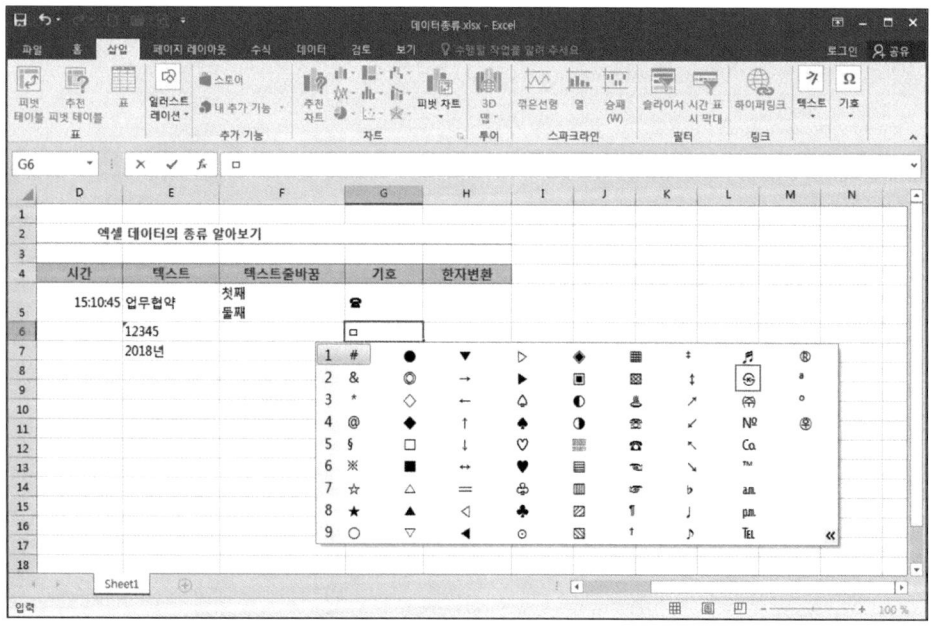

❺ [H5] 셀에 한자로 변환할 텍스트인 『한자』를 입력하고 [검토] 탭 – [언어] 그룹 – [한글/한자 변환]을 클릭합니다.

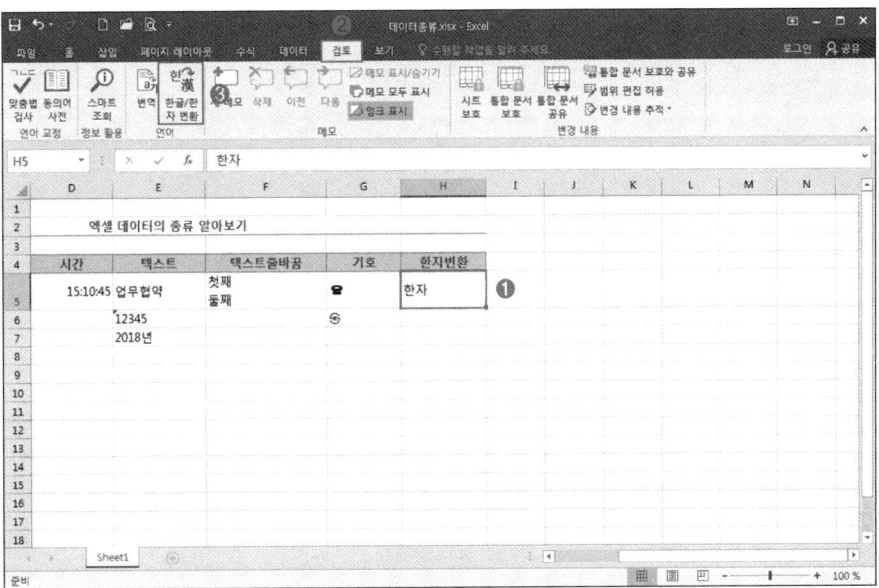

❻ [한글/한자 변환] 대화상자가 열리면 한자와 입력 형태를 선택할 수 있습니다. [한자 선택] 목록에서는 『漢字』를, [입력 형태]에서는 『漢字(한글)』 옵션을 선택하고 [변환]을 클릭합니다.

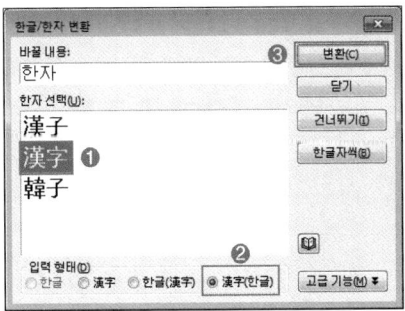

Section 02 엑셀의 다양한 사용자 지정 표시 형식 익히기

> **학습목표**
> 입력한 데이터이 속성에 따라 결과값이 달라지기 때문에 다양한 데이터의 형식에 대해서 제대로 알고 있어야 합니다. 특히 사용자 지정 표시 형식은 데이터의 형식별로 약속된 기호를 사용합니다. 문자는 @, 수치는 #, 0 등의 기호로 직접 표시형식을 지정해 보겠습니다.

📁 준비파일 file/Part2/건설 입찰 양식.xlsx 📁 결과파일 file/Part2/건설 입찰 양식_결과.xlsx

A 사용자 지정 표시 형식 살펴보기

실무에서 사용하는 데이터 표시 형식은 엑셀 2016에서 제공하는 서식만으로는 표현하기 힘든 것이 많습니다. 이때 사용자 지정 표시 형식을 사용하면 데이터를 좀 더 다양하게 표현할 수 있습니다.

❶ **숫자와 문자 데이터에 사용하는 코드** : 엑셀 2016에서 제공하는 모든 표시 형식은 사용자가 코드를 사용해서 표시할 수 있습니다. 백분율 표시 형식의 경우 사용자 지정 표시 형식을 이용하면 '0%'와 같이 표시됩니다. 사용자 지정 표시 형식에 사용하는 대표적인 숫자 기호는 #과 0으로, 숫자의 위치와 대부분의 숫자 형식을 표현할 수 있습니다. 따라서 이들 기호로 사용하는 표시 형식만 잘 익혀두면 숫자를 다양한 형식으로 활용할 수 있습니다.

기호	기능	결과값
#	숫자 표시 기호로, 유효하지 않은 0은 표시 안 함	19
0	숫자 표시 기호로, 유효하지 않은 0은 0으로 표시	019
?	소수점의 위나 아래에 있는 유효하지 않은 0 대신 공백을 추가해서 자릿수 맞춤	3/10
@	텍스트 표시 기호로, 입력한 텍스트 의미	대한민국
소수점(.)	소수점 표시	1.00
쉼표(,)	세 자리마다 자릿수를 구분하고 숫자 기호의 뒤에 표시하면 3의 배수로 자릿수 숨김	1,234
" "	큰 따옴표("") 안에 문자를 그대로 표시	1,234"원"
G/표준	표시 형식을 지정하지 않은 입력 상태 그대로 숫자 표시	1234
₩, $	통화 기호 표시	$ 1,234

❷ **날짜 데이터에 사용하는 코드** : 날짜를 표시하는 기호는 Y, M, D입니다. 이들 기호를 사용하여 날짜와 요일에 대한 표시 형식을 지정할 수 있습니다.

기호	표시 형식	기능	결과값
Y	yy	날짜에서 두 자리로 연도 표시	18
	yyyy	날짜에서 네 자리로 연도 표시	2018
M	m	날짜에서 한 자리로 월 표시	1
	mm	날짜에서 두 자리로 월 표시	01
	mmm	날짜에서 영문 세 자리로 월 표시	Jan
	mmmm	날짜에서 전체 글자로 월 표시	January
	mmmmm	날짜에서 대문자 한 글자로 월 표시	J
D	d	날짜에서 한 자리로 일자 표시	7
	dd	날짜에서 두 자리로 일자 표시	07
	ddd	날짜에서 영문 세 글자로 요일 표시	Mon
	dddd	날짜에서 전체 글자로 요일 표시	Monday
A	aaa	날짜에서 한글 요일 한 글자로 요일 표시	금
	aaaa	날짜에서 한글 요일 세 글자로 요일 표시	금요일

❸ **시간 데이터 사용하는 코드** : 시간을 표시하는 기호는 H, M, S로, 시간에 대한 표시 형식을 지정할 수 있습니다.

기호	표시 형식	기능	결과값
H	h	시간에서 표시	6:30
	hh	시간에서 두 사리로 표시	18:30
	[h], [hh]	총 경과 시간을 시로 표시	30:15
M	m	시간에서 한 자리로 분 표시	11:5
	mm	시간에서 두 자리로 분 표시	11:05
	[m], [m]	총 경과 시간을 분으로 환산하여 표시	300
S	s	시간에서 한 자리로 초 표시	11:05:7
	ss	시간에서 두 자리로 초 표시	11:05:07
	[s], [s]	총 경과 시간을 초로 환산하여 표시	1200
AM/PM	am/pm	오전, 오후를 영문 'am', 'pm'으로 표시	11:03 AM
	오전/오후	오전, 오후를 한글 '오전', '오후'로 표시	11:05 오전

> **Tip** 실무에서 자주 사용하는 사용자 지정 표시 형식 알아보기

숫자로 된 데이터를 워드처럼 원하는 형태로 바꾸려면 다음과 같은 표시 형식을 사용합니다.

- 너무 큰 숫자의 천 단위 숨기기(#,##0,,) : 세 자리마다 콤마를 표시하고 오른쪽 여섯 자리를 생략하는 기호입니다. 맨 뒤에 있는 『,』는 3의 배수로 숨기는 기호입니다.

사용 예	입력값	표시 형식	결과값
천 단위, 백만 단위 숨기기	45823000000	#,##0,,	45,823

- 전화번호 앞에 0 표시하기(000-0000-0000) : 실제 입력된 숫자의 앞에 있는 0은 표시되지 않으므로 자릿수만큼 0으로 표시합니다.

사용 예	입력값	표시 형식	결과값
전화번호 앞에 0 표시하기	1023457890	000-0000-0000	010-2345-7890

- 빈 셀처럼 표시하기(;;;) : 콜론(;)은 표시 형식의 조건을 구분하는 기호로, '양수;음수;0;문자'일 때 모두 빈 값으로 표시합니다.

사용 예	입력값	표시 형식	결과값
빈 셀로 표시하가	모든 값	;;;	

B 문자/숫자 데이터 표시 형식 사용자 지정하기

문자 표시 형식 사용자 지정하기

참석자 명단이나 고객 명단, 수신인 등을 표시할 경우 이름 뒤에 '님'이나 '귀하'를 붙이기도 합니다. 문자 사용자 코드인 @를 사용해 문자 뒤에 반복되는 문자를 표시할 수 있습니다.

❶ [입찰 양식] 워크시트의 [C6] 셀을 클릭한 후 [홈] 탭 – [표시 형식] 그룹 – [표시 형식 ▫] 표시 아이콘을 클릭합니다.

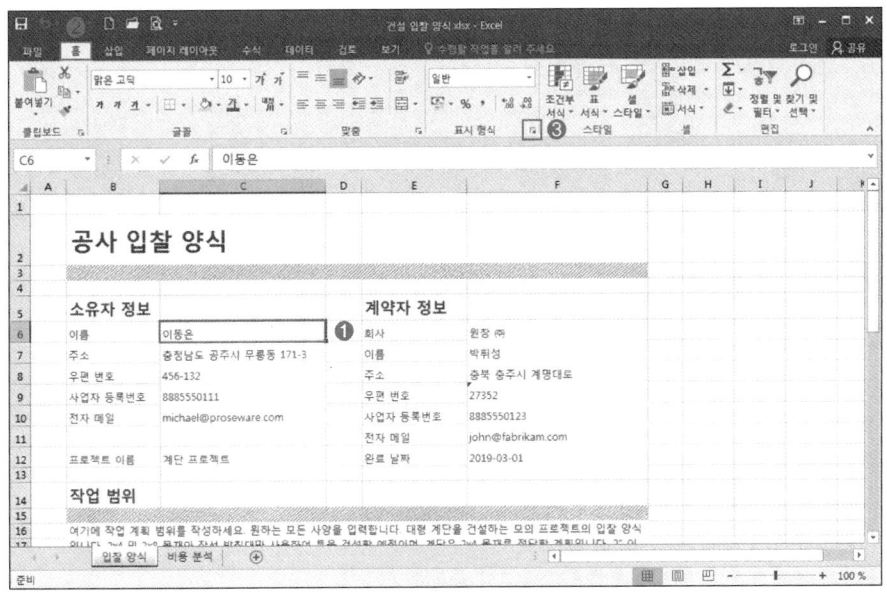

❷ [셀 서식] 대화상자에서 [표시 형식] 탭 - [범주] 목록에서 [사용자 지정]을 선택 - [형식] 입력란에 @대표를 입력하고 [확인]을 클릭합니다.
서식이 적용되어 입력한 내용에 '대표'가 자동으로 표시됩니다.

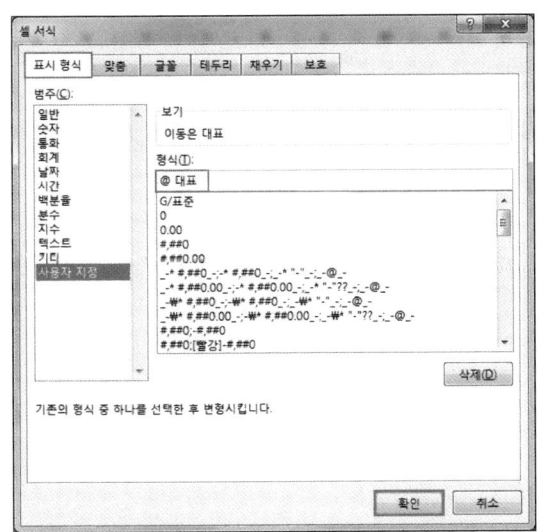

Tip Ctrl+1을 눌러 [셀 서식] 대화상자를 열고 [표시 형식] 탭을 클릭해도 됩니다.

숫자 표시 형식 사용자 지정하기

사업자 등록번호나 계좌번호, 신용카드 일련번호 등 숫자의 자릿수를 맞춰 표시해야 하는 경우가 있습니다. 숫자 자릿수를 맞추는 기호인 0코드를 사용하여 표시해 보겠습니다.

❶ [입찰 양식] 워크시트의 [C9] 셀을 클릭한 후 [홈] 탭 – [표시 형식] 그룹 – [표시 형식 🔳] 표시 아이콘을 클릭합니다.

❷ [셀 서식] 대화상자에서 [표시 형식] 탭 – [범주] 목록에서 [사용자 지정]을 선택 – [형식] 입력란에 000-00-00000을 입력하고 [확인]을 클릭합니다.

❸ [C9] 셀의 표시 형식이 10자리에서 3자리-2자리-5자리로 표시됩니다.

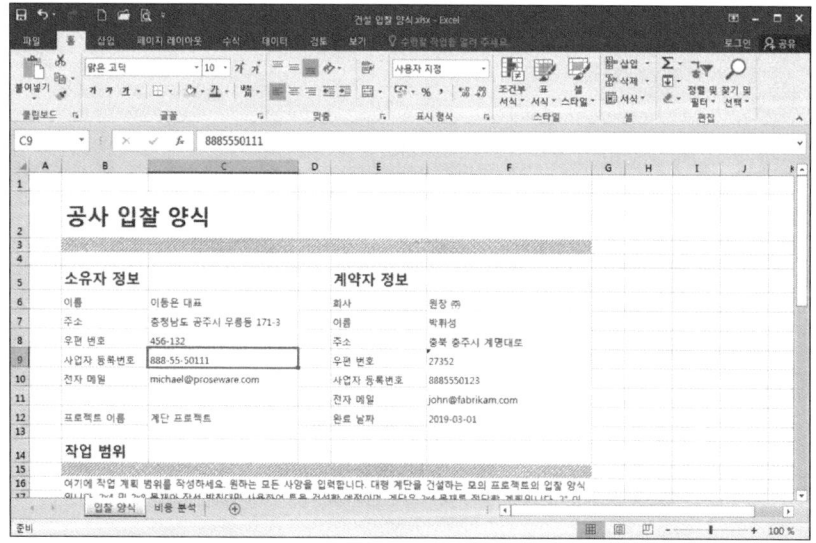

C 숫자를 한글로 표시하는 사용자 지정 설정하기

숫자가 커질수록 값을 잘못 읽어 오해할 가능성이 높아집니다. 숫자를 한글이나 한자로 병기해 직관적으로 표시하면 오류를 줄일 수 있습니다.

❶ [비용 분석] 워크시트에서 [E15] 셀을 클릭하고 Ctrl+1을 누릅니다.

❷ [셀 서식] 대화상자에서 [표시 형식] 탭 – [범주] 목록에서 [기타]를 선택 – [형식]에서 [숫자(한글)]를 선택합니다.

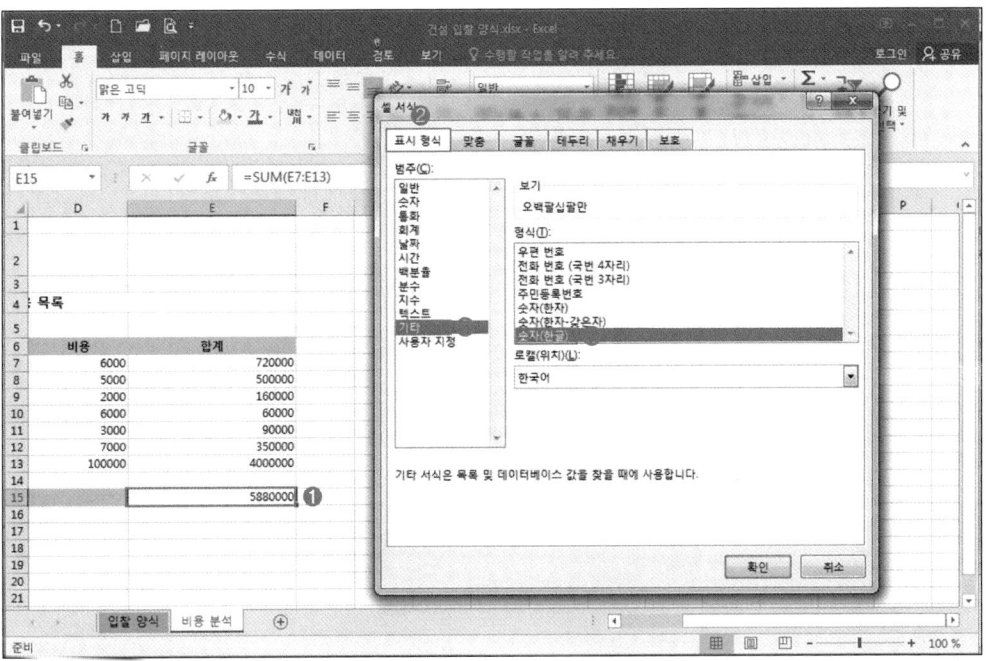

Tip [형식] 목록에 숫자(한글)가 없다면 [로캘(위치)]을 [한국어]로 변경합니다.

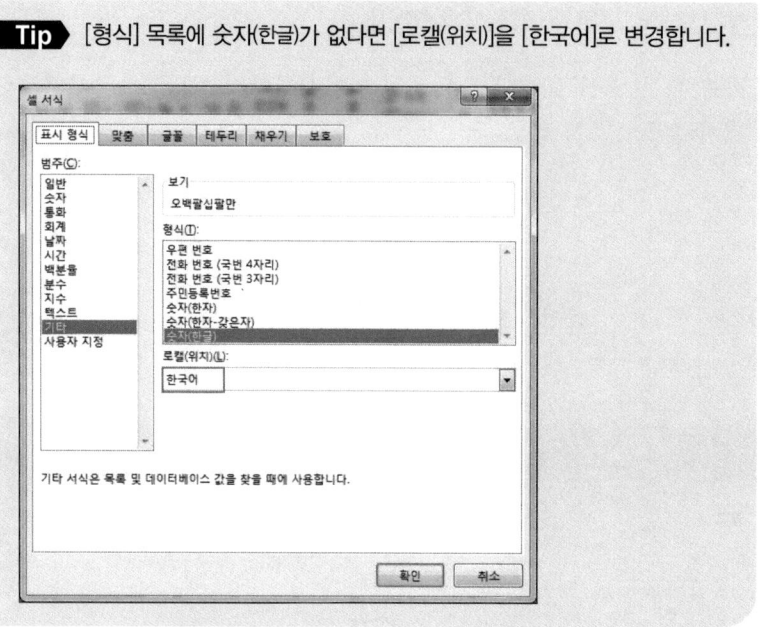

❸ [범주] 목록에서 [사용자 지정]을 선택 – [형식]에 입력되어 있는 서식 코드 맨 앞에 일금을, 맨 뒤에 원정을 입력한 후 [확인]을 클릭합니다.

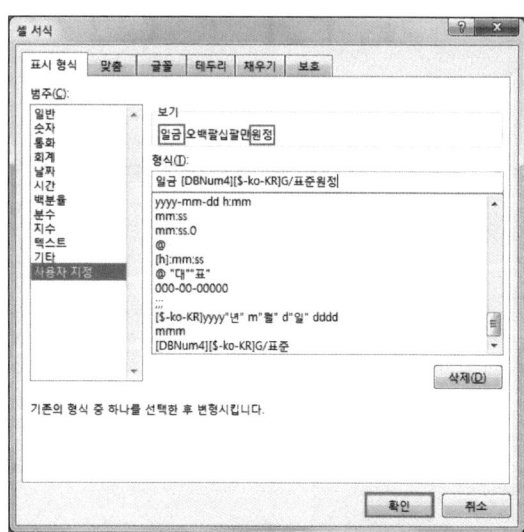

❹ 숫자가 한글로 표기되며 앞에 '일금', 뒤에 '원정'이 붙습니다.

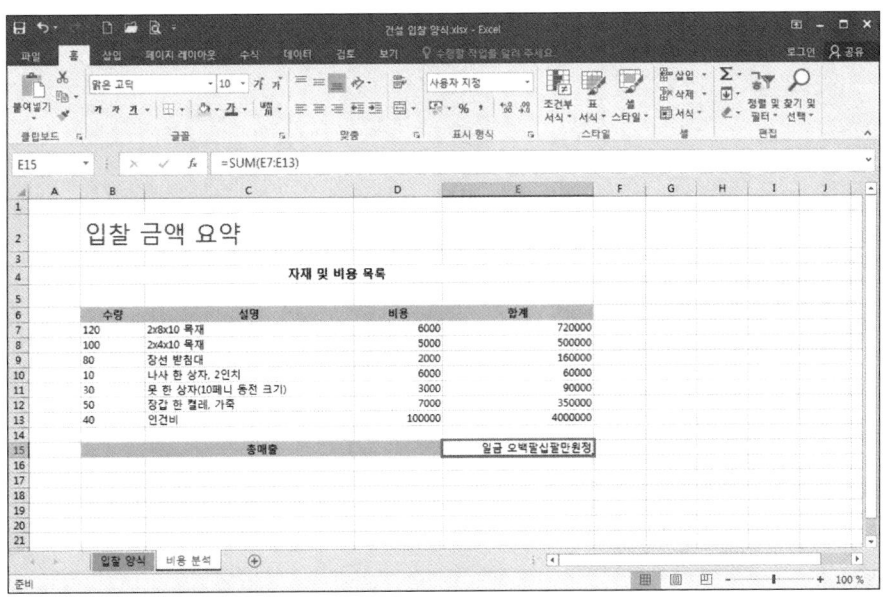

Section 03 데이터 실전, 표시 형식 실무 활용하기

> **학습목표** 실무 예제를 통해 표시 형식을 현업에서 활용하는 방법을 익혀보겠습니다. 매일 작성해야 하는 업무일지의 날짜와 요일을 오타 없이 입력하는 방법부터 주민등록번호의 일부분을 *기호로 표시하는 방법, 하이픈 기호(-)로 여백을 채우는 방법까지 실무에서 자주 접하는 예제로 데이터 표시 형식을 익혀보겠습니다.

📁 준비파일 file/Part2/표시 형식 실무.xlsx 📁 결과파일 file/Part2/표시 형식 실무_결과.xlsx

A 데이터를 백분율로 표시하기

❶ [백분율] 워크시트에서 수수료를 백분율로 표시해보겠습니다. [F6:F17] 셀 범위를 지정한 후 [홈] 탭 - [표시 형식] 그룹에서 [%](백분율 스타일)을 클릭합니다.

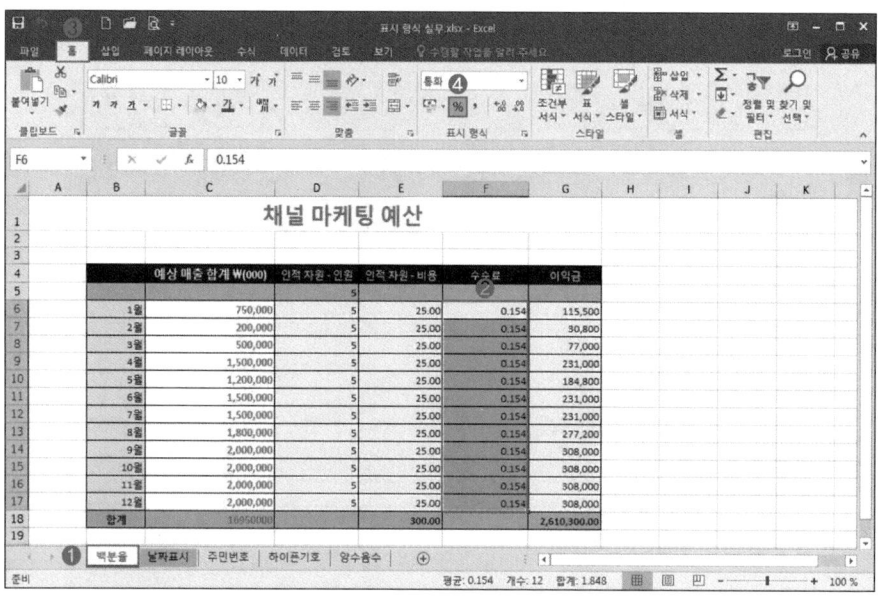

❷ [홈] 탭 - [표시 형식] 그룹 - [⬚](자릿수 늘림)을 클릭하면 소수점 이하 자릿수가 하나씩 늘어납니다. [⬚](자릿수 늘림)을 두 번 클릭하여 소수점 이하 둘째 자리까지 표시합니다.

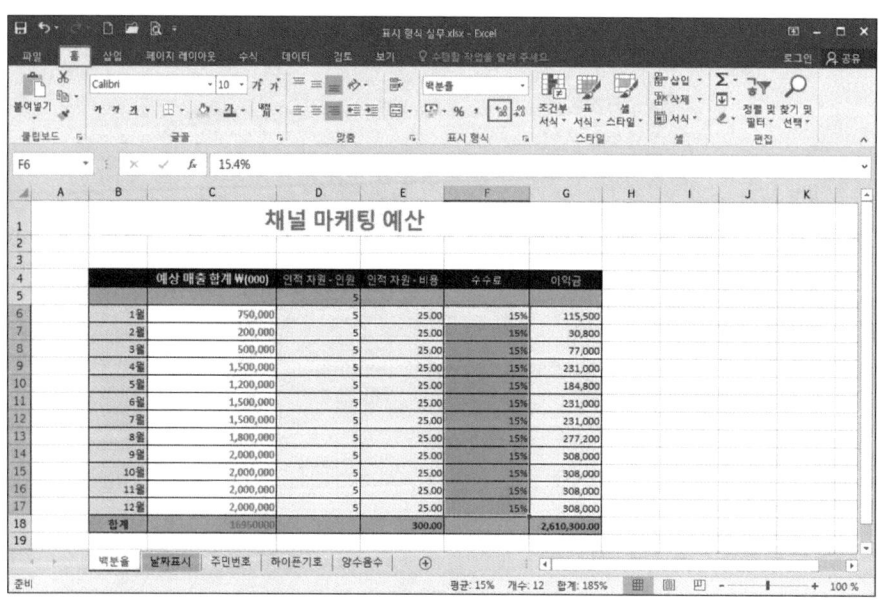

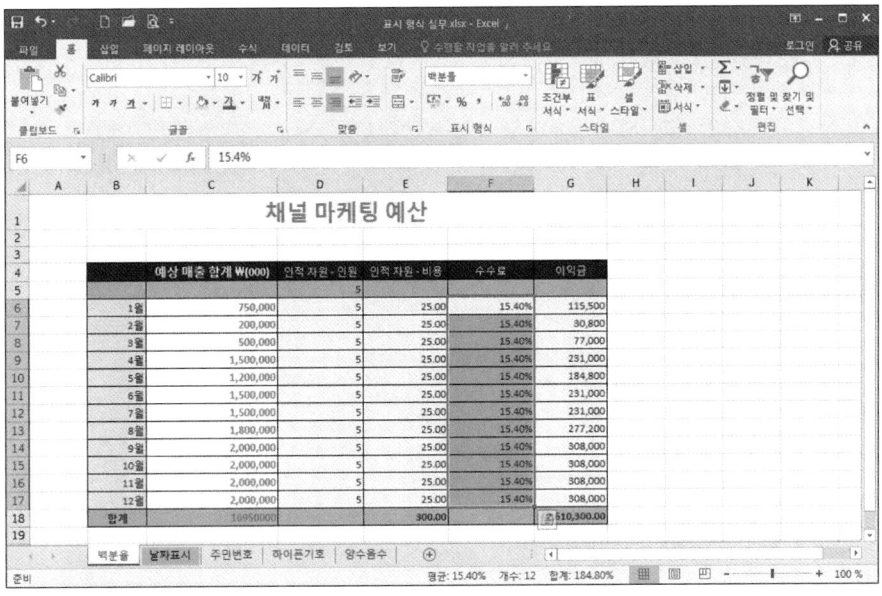

B 날짜와 요일을 정확하게 입력하기

❶ 매일 입력해야 하는 일지에서 날짜와 요일을 정확하게 입력하기 위해 [날짜표시] 워크시트의 [C2] 셀에 『2017-12-20』을 입력하고 Ctrl + 1 을 누릅니다. [셀 서식] 대화상자가 열리면 [표시 형식] 탭 - [범주] 목록에서 [사용자 지정]을 선택하고 [형식] 입력란에 『yyyy년 mm월 dd일 aaaa』를 입력한 후 [확인]을 클릭합니다.

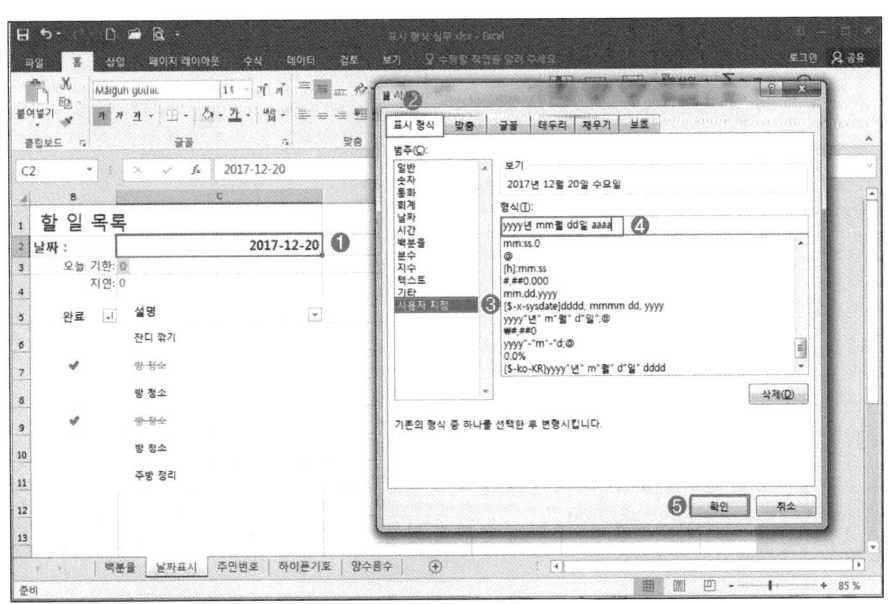

Part 02. 엑셀 데이터 다루기 · 055

❷ [C2] 셀에 날짜를 변경하여 입력하면 『yyyy년 mm월 dd일 aaaa』 표시 형식으로 자동 변경됩니다. 날짜만 바꾸어도 요일까지 함께 변경되어 편리합니다.

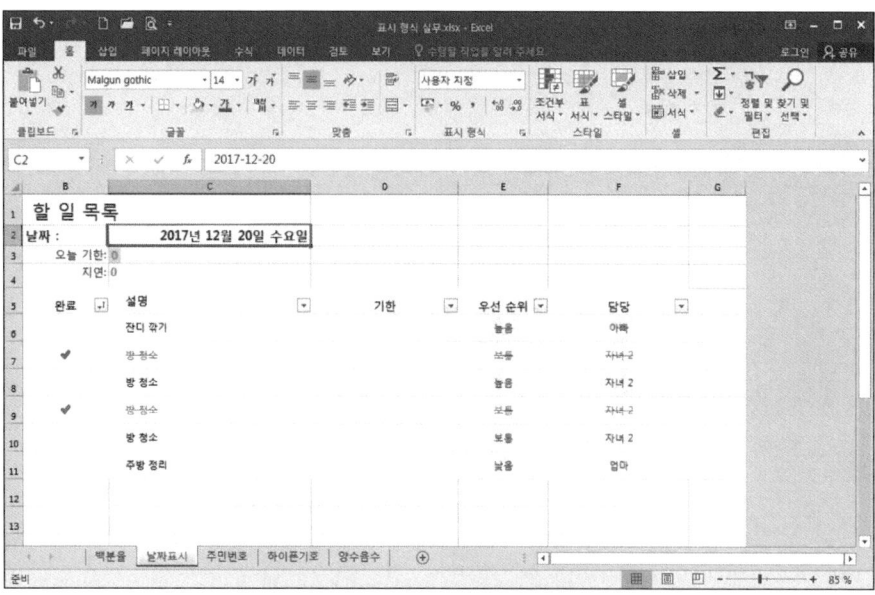

C 주민등록번호 뒷자리를 *기호로 표시하기

개인정보보호가 강화되어 주민등록번호 중 생년월일을 제외한 뒷자리 번호는 노출하지 않는 경우가 늘고 있습니다. 주민등록번호 뒷자리를 *기호로 표시하는 방법에 대해 알아보겠습니다.

❶ [주민번호] 워크시트에서 [E4:E13] 셀 범위를 지정한 후 Ctrl+1을 누릅니다.

❷ [셀 서식] 대화상자가 열리면 [표시 형식] 탭 - [범주] 목록에서 [사용자 지정]을 선택하고 [형식] 입력란에 『0000,,,"**-*******"』을 입력한 후 [확인]을 클릭합니다.

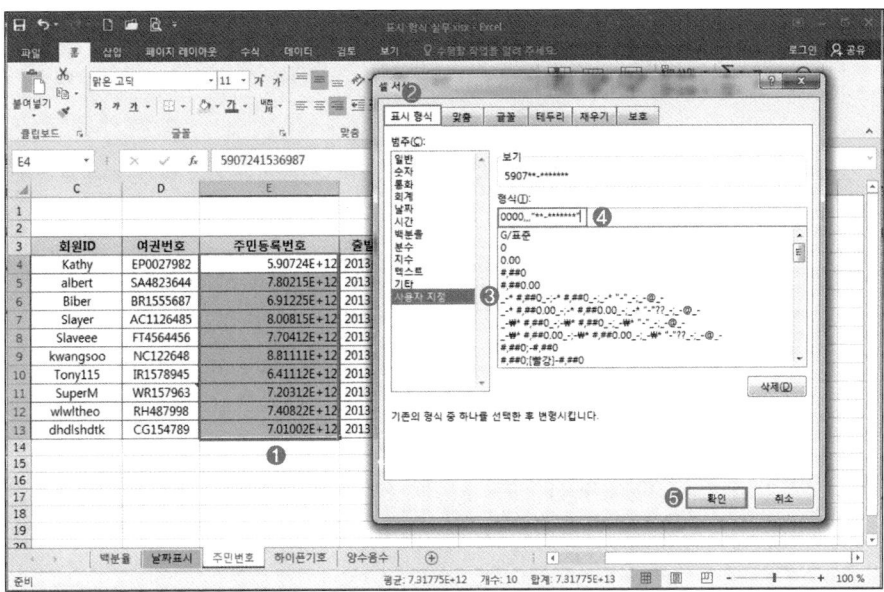

❸ 주민등록번호의 다섯 번째 숫자부터 아홉 자리가 * 기호로 변경되었습니다.

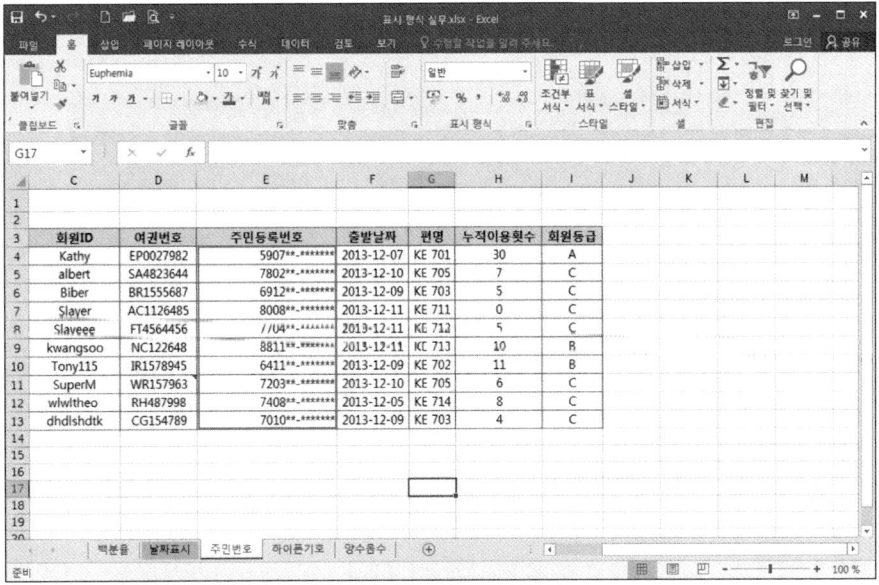

> **Tip** • [셀 서식]에서 [형식] 입력란에 쉼표(,)는 천 단위 구분 기호(세 자리 단위 구분)로 쉼표가 하나면 천 단위로 표시되며, 쉼표가 두 개면 백만 단위로 표시됩니다. 위의 작업에서는 쉼표(,)를 세 개 입력했으므로, 9자리가 생략됩니다.
>
> • 주민등록번호를 나타낼 때 천 단위 구분 기호(,)에 의해 생략된 첫 번째 숫자가 5 이상이면 반올림되어 표시되는데 주민등록번호의 다섯 번째 날짜부터 천 단위 구분 기호(,)를 생략하게 지정하면 첫 번째 숫자가 반올림되지 않습니다. 주민등록번호의 다섯 번째 숫자는 3보다 클 수 없으므로 반올림해서 숫자가 잘못 표시되는 오류가 발생하지 않습니다.

D 하이픈 기호(-)로 빈 여백 채우기

목차의 빈 여백을 하이픈 기호(-)로 채우는 방법을 배워 보겠습니다.

❶ [하이픈기호] 워크시트에서 [B4:B8] 셀 범위를 지정한 후 Ctrl + 1 을 누릅니다.

❷ [셀 서식] 대화상자에서 [표시 형식] 탭 - [범주] 목록에서 [사용자 지정]을 선택 - [형식] 입력란에 『@*-』을 입력한 후 [확인]을 클릭합니다.

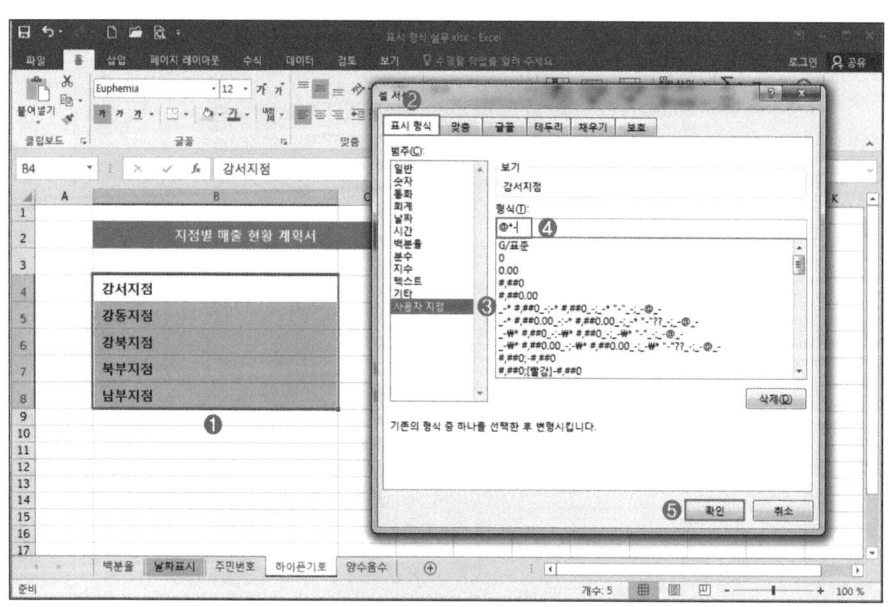

> **Tip** @ 기호는 입력되는 텍스트 그대로 표현하는 문자 코드입니다. 이후 공백은 모두 - (채울 문자) 기호로 채우도록 '*(공백 모두 채우기)기호'를 사용한 것입니다.

❸ 빈 여백이 -(하이픈) 기호로 채워졌습니다. 이와 같이 셀 서식을 지정하면 입력한 텍스트의 길이가 바뀌어도 나머지 여백에는 하이픈 기호가 자동으로 채워져서 작업이 편리해 집니다.

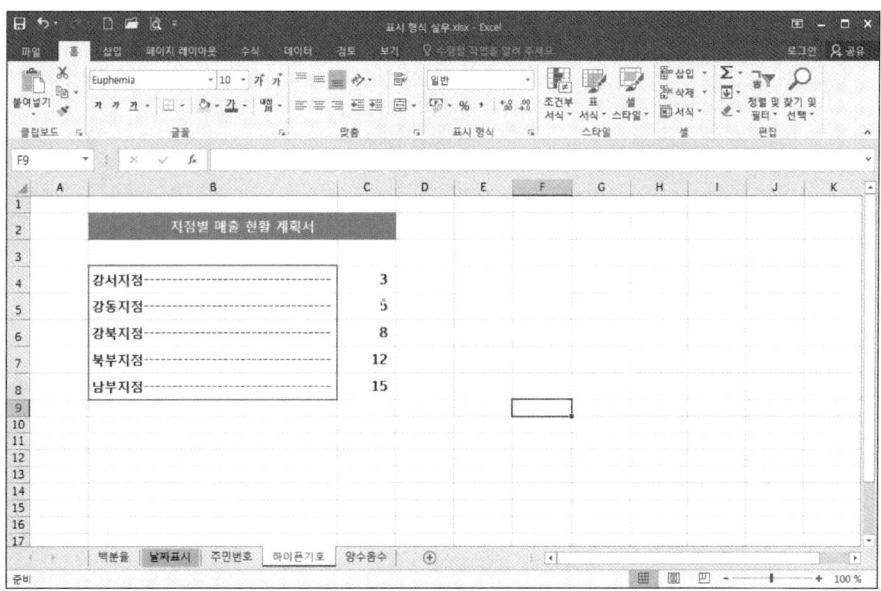

E 양수와 음수에 서로 다른 서식 지정하기

양수에는 파란색과 쉼표 스타일을, 음수에는 빨간색과 삼각형, 쉼표 스타일을 지정하여 데이터의 변화를 쉽게 확인할 수 있습니다.

❶ [양수음수] 워크시트에서 [D5:G15] 셀 범위를 지정한 후 Ctrl + 1 을 누릅니다.

❷ [셀 서식] 대화상자에서 [표시 형식] 탭 - [범주] 목록에서 [사용자 지정]을 선택 - [형식] 입력란에 『[파랑]#,##0;ㅁ』까지 입력한 후 한자 키를 누릅니다.

❸ 특수 문자 목록이 나타나면 Tab 을 눌러 목록을 확장한 후 『▲』을 선택합니다.

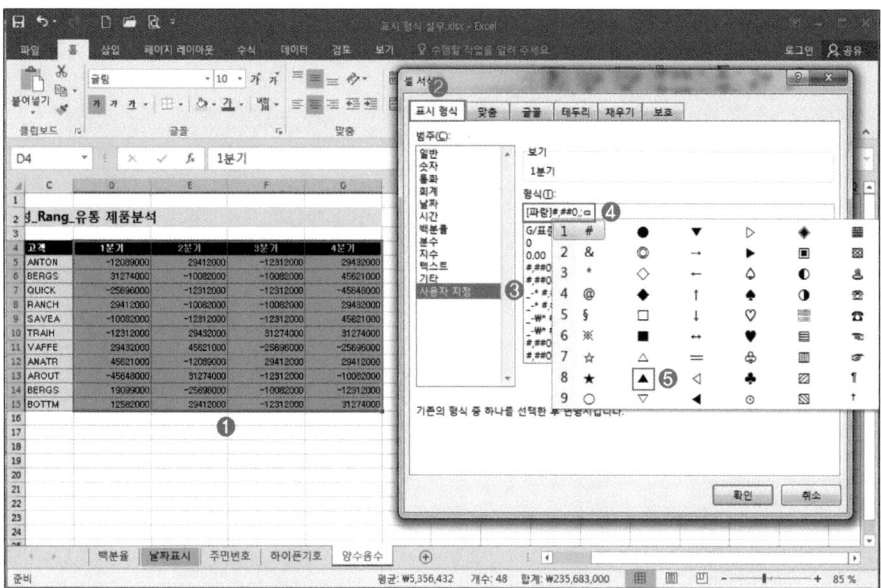

❹ 특수 문자 『▲』이 입력되면 나머지 형식인 『[빨강]#,##0,』을 입력하고 [확인]을 클릭합니다.

❺ 양수에는 파란색과 쉼표 스타일이, 음수에는 마이너스 기호 대신 ▲가 표시되고 빨간색과 쉼표 스타일이 적용된 것을 확인할 수 있습니다.

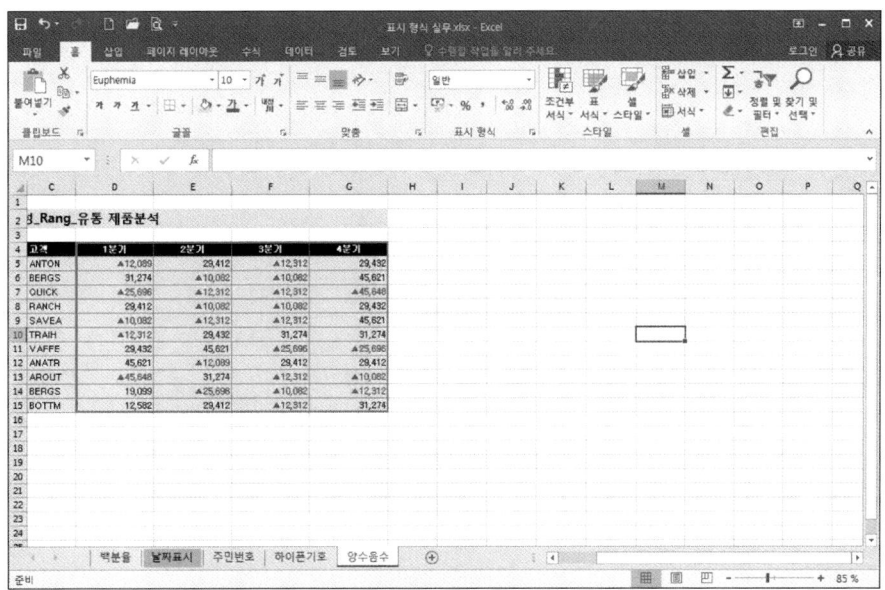

Section 04 조건부 서식 지정해 데이터 강조하기

> **학습목표** 조건부 서식은 조건에 맞는 데이터만 서식으로 강조하는 기능으로, 제시한 조건에 맞는 데이터만 시각적으로 강조하면 차트를 만들지 않아도 값의 크기를 한눈에 비교할 수 있어서 기초 데이터를 분석할 때 매우 편리합니다. 따라서 조건부 서식은 실제 업무에서 많이 쓰이는 기능 중 하나입니다. 이번 Section에서는 많은 양의 데이터 중에서 조건에 맞는 데이터만 골라 특정 서식을 적용하는 방법을 배워보겠습니다.

📁 준비파일 file/Part2/매출이익분석_조건부.xlsx   📁 결과파일 file/Part2/매출이익분석_조건부_결과.xlsx

A 특정 조건에 맞는 데이터 강조하기

❶ [데이터] 워크시트에서 '제품코드' 항목인 [B5:B27] 셀 범위를 지정한 후 [홈] 탭 - [스타일] 그룹 - [조건부 서식] 명령을 클릭한 후 [셀 강조 규칙] - [텍스트 포함]을 선택합니다.

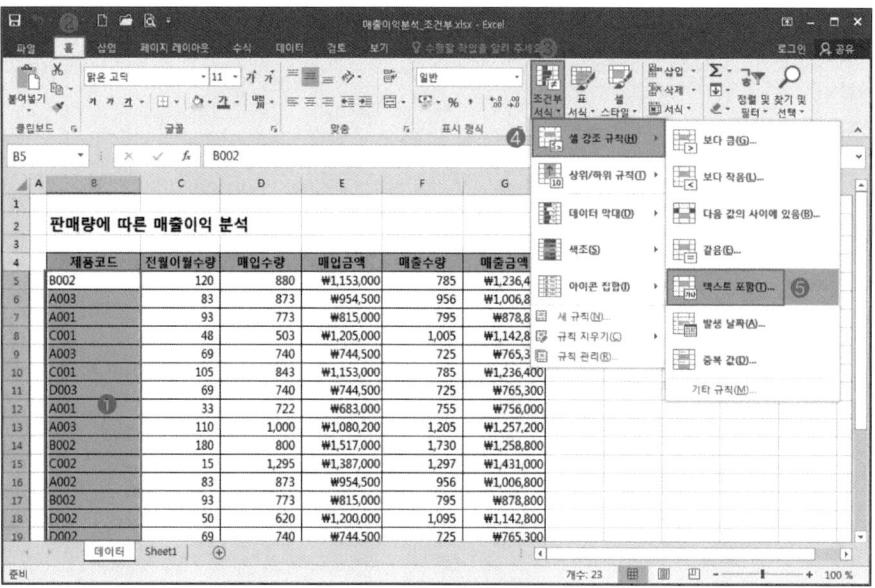

❷ [텍스트 포함] 대화상자가 열리면 [다음 텍스트를 포함하는 셀의 서식 지정]에 『A』를 입력하고 [적용할 서식] 목록에서 '연한 빨강 채우기'를 선택할 후 [확인]을 클릭합니다.

❸ 제품코드에 'A'가 포함된 데이터에 '연한 빨강 채우기' 서식이 지정되었습니다.

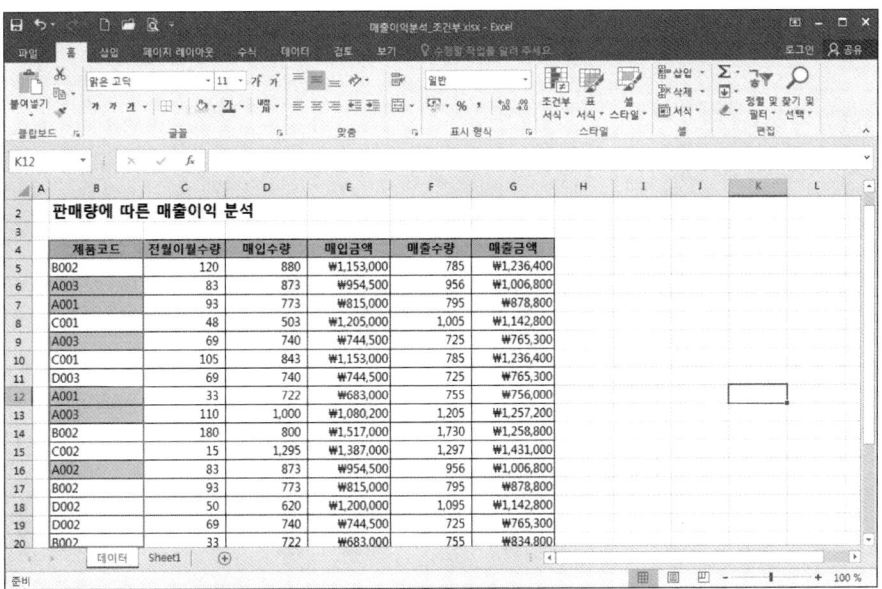

❹ 이번에는 '매입수량' 항목인 [D5:D27] 셀 범위를 지정한 후 [홈] 탭 - [스타일] 그룹 - [조건부 서식] 명령을 클릭한 후 [셀 강조 규칙]에서 [기타 규칙]을 선택합니다.

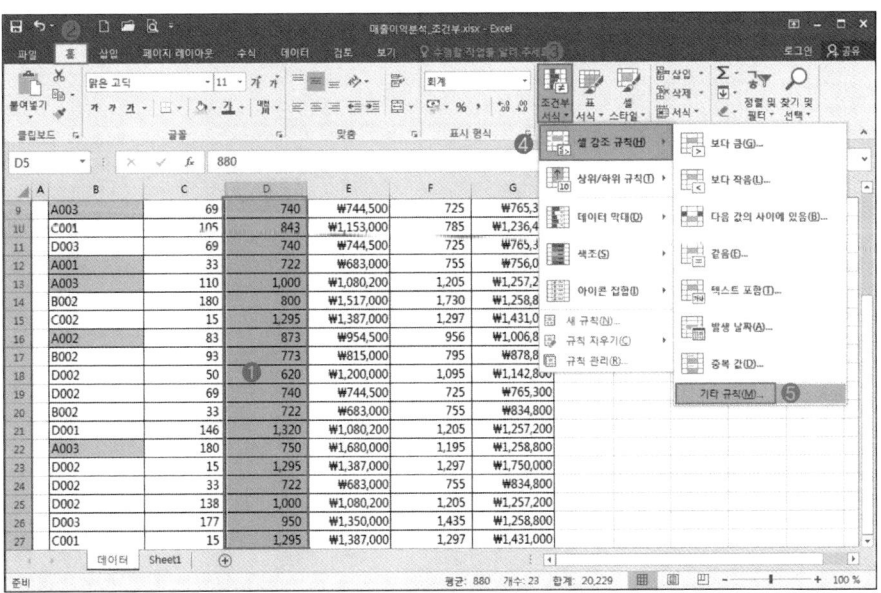

❺ [새 서식 규칙] 대화상자의 [규칙 유형 선택] 목록에서 [다음을 포함하는 셀만 서식 지정]을 선택합니다. [셀 값], [>=]를 선택하고, 『800』을 입력한 후 [서식] 단추를 클릭합니다.

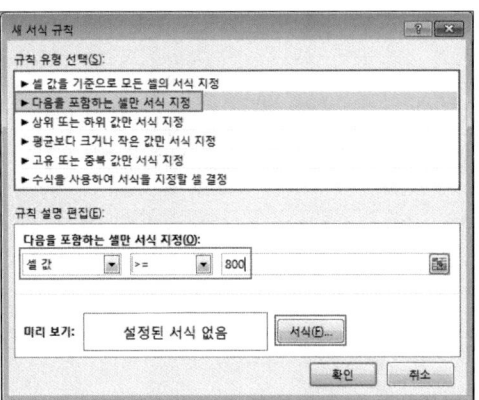

❻ [셀 서식] 대화상자에서 [글꼴] 탭 – [글꼴 스타일] 목록에서 '굵은 기울임꼴'을 선택하고 확인을 클릭합니다. [새 서식 규칙] 대화상자로 되돌아 오면 [확인]을 클릭하여 규칙 편집을 마치면 됩니다.

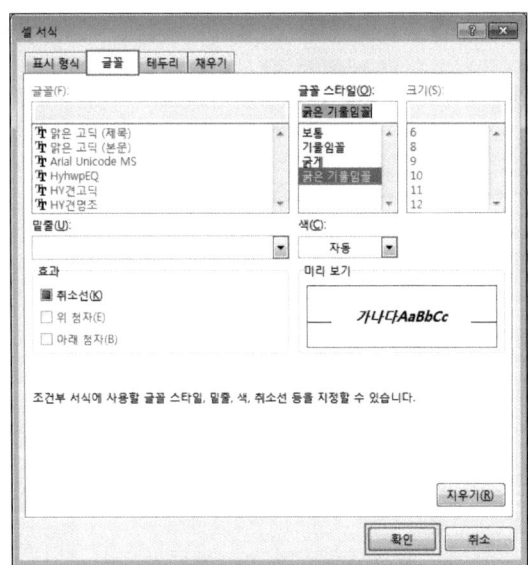

❼ 매입수량이 800 이상인 데이터에 '굵은 기울임꼴' 서식이 적용되었습니다.

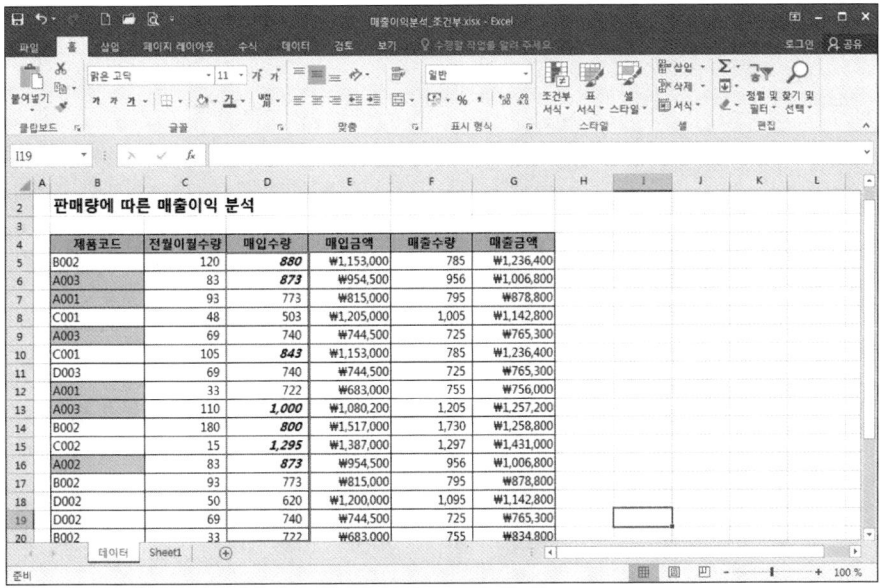

B 상위/하위 규칙으로 서식 지정하기

❶ '매입금액' 항목인 [E5:E27] 셀 범위를 지정한 후 [홈] 탭 – [스타일] 그룹 – [조건부 서식] 명령을 클릭한 후 [상위/하위 규칙]에서 [상위 10%]를 선택합니다.

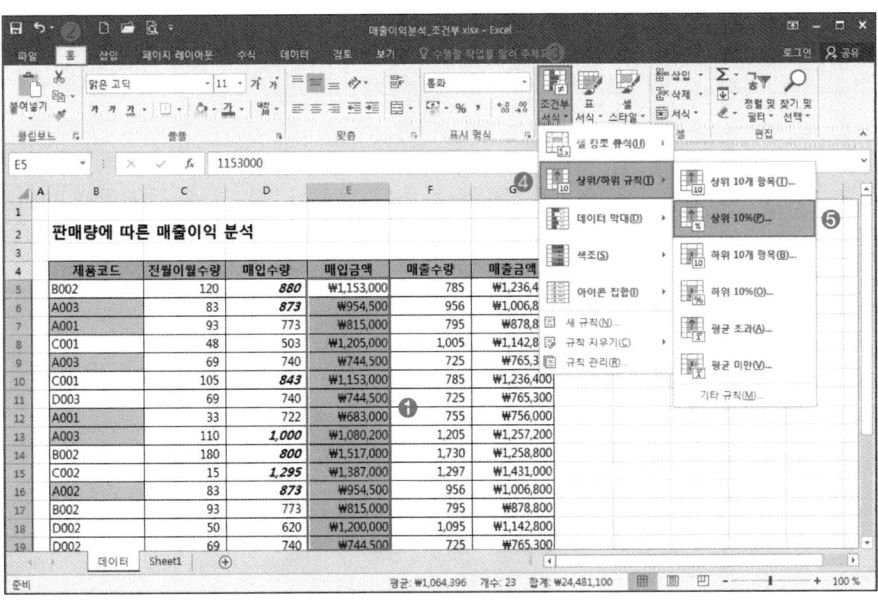

❷ [상위 10%] 대화상자에서 '다음 상위 순위에 속하는 셀의 서식 지정' 값에 『20』, [적용할 서식] 목록에서 '빨강 텍스트'를 선택하고 [확인]을 클릭합니다.

❸ 이번에는 하위 20%에 대한 서식을 지정하기 위해 [홈] 탭 – [스타일] 그룹 – [조건부 서식] 명령을 클릭한 후 [상위/하위 규칙]에서 [하위 10%]를 선택합니다.

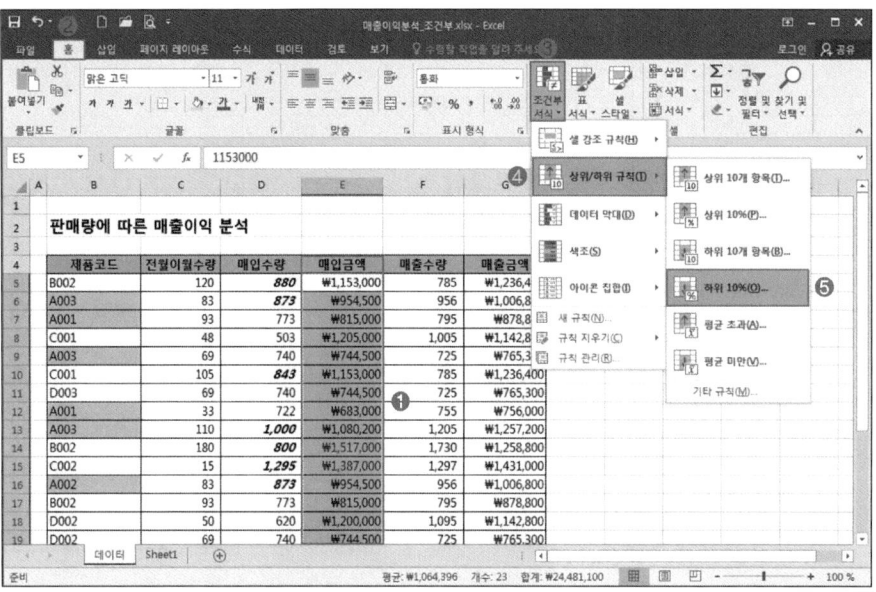

❹ [하위 10%] 대화상자에서 '다음 하위 순위에 속하는 셀의 서식 지정' 값에 『20』, [적용할 서식] 목록에서 '진한 노랑 텍스트가 있는 노랑 채우기'를 선택하고 [확인]을 클릭합니다.

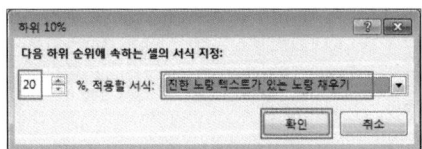

❺ 상위/하위 20%에 해당되는 셀에 모두 지정한 서식이 적용되었습니다.

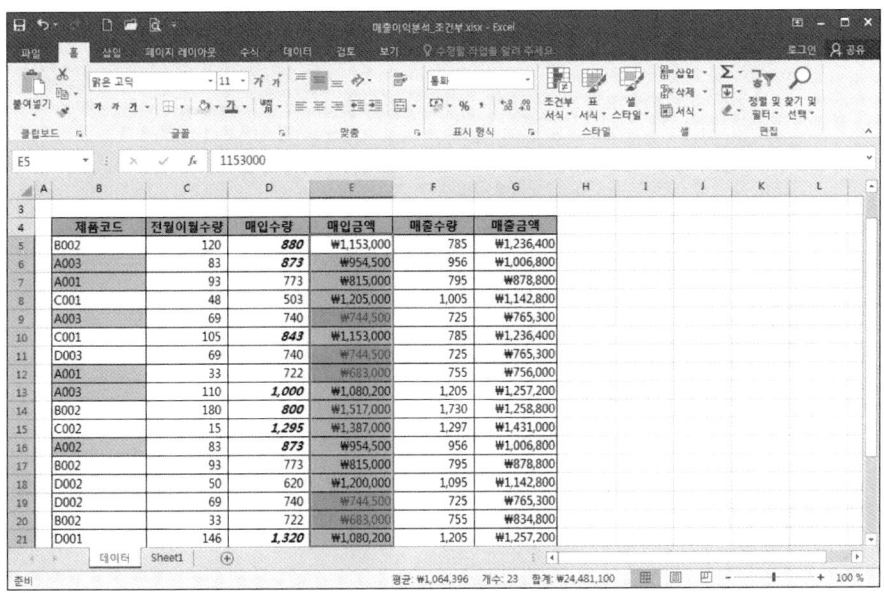

C 수식으로 새 규칙 지정하기

조건에 해당하는 범위가 아닌 다른 범위에 서식을 지정해야 하는 경우에는 수식을 사용해야 합니다. 수식을 작성하여 서식을 지정하는 방법에 대해 알아보겠습니다.

❶ [데이터] 워크시트에서 전체 레코드에 서식을 지정하기 위해 [B5:G27] 셀 범위를 지정하고 [홈] 탭 – [스타일] 그룹 – [조건부 서식] 명령을 클릭한 후 [새 규칙]을 선택합니다.

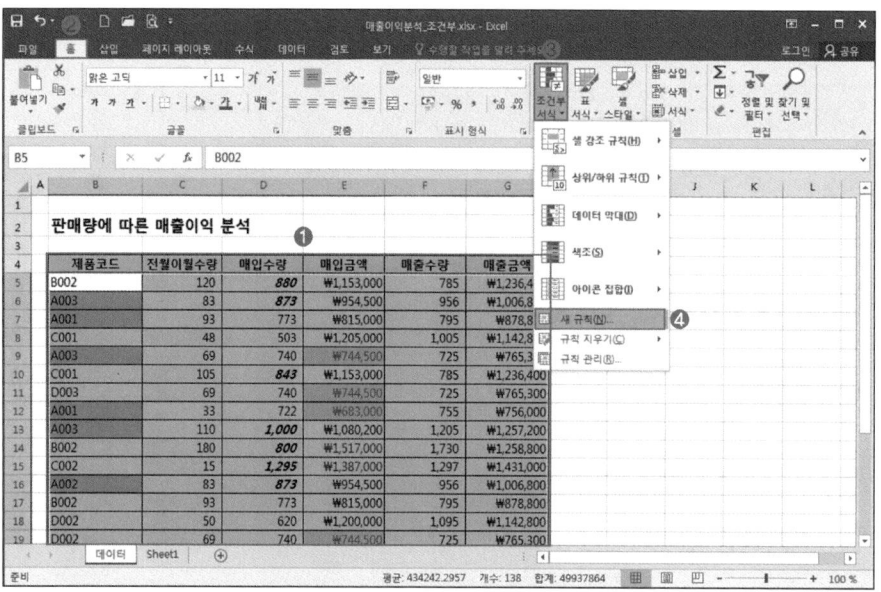

❷ [새 서식 규칙] 대화상자가 열리면 [규칙 유형 선택] 목록에서 [수식을 사용하여 서식을 지정할 셀 결정]을 선택합니다.

❸ [규칙 설명 편집]의 [다음 수식이 참인 값의 서식 지정] 입력란에 『=$F5>1000』을 입력하고 [서식]을 클릭합니다.

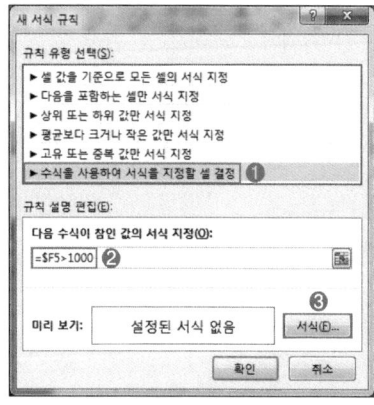

> **Tip**
> • 『=$F5>1000』은 매출수량이 1000보다 클 때 행 전체에 서식을 지정하는 수식입니다. 'F5' 셀의 열번호 F앞에 $기호를 입력하여 매출수량의 F열을 고정한 혼합 참조로 지정하여 수식을 작성한 것에 유의하기 바랍니다.
> • 수식에 적용하는 참조는 범위에서 첫 번째 셀만 지정하여 작성하므로 참조가 중요합니다.

❹ [셀 서식] 대화상자에서 [채우기] 탭 – [배경색] 목록에서 임의의 색을 선택한 후 [확인]을 클릭합니다.

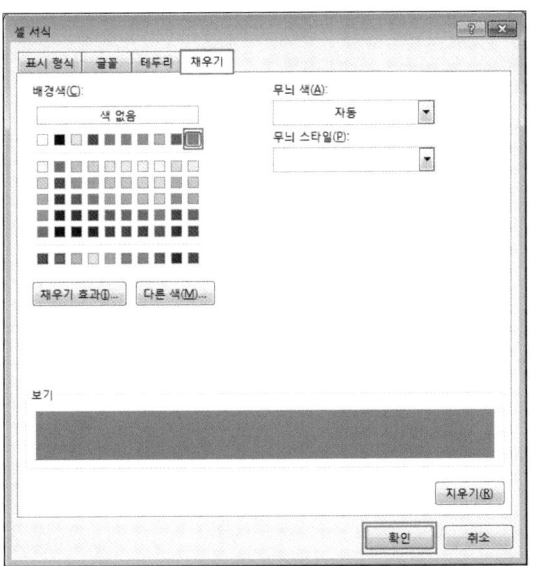

❺ 서식이 지정되었지만 같은 범위에 서식이 지정되어 조건이 겹치는 경우에는 이전 서식을 확인할 수 없으므로 규칙을 편집해야 합니다. [B5:G27] 셀 범위가 선택된 상태에서 [홈] 탭 – [스타일] 그룹 – [조건부 서식] 명령을 클릭한 후 [규칙 관리]를 선택합니다.

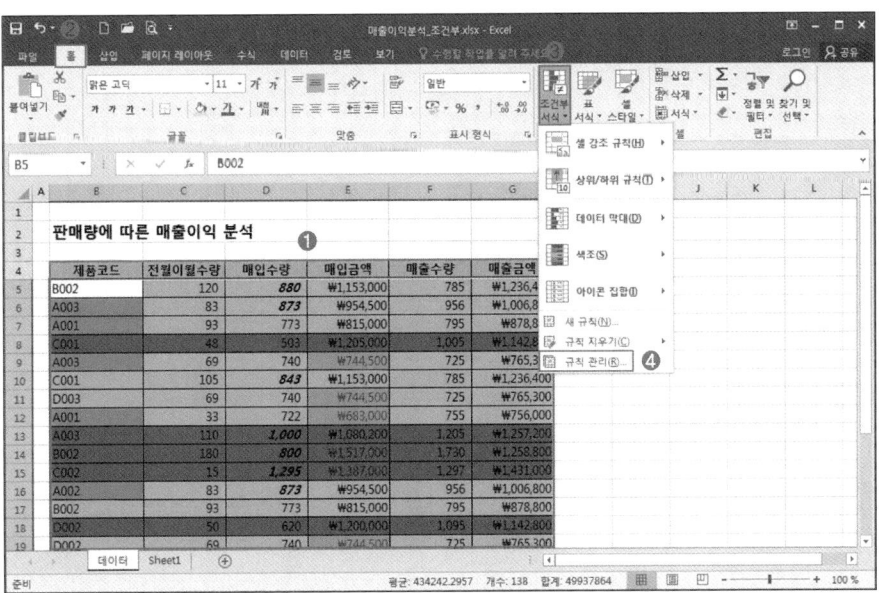

❻ [조건부 서식 규칙 관리자] 대화상자에서 [서식 규칙 표시] 목록에서 '현재 워크시트'를 선택하고 [수식: =$F5〉1000]을 선택하고 [아래로 이동] 단추를 클릭하여 맨 아래쪽으로 이동시킨 후 [확인]을 클릭합니다.

❼ 규칙 순서가 변경되면서 조건에 해당하는 규칙이 제대로 표시되었는지 확인할 수 있습니다.

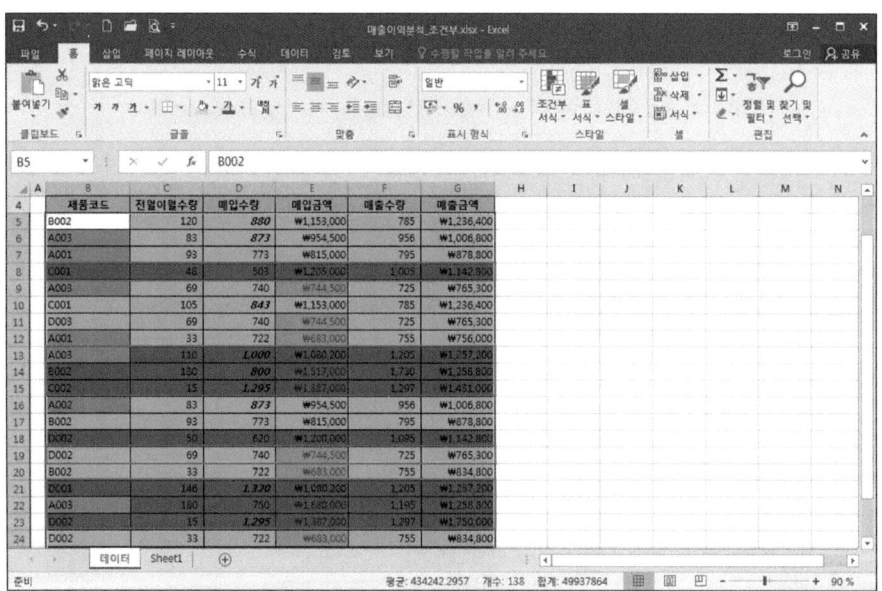

D 색조와 데이터 막대 지정해 데이터를 시각화하기

❶ **색조로 조건부 서식 지정하기** : [Sheet1] 워크시트에서 경비 1 열의 데이터 범위인 [B4:B15] 셀 범위를 지정한 후 [홈] 탭 – [스타일] 그룹 – [조건부 서식] 명령을 클릭한 후 [색조]를 선택하고 [빨강 – 흰색 – 녹색 색조]를 선택합니다.

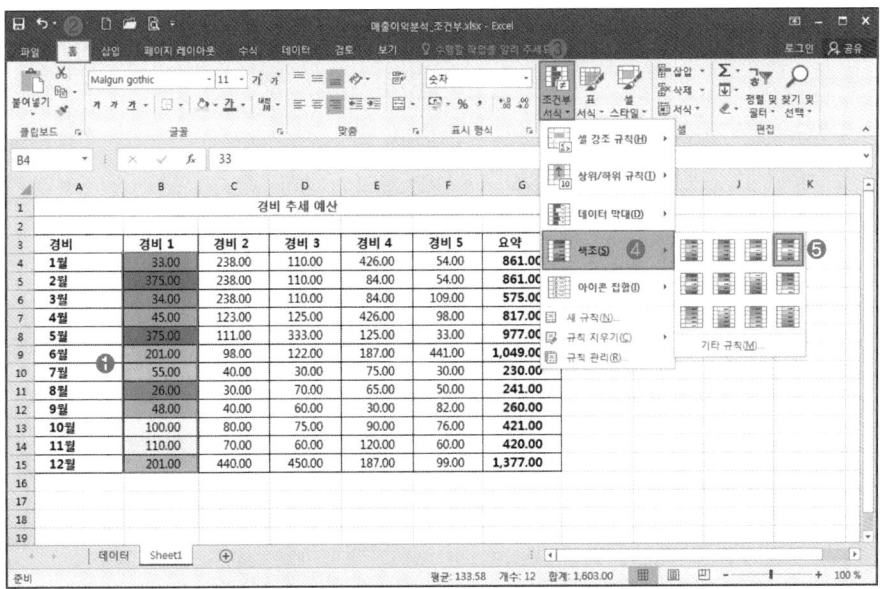

❷ **데이터 막대로 조건부 서식 지정하기** : [Sheet1] 워크시트에서 요약 열의 데이터 범위인 [G4:G15] 셀 범위를 지정한 후 [홈] 탭 – [스타일] 그룹 – [조건부 서식] 명령을 클릭한 후 [데이터 막대]를 선택한 후 [그라데이션 채우기] 항목의 [주황]을 선택합니다.

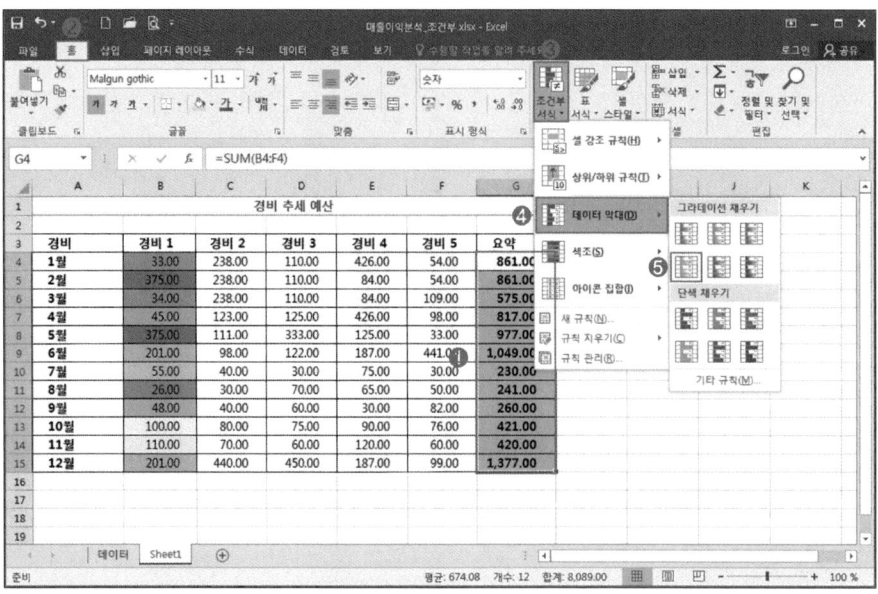

❸ '경비 1' 열과 '요약' 열에 서식이 적용된 것을 확인할 수 있습니다. 데이터 막대 서식은 값이 음수이면 빨간색으로 표시됩니다.

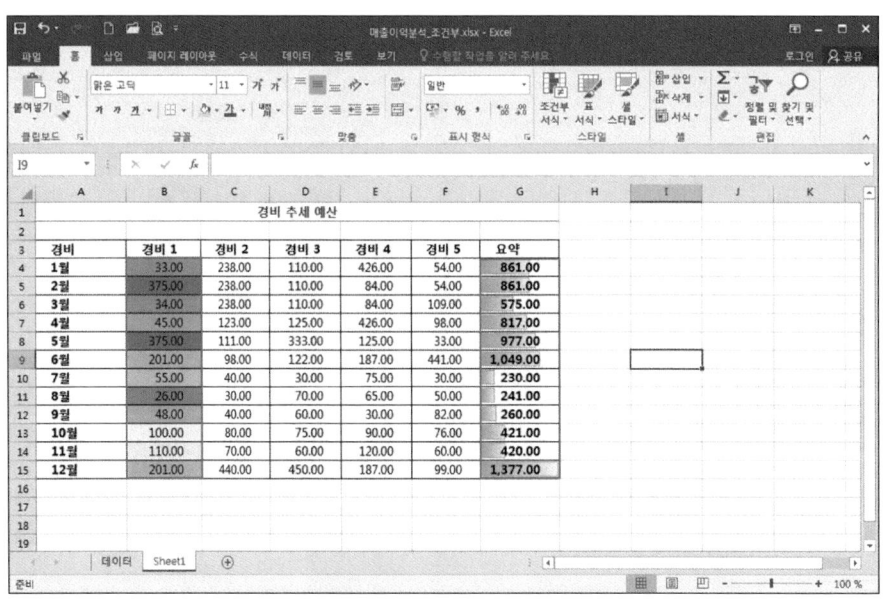

Tip 데이터 막대 서식은 값이 음수이면 빨간색으로 표시됩니다.

실습하기

📎 **준비파일** : file/실습하기/사용자지정표시형식.xlsx
📎 **결과파일** : file/실습하기/사용자지정표시형식_결과.xlsx

예제

1 [A2:A6] 셀 범위의 텍스트 뒤에 '지점'이, [B1:E1] 셀 범위의 숫자 뒤에는 '사분기'가 반복하여 입력되도록 사용자 지정 표시 형식을 설정하세요.

2 [B2:E6] 셀 범위의 데이터 형식을 통화 스타일로 설정하고 [E7] 셀의 숫자가 한글로 표시되도록 표시 형식을 설정하세요.

📎 **준비파일** : file/실습하기/조건부서식.xlsx
📎 **결과파일** : file/실습하기/조건부서식_결과.xlsx

예제

3 [C6:C22] 셀 범위에 '주' 텍스트를 포함하는 셀의 서식을 [진한 녹색 텍스트가 있는 녹색 채우기]로 지정하세요.

4 수익 열에 대해서 상위 5개의 항목에 [진한 빨강 텍스트가 있는 연한 빨강 채우기]를 적용하세요.

5 비용 열에 대해서 주황 데이터 막대 단색 채우기 서식을 적용하세요.

6 [Sheet1] 워크시트에서 수량이 50 이상인 데이터에 해당하는 행 전체에 조건부 서식의 수식을 이용하여 채우기 색을 노랑으로 적용하세요.

PART 03 수식 작성 및 실무 함수 활용하기

　엑셀을 사용하는 가장 큰 이유는 복잡한 계산을 쉽고 빠르게 끝내며, 복잡하고 반복되는 수식도 함수를 사용해 간단하게 해결할 수 있기 때문입니다. Part 7에서는 수식과 함수의 구조를 이해하고, 상대 참조/절대 참조/혼합 참조를 이용해 수식을 만들고, 실무에서 자주 쓰는 활용도 높은 함수의 사용법을 알아보겠습니다.

Section 01 수식에서 사용하는 참조 유형 알아보기

> **학습목표** 셀에 입력되어 있는 데이터를 계산기처럼 값을 하나하나 다시 입력하지 않아도 참조해서 계산할 수 있도록 셀 참조를 통한 활용에 대해서 알아보겠습니다.

A 수식 작성의 기본

　수식을 작성하려면 반드시 등호(=)나 부호(+, -)로 시작해야 합니다. 이렇게 시작한 수식에는 셀 주소가 포함되는데, 이것을 '셀을 참조한다'라고 합니다. 따라서 참조한 셀의 내용이 변경되면 수식의 결과값도 자동으로 변경되고 등호와 참조 주소 그리고 연산자로 이루어진 수식의 결과값이 셀에 나타납니다. 반면 수식은 수식 입력줄에 표시됩니다.

❶ 수식의 구조

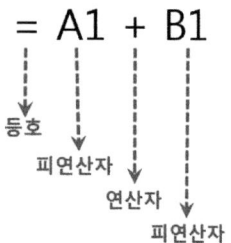

❷ 연산자의 종류

종류	연산자	의미
산술	+	덧셈
	−	뺄셈(음수)
	*	곱셈
	/	나눗셈
	%	백분율
	^	거듭제곱
비교	=	같다
	〉	보다 크다(초과)
	〈	보다 작다(미만)
	〉=	크거나 같다(이상)
	〈=	작거나 같다(이하)
	〈 〉	아니다(같지 않다)
문자열	&(앰퍼샌드)	2개의 문자를 하나의 문자로 연결하고 문자는 큰 따옴표로 묶는다. 예) ="영진"&"닷컴" →영진닷컴, =100&"점" → 100점
참조	:(콜론)	연속된 셀 범위를 참조한다. 예) =SUM(A1:A20)
	,(쉼표)	불연속적인 셀을 참조한다. 예) =SUM(A1,B1,C1)
	공백(띄어쓰기)	2개의 참조에 공통으로 교차되는 셀에 대한 참조를 만드는 연산자. 예) 'B1:B4 A2:D2' 교차되는 [B2] 셀을 참조한다.

B 셀 참조 유형

셀을 수식에 참조하는 유형에는 '상대 참조'와 '절대 참조', 그리고 두 방식을 혼합한 형태인 '혼합 참조'가 있습니다. F4를 누르면서 참조 유형을 변경할 수 있습니다.

❶ 상대참조
- 셀 참조할 때 엑셀에서 기본적으로 지정되는 방식입니다.
  예) [D4] 셀의 참조 '=A3+B3'로 표기
- 수식을 자동 채우기하면 행 주소와 열 주소가 셀의 위치에 따라 상대적으로 변경됩니다.
- 행 방향으로 자동 채우기하면 행의 주소만 변경됩니다.
- 열 방향으로 자동 채우기하면 열의 주소만 변경됩니다.

❷ **절대 참조**
- 수식을 다른 셀로 복사해도 참조하려는 셀의 주소를 고정, 즉 변경되지 않도록 사용하는 방식입니다.
- 열 주소와 행 주소 앞에 달러 '$' 기호를 붙입니다.
  예) A3 -> $A$3
- 특정 셀의 주소를 고정하여 사용할 때 쓰입니다.
- 수식을 다른 셀로 복사해도 셀 주소는 변경되지 않습니다.
- F4 를 누르면 상대 참조 〉 절대 참조 〉 혼합 참조 〉 상대 참조 순으로 순환합니다.
  예) A3 〉 F4 ⇨ $A$3 ⇨ F4 ⇨ A$3 ⇨ F4 ⇨ $A3 ⇨ F4 ⇨ A3

❸ **혼합 참조**
- 행 주소와 열 주소 중 행 또는 열 하나만 정하여 사용하는 방식입니다.
- 상대 주소 + 절대 주소의 형태로 행을 고정하면 행 고정 혼합 참조, 열을 고정하면 열 고정 혼합 참조가 됩니다.
  예) 열 고정 혼합 참조 : $A3, 행 고정 혼합 참조 : B$3

> **Tip** 상대 참조 수식과 절대 참조 수식을 사용해야 하는 이유 알아보기
>
> 준비파일 : file/Part7/참조유형.xlsx
>
> [수식] 탭 – [수식 분석] 그룹에서 [수식 표시]를 클릭하여 워크시트에 수식을 표시하면 금액과 할인액이 입력된 수식을 확인해 볼 수 있습니다. '금액' 항목의 경우에는 상대 참조로 입력된 수식으로 셀마다 참조가 달라지지만, '할인액' 항목에서는 [G1] 셀이 고정되어 같은 참조로 입력되어 있습니다. 왜냐하면 $기호는 G열과 1행 앞에 붙어 있어서 행과 열을 모두 고정시키기 때문입니다.

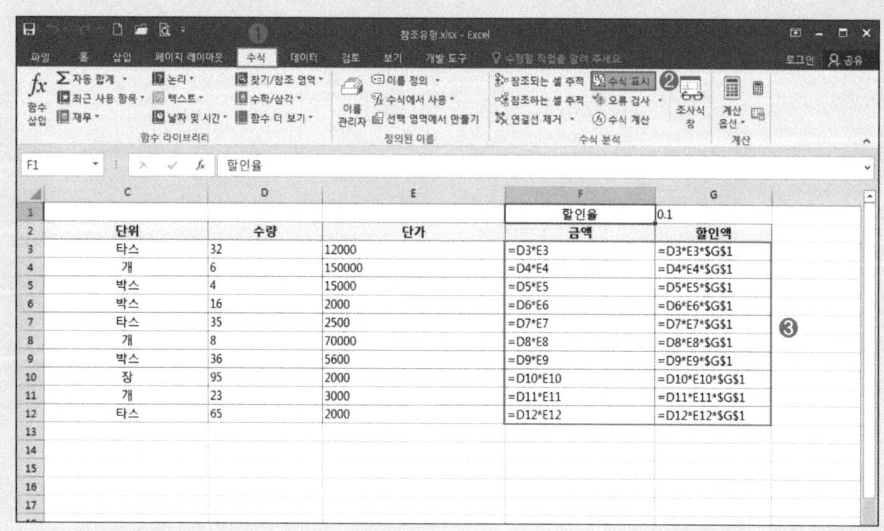

❹ 다른 워크시트에서 셀 참조하기

- 다른 워크시트에 있는 셀을 참조할 경우 워크시트의 이름이 영어 또는 한글, 숫자로 혼합된 워크시트는 워크시트 이름에 작은따옴표(')를 생략하여 표기하고 영어, 한글 외 다른 문자가 있을 경우(공백 포함)는 작은따옴표('워크시트 이름')로 묶어 표기합니다.
- 다른 워크시트에 있는 셀을 참조할 경우 워크시트 이름과 셀 주소를 "!"로 구분합니다.
  형식 : '워크시트 이름'!참조할 셀 주소
- 워크시트 이름에 작은따옴표(')를 생략하여 표기합니다.
  예) =Sheet2!B2 + Sheet3!C2
- 워크시트 이름에 작은따옴표(')를 표기(공백이 있을 때)합니다.
  예) ='IT Valley'!A1 + '인재 개발원'!A1

❺ 다른 통합문서에서 셀 참조하기

- 다른 통합 문서에 있는 셀을 참조할 경우 통합 문서의 이름을 대괄호[ ]로 묶어 표기하고 통합 문서 파일명과 워크시트 이름은 작은따옴표(')로 묶어 표시합니다.
- 형식 : '[통합 문서 파일명]워크시트 이름'!참조할 셀 주소
  예) ='[예제01.xlsx]대리점별 판매현황'!$I$5

Section 02 자주 사용하는 함수의 종류와 사용법 알아보기

> **학습목표** 함수는 엑셀에서 미리 만들어 놓은 수식으로 필요한 값을 입력하면 복잡한 연산을 빠르고 정확하게 계산해 줍니다. 함수의 전체 수는 몇백 개에 달하지만, 실제 실무에서 자주 사용하는 함수의 종류와 사용법에 대해서 알아보겠습니다.

A 함수의 종류

❶ 통계 함수
- MAX : 최대값을 구하는 함수
- MIN : 최소값을 구하는 함수
- LARGE : 범위에서 K번 째 큰 수를 구하는 함수
- SMALL : 범위에서 K번 째 작은 수를 구하는 함수
- COUNTIF : 범위에서 조건에 맞는 개수를 구하는 함수
- RANK.EQ : 순위를 구하는 함수(순위가 같으면 동순위로 표시)

❷ 수학 및 삼각 함수
- SUMIF : 조건에 맞는 값의 합을 구하는 함수
- SUMIFS : 2개 이상 조건에 맞는 값의 합을 구하는 함수

❸ 찾기 및 참조 함수
- CHOOSE : 인덱스 번호에 따른 위치의 목록 값을 구하는 함수
- INDEX : 범위 지정에서 행, 열 번호에 해당하는 값을 구하는 함수

❹ 논리 함수
- IF : 조건에 맞을 경우 참, 거짓 값을 구하는 함수
- AND : 여러 조건이 모두 맞으면 참 값을 반환하는 함수
- OR : 여러 조건 중 하나만 맞으면 참 값을 반환하는 함수

❺ **텍스트 함수**
- LEFT : 왼쪽부터 글자를 추출하는 함수
- RIGHT : 오른쪽부터 글자를 추출하는 함수
- MID : i번 째 글자부터 j개 만큼 추출하는 함수

❻ **조회 및 참조 함수**
- VLOOKPUP : 지정 범위에서 첫 번째 열에서 세로방향으로 x번 째 값을 구하는 함수
- HLOOKUP : 지정 범위에서 첫 번째 행에서 가로방향으로 x번 째 값을 구하는 함수

B 함수의 사용법

❶ **수식 입력** : 직접 타이핑하거나 [함수 삽입] 메뉴, 또는 단축키 Shift + F3 을 사용해 입력합니다.

❷ 원하는 계산을 위한 함수를 선택합니다.

❸ 수식에 필요한 인수를 선택합니다.

Section 03 실무 함수 익히기

> **학습목표**
> 엑셀에서 기본적으로 제공하는 함수만 알아도 대부분의 실무를 문제 없이 해결할 수 있습니다. 이번 섹션에서는 업무에서 가장 많이 사용하는 함수만 뽑아 제대로 배워 보겠습니다. SUM 함수와 IF 함수, AVERAGE 함수 등 기본적인 사용법부터 업무에 효율적으로 사용하기 위한 함수 표현 방법을 알아보겠습니다.

A 이름 정의를 이용해 분기별 합계(SUM) 구하기

📁 준비파일 file/Part7/합계.xlsx   📁 결과파일 file/Part7/합계_결과.xlsx

❶ [합계와평균] 워크시트에서 각 분기별 합계를 계산해 보겠습니다. 『=SUM(』을 입력하고 [D5:D21] 셀 범위를 드래그하여 선택한 후 Enter 키를 누릅니다.

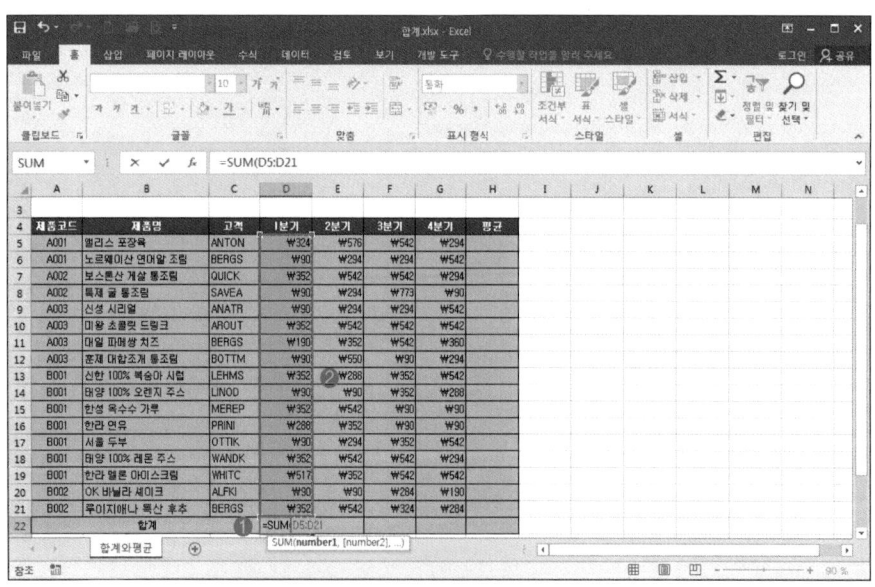

> **Tip** 엑셀에서는 함수식을 작성할 때 맨 마지막에 닫는 괄호만 남았다면 그냥 Enter를 눌러도 함수식은 제대로 입력되어 결과값을 구할 수 있습니다. 해당 셀의 함수식을 확인해 보면 닫히는 괄호가 자동으로 생성된 것을 확인할 수 있습니다.

❷ 이번에는 이름 정의를 수식에 사용하여 2분기, 3분기, 4분기의 합계를 구해 보겠습니다. [E4:G21] 셀 범위를 지정한 후 [수식] 탭 – [정의된 이름] 그룹 – [선택 영역에서 만들기] 명령을 클릭합니다.

❸ [선택 영역에서 이름 만들기] 대화상자에서 [첫 행]에 체크한 후 [확인]을 클릭합니다.

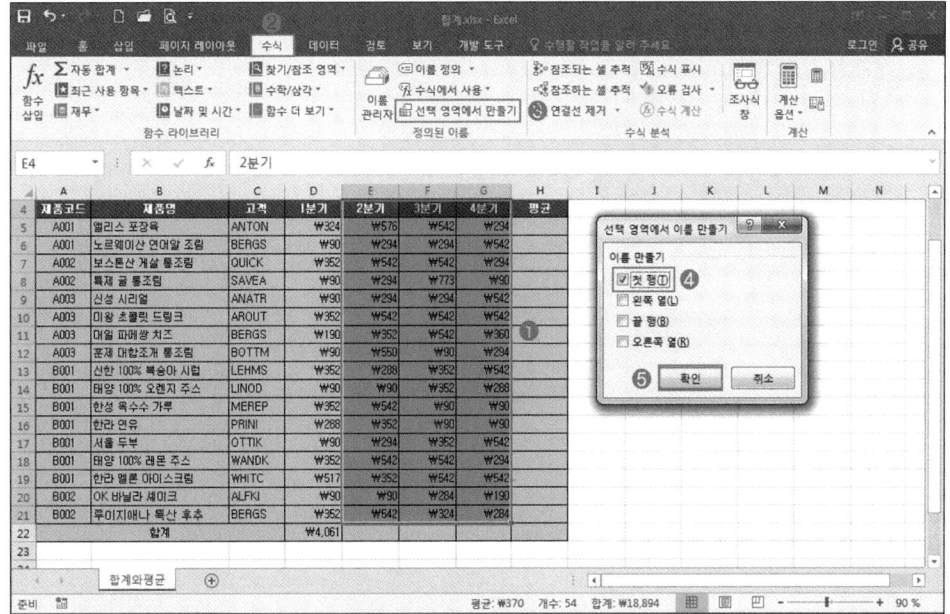

> **Tip** • [선택 영역에서 만들기] 명령을 사용하면 선택한 셀의 이름을 자동으로 생성하기 때문에 이름 정의를 빠르게 할 수 있습니다. 일반적으로 첫 행 또는 선택 영역의 맨 왼쪽 열에서 텍스트를 사용합니다.
> • 첫 행의 필드명이 숫자로 시작되어 있으면 언더바(_)가 자동으로 삽입되어 이름이 정의됩니다. [E5:E21] 셀 범위는 '_2분기', [F5:F21] 셀 범위는 '_3분기', [G5:G21] 셀 범위는 '_4분기'라는 이름으로 정의됩니다.

❹ [E22] 셀을 선택 – 『=SUM(』을 입력하고 [수식] 탭 – [정의된 이름] 그룹 – [수식에서 사용]명령 클릭한 후 Enter를 누릅니다.

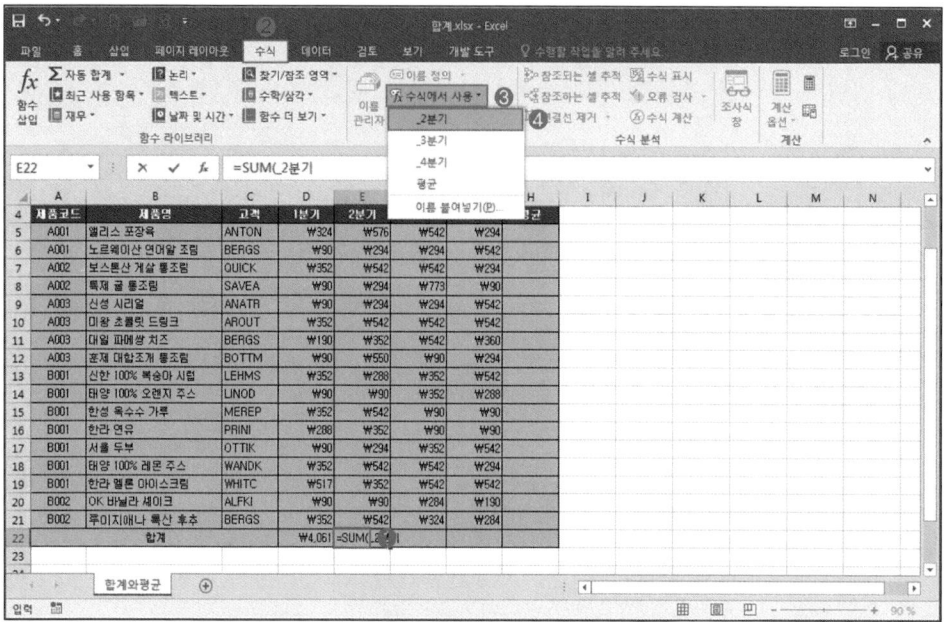

❺ 위와 같은 방법으로 [F22] 셀의 '3분기' 합계를 정의된 이름으로 계산합니다.

> **Tip** 〈이름 작성 규칙 알아보기〉
>
> 이름을 작성할 때는 다음과 같은 규칙을 지켜야 합니다.
>
> | 대상 | 작성 규칙 |
> |---|---|
> | 유효한 문자 | • 이름의 첫 번째 문자는 문자, 언더바(_) 또는 역슬래시(\)여야 합니다.
• 이름의 나머지 문자는 문자, 숫자, 마침표 및 밑줄이 될 수 있습니다. |
> | 셀 참조 허용 안 함 | • 이름이 Z$200 또는 R1D1과 같이 셀 참조와 같으면 안 됩니다. |
> | 공백 사용 못함 | • 공백은 사용할 수 없으므로 단어 구분 기호로 '판매가_단가'와 같이 언더바(_)나 마침표(.)를 사용해야 합니다. |
> | 이름 | • 이름은 최대 255개의 문자로 지정할 수 있습니다.
• 통합 문서에 유일한 이름이어야 하고 워크시트로 영역이 제한되면 시트마다 같은 이름을 부여할 수 있습니다. |
> | 영문자의 대소문자 구분 여부 | • 엑셀의 이름에서는 영문자의 대문자와 소문자가 구별되지 않으므로 영문자의 대문자와 소문자를 포함해서 지정할 수 있습니다. |

❻ 이름 정의를 사용하면 함수식을 직관적으로 표현할 수 있어 해석이 쉬워집니다. 하지만 엑셀 데이터 범위에 정의한 이름이 많아 기억이 나지 않거나 혼동될 때 F3키를 사용하여 정의한 이름을 적용하는 방법을 알아보겠습니다.
[G22] 셀에 『=SUM(』을 입력하고 F3키를 누릅니다.

❼ [이름 붙여넣기] 대화상자에서 계산하고자 하는 이름을 더블클릭하거나 선택하고 [확인]을 클릭합니다.

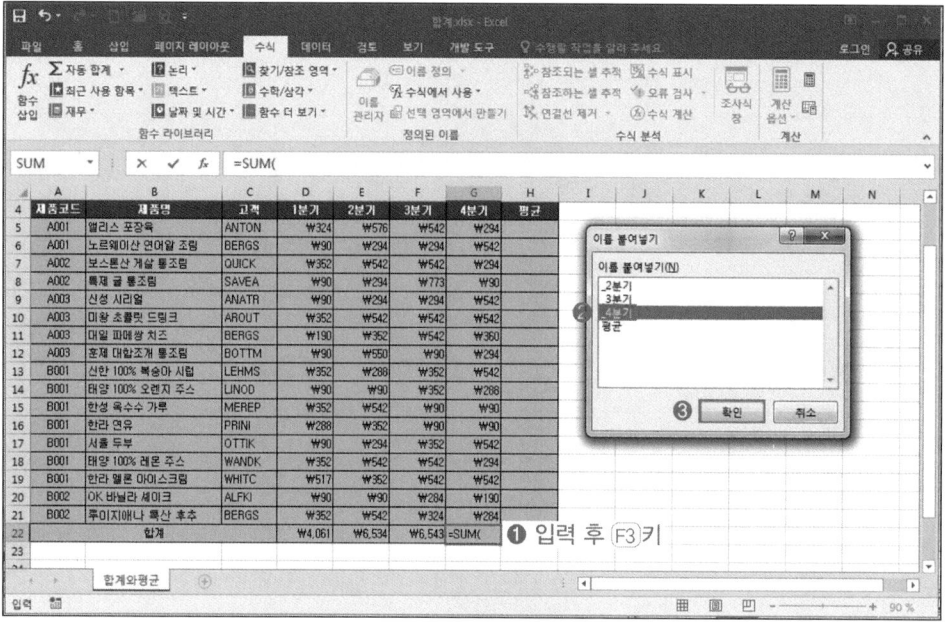

❽ 1분기부터 4분기 열의 값으로 합계를 계산하였습니다.

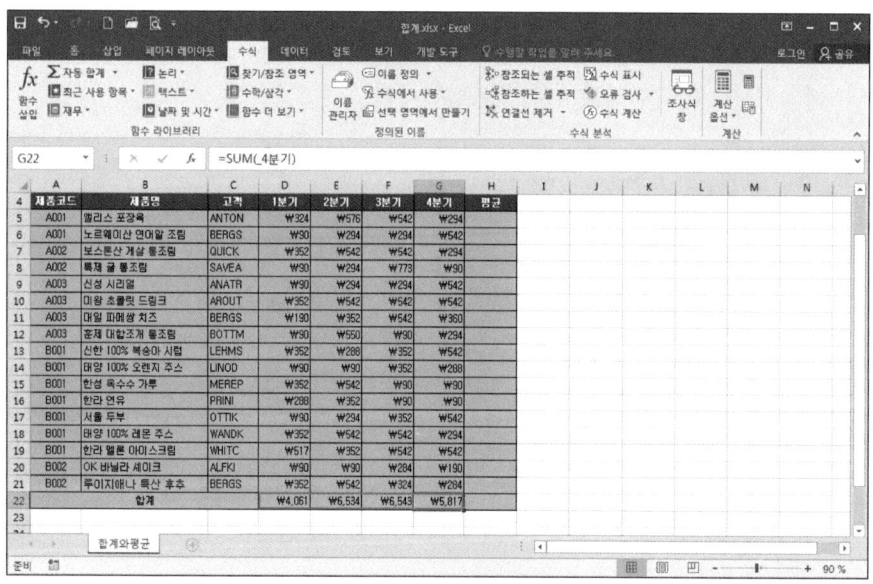

Tip 〈정의한 이름 범위 확인하기〉

특정 범위에 정의한 이름은 [수식] 탭 – [정의된 이름] 그룹 – [이름 관리자] 명령을 클릭하여 확인할 수 있습니다. [이름 관리자] 대화상자가 열리면 정의된 이름을 선택해 봅시다. [참조 대상]에서 해당 이름 정의에 대한 참조 범위를 확인할 수 있습니다.

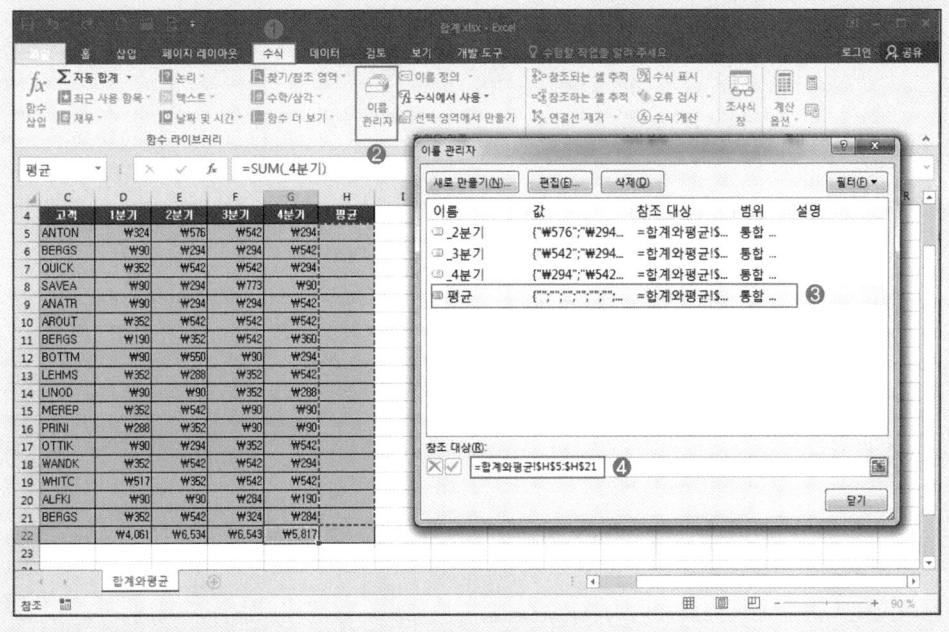

B MAX 함수와 LARGE 함수로 최대값 구하기

　준비파일 file/Part7/최대_최고.xlsx　　결과파일 file/Part7/최대_최고_결과.xlsx

MAX, LARGE 함수 알아보기

범주	이름	설명
통계함수	MAX(숫자1, 숫자2, …… 숫자255)	숫자 중에서 최댓값을 구하는 함수
	LARGE(범위, K번 째)	범위에서 K번 째 큰 값을 구하는 함수

❶ 함수 라이브러리 범주에서 함수를 삽입하는 방법으로 '매출이익'의 최대수량을 계산해 보겠습니다.
[J5] 셀을 클릭 – [수식] 탭 – [함수 라이브러리] 그룹 – [함수 더 보기] 명령을 클릭 – [통계]를 선택하고 [MAX]를 클릭합니다.

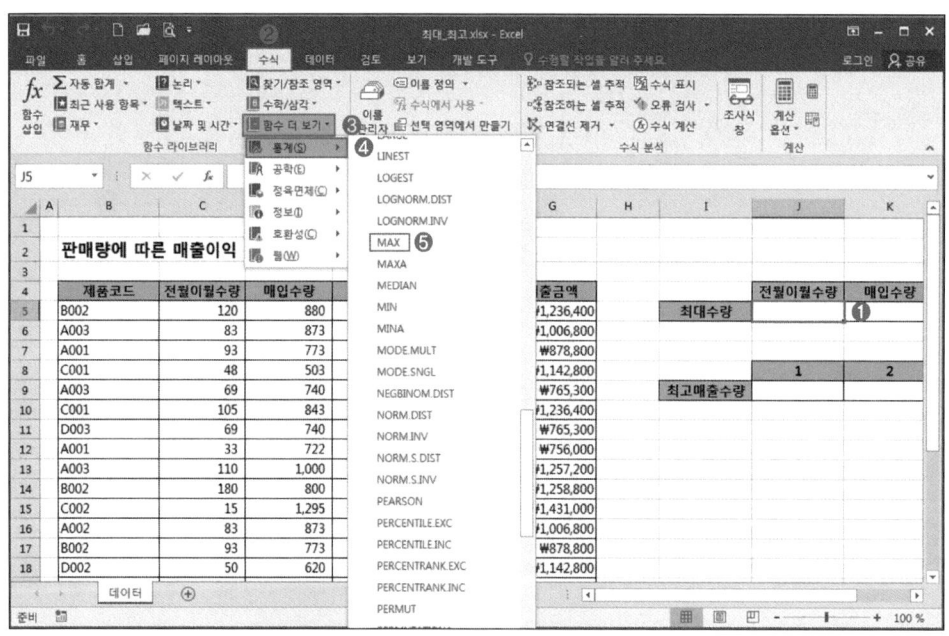

> **Tip**　함수명은 알고 있지만 어떤 인수를 사용해야 할지 혼동될 때는 함수 라이브러리 범주에서 함수를 삽입하는 것이 편리합니다.

❷ [함수 인수] 대화상자의 [Number1] 입력란에 [C5:C27] 셀 범위를 드래그하여 범위를 입력한 후 [확인]을 클릭합니다. 완성된 수식은『=MAX(C5:C27)』입니다.

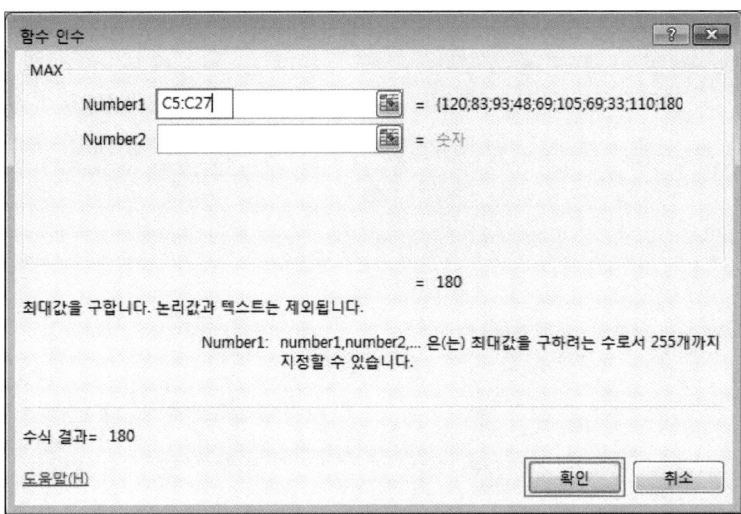

❸ [J5] 셀의 채우기 핸들을 [L5] 셀까지 드래그하여 수식을 복사합니다.

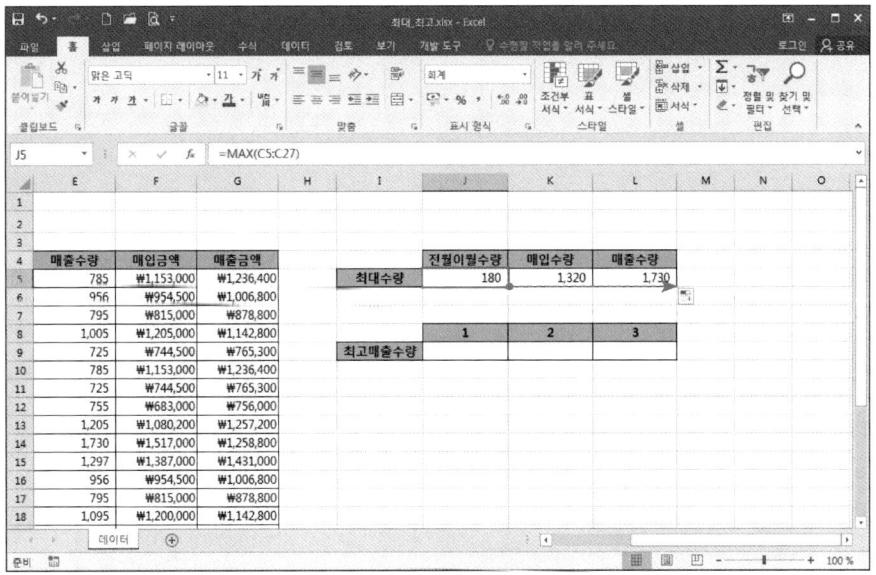

❹ 매출수량의 가장 높은 순서로 상위 3개의 큰 값을 계산해 보겠습니다.
[J9] 셀에 『=L』을 입력한 후 수식 자동 완성 목록 상자에서 LARGE를 선택하고 Tab 을 클릭합니다.

❺ [E5:E27] 셀 범위를 드래그한 후 F4 키를 눌러 범위를 고정합니다. 『,』를 입력 - [J8] 셀을 클릭하고 『)』를 입력해서 수식을 완성하고 Enter 를 눌러 첫 번째로 큰 값을 구합니다. 완성된 수식은 =LARGE($E$5:$E$27,J8)입니다.

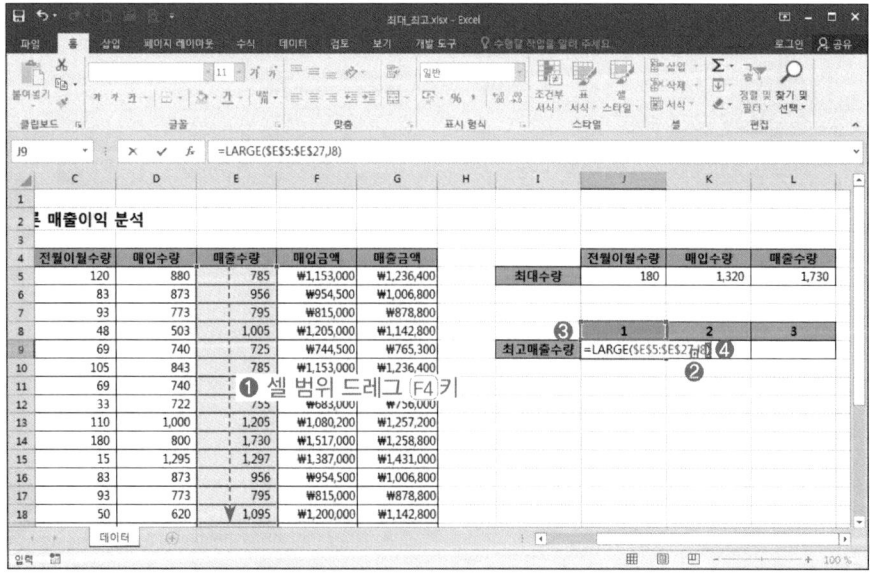

> **Tip** LARGE 함수는 범위 내에서 몇 번째로 큰 값을 구할 때 사용합니다. 따라서 두 번째 인수에 몇 번째로 큰 값을 구할 것인지 순번을 입력해야 합니다. 여기에서는 1을 입력하는 대신 1 값이 입력되어 있는 [J8] 셀을 지정했습니다.

❻ [J9] 셀의 채우기 핸들을 [L9] 셀까지 드래그해서 수식을 복사합니다.

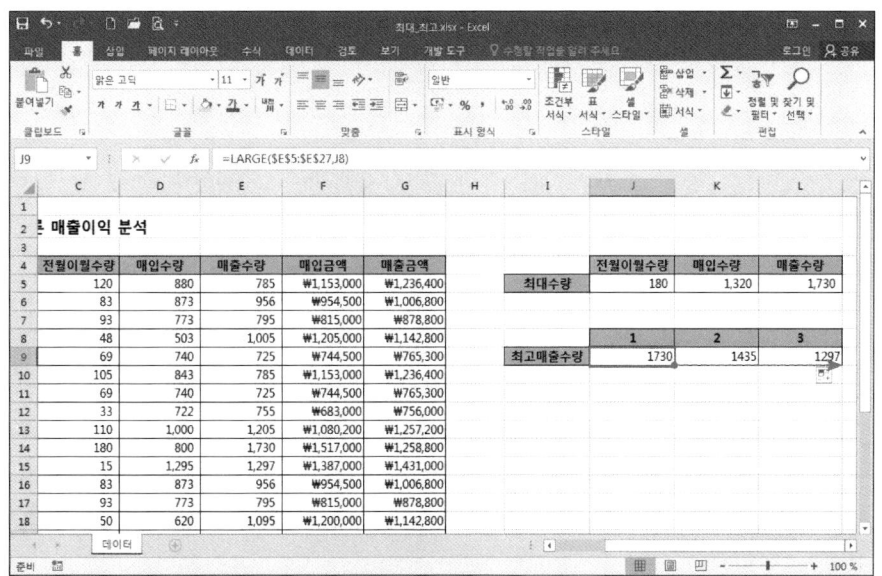

> **Tip** [J9] 셀을 오른쪽 방향으로 드래그해서 수식을 복사하면 두 번째 인수 값이 자동으로 2, 3으로 변하면서 두 번째, 세 번째로 큰 수량 값을 구합니다.

C 조건을 만족하는 개수 구하기(COUNTIF, COUNTIFS)

📁 준비파일 file/Part7/개수구하기.xlsx 📁 결과파일 file/Part7/개수구하기_결과.xlsx

COUNTIF, COUNTIFS 함수 알아보기

범주	이름	설명
통계함수	COUNTIF(조건 범위, 조건)	범위에서 조건에 만족하는 셀의 개수 구하는 함수
	COUNTIFS(조건 범위1, 조건1, 조건 범위2, 조건2, ……)	다중 조건에 만족하는 셀의 개수를 구하는 함수

❶ '승인확인' 열 값에서 '승인', '보류', '취소' 각 값에 대한 개수를 계산해 보겠습니다.
[M4] 셀을 클릭 – [수식] 탭 – [함수 라이브러리] 그룹 – [함수 더 보기] 명령을 클릭 – [통계]를 선택 – [COUNTIF]를 클릭합니다.

> **Tip** COUNTIF 함수는 조건이 하나인 경우에, COUNTIFS 함수는 조건이 두 개 이상인 경우에 사용합니다. 만약, COUNTIFS 함수에서 하나의 조건만 지정하면 COUNTIF 함수와 결과가 같습니다.

❷ [함수 인수] 대화상자의 [Range](조건 범위) 입력란에 '승인확인' 열 값에 해당하는 [J4:J33] 셀 범위를 드래그 – F4키를 눌러 범위를 고정 – [Criteria](조건) 입력란에 [L4] 셀을 선택하여 입력한 후 [확인]을 클릭합니다.

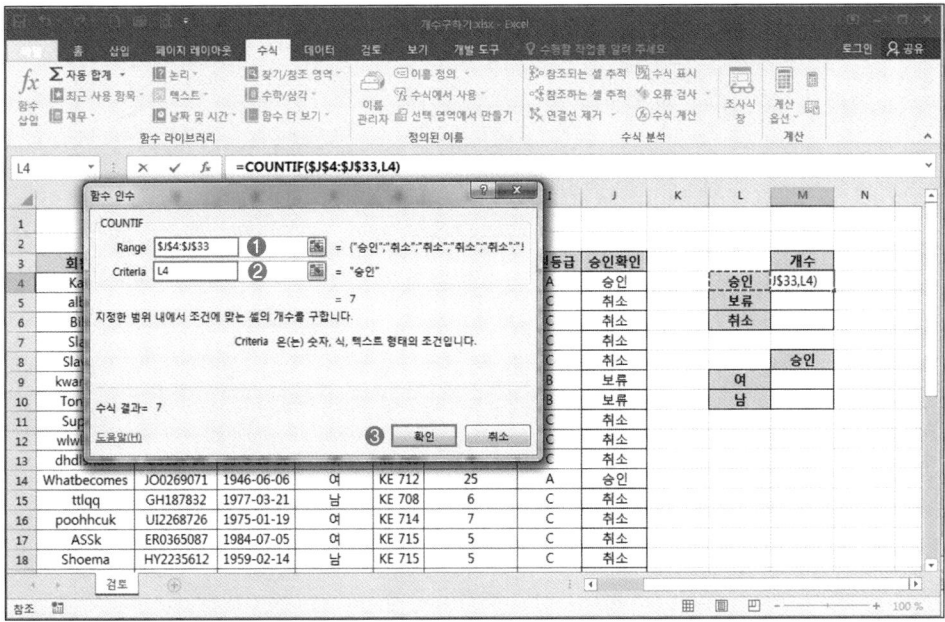

Tip [Range](조건 범위) [J4:J33] 셀 범위를 F4키를 눌러 범위를 고정하여 함수식을 복사할 때(채우기 핸들로 드래그) 범위가 이동되지 않도록 절대참조 형식으로 변경합니다. [Criteria](조건) 입력란에 [L4] 셀 값은 함수식을 복사할 때 'L5', 'L6' 셀 참조로 조건이 변경되어야 하므로 상대참조 형식으로 지정합니다.

❸ [M4] 셀의 채우기 핸들을 [M6] 셀까지 드래그해서 수식을 복사합니다.
완성된 수식은 =COUNTIF($J$4:$J$33,L4)입니다.

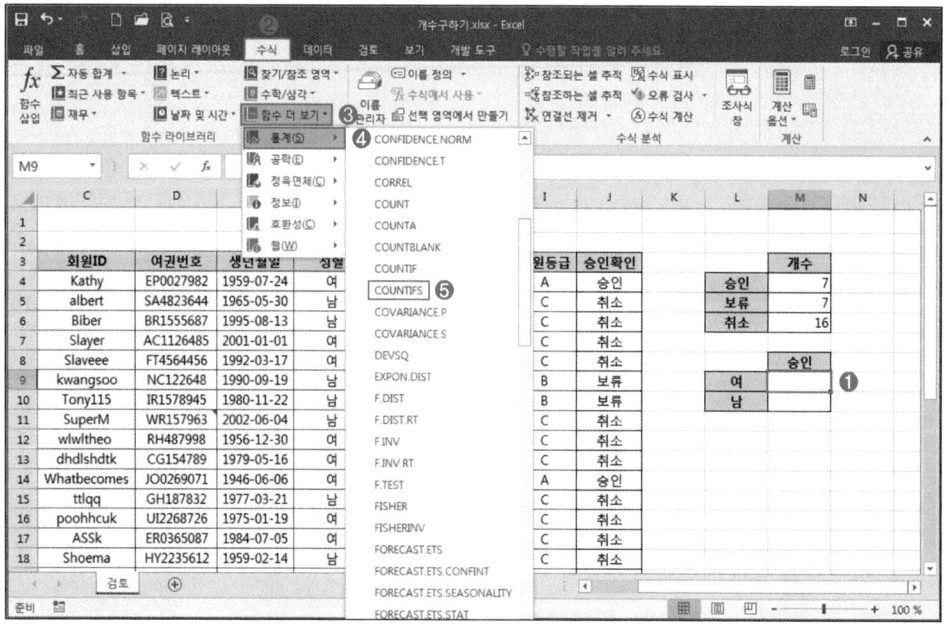

❹ '승인확인' 열 값에서 승인에 따라 '여', '남'의 인원수를 계산해 보겠습니다.
[M9] 셀을 클릭 - [수식] 탭 - [함수 라이브러리] 그룹 - [함수 더 보기] 명령을 클릭 -
[통계]를 선택 - [COUNTIFS]를 클릭합니다.

❺ [함수 인수] 대화상자에서 다음의 순서로 인수를 설정합니다.

   a. [Criteria_range1](조건1범위) 입력란에 '승인확인' 열 값인 [J4:J33] 셀 범위를 지정한 후 F4키를 누릅니다.
   b. [Criteria1](조건1) 입력란에 『"승인"』을 입력하세요.
   c. [Criteria_range2](조건2범위) 입력란에 '성별' 열 값인 [F4:F33] 셀 범위를 지정한 후 F4키를 누릅니다.
   d. [Criteria2](조건2) 입력란에 [L9] 셀을 선택하여 입력한 후 [확인]을 클릭합니다.

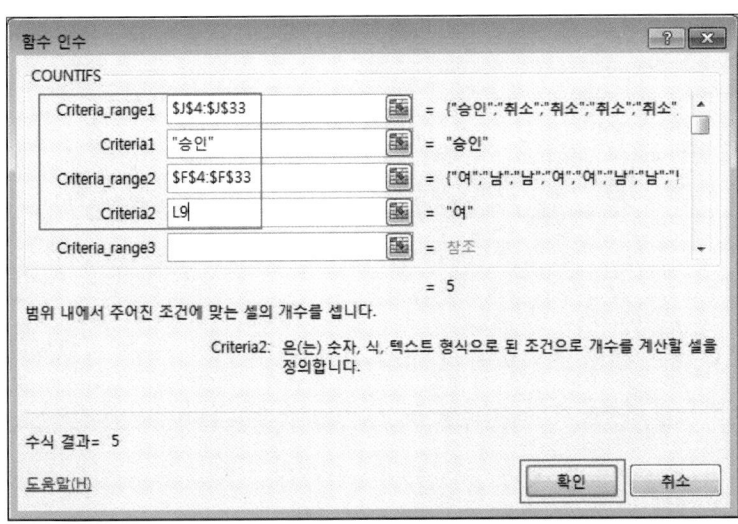

❻ [M9] 셀의 채우기 핸들을 [M10] 셀까지 드래그해서 수식을 복사합니다.
   완성된 수식은 =COUNTIFS($J$4:$J$33,"승인",$F$4:$F$33,L9)입니다.

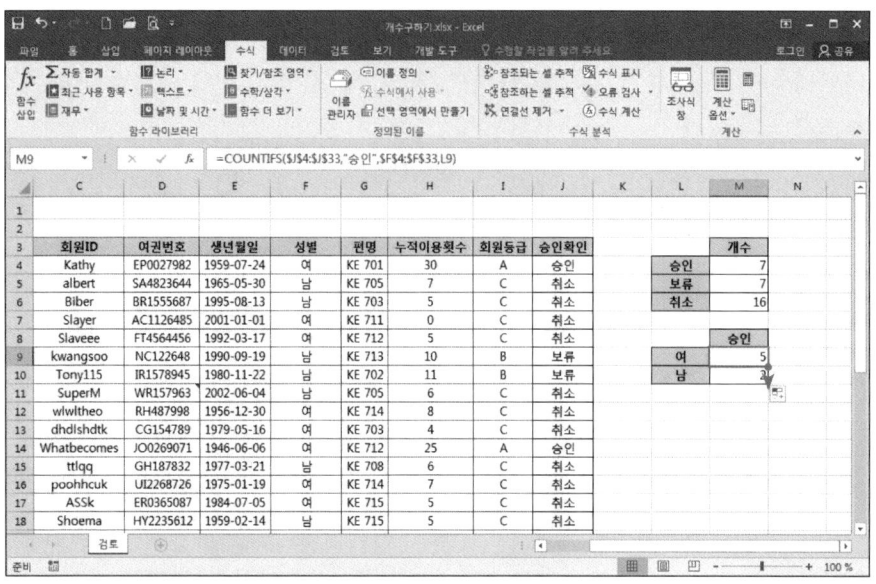

D SUMIFS 함수로 여러 조건을 만족하는 총매출 구하기

📁 준비파일 file/Part7/조건합계.xlsx   📁 결과파일 file/Part7/조건합계_결과.xlsx

SUMIF, SUMIFS 함수 알아보기

범주	이름	설명
수학/삼각 함수	SUMIF(조건 범위, 조건, 합계를 계산할 범위)	조건에 맞는 값의 합을 구하는 함수
	SUMIFS(합계를 계산할 범위, 조건 범위1, 조건1, 조건 범위2, 조건2, ……)	2개 이상 조건에 맞는 값의 합을 구하는 함수

❶ '제품' 열 값 중에서 '필로 믹스' 제품별로 '수량'이 20개 이상인 '판매금액' 열 값의 합계를 계산해 보겠습니다.
[H5] 셀을 클릭 – [수식] 탭 – [함수 라이브러리] 그룹 – [수학/삼각] 명령을 클릭 – [SUMIFS]를 클릭합니다.

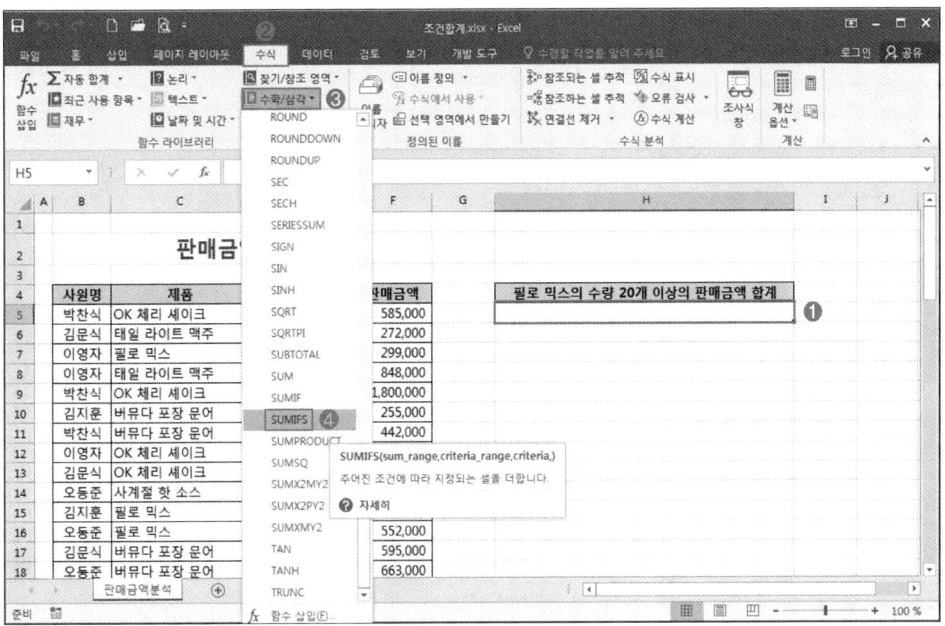

❷ [함수 인수] 대화상자에서 다음의 순서로 인수를 설정합니다.

  a. [Sum_range](합계범위) 입력란에 '판매금액' 열 값인 [F5:F68] 셀 범위를 지정합니다.
  b. [Criteria_range1](조건1범위) 입력란에 '제품' 열 값인 [C5:C68] 셀 범위를 지정합니다.
  c. [Criteria1](조건1) 입력란에 『"필로 믹스"』를 입력합니다.
  d. [Criteria_range2](조건2범위) 입력란에 '수량' 열 값인 [E5:E68] 셀 범위를 지정합니다.
  e. [Criteria2](조건2) 입력란에 『">=20"』을 입력한 후 [확인]을 클릭합니다.

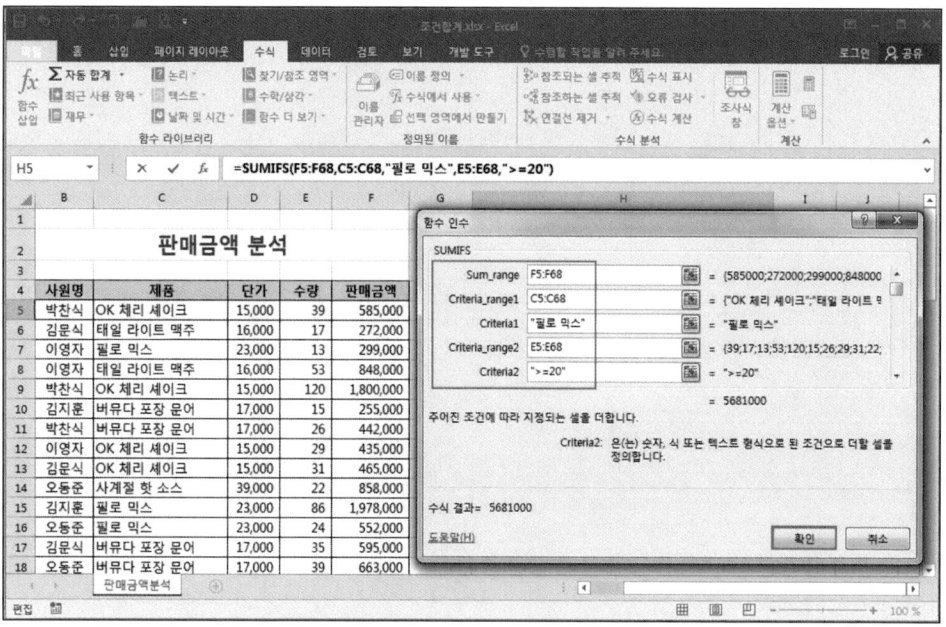

❸ 완성된 수식은 =SUMIFS(F5:F68,C5:C68,"필로 믹스",E5:E68,">=20")입니다.

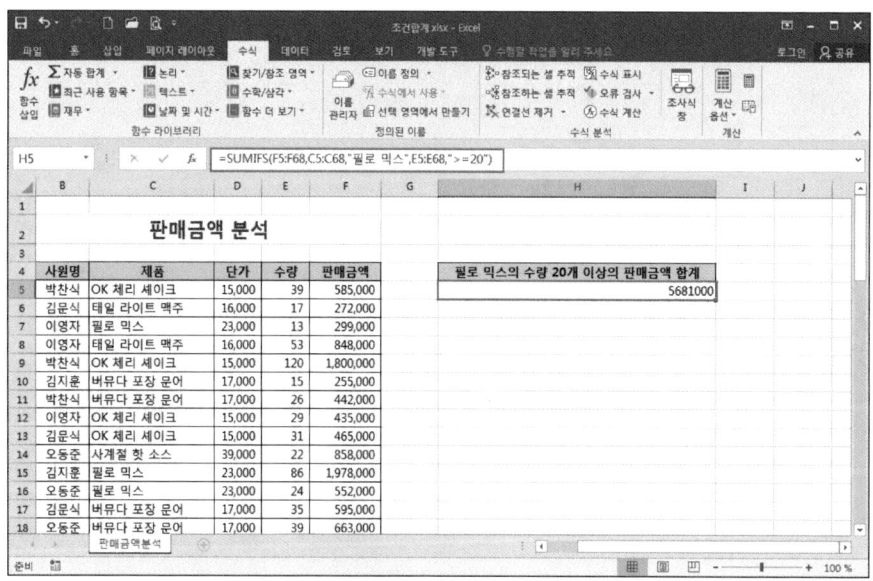

E RANK.EQ 함수로 순위 구하기

📁 준비파일 file/Part7/판매순위.xlsx　📁 결과파일 file/Part7/판매순위_결과.xlsx

RANK.EQ 함수 알아보기

범주	이름	설명
통계 함수	RANK.EQ(순위를 구하려는 수, 범위, 순위 결정 방법)	범위에서 지정한 수의 순위를 구하는 함수

❶ 각 사원 별 판매금액의 순위를 계산해 보겠습니다.

[G5] 셀을 클릭 – [수식] 탭 – [함수 라이브러리] 그룹 – [함수 더 보기] 명령을 클릭 – [통계]를 선택 – [RANK.EQ]를 클릭합니다.

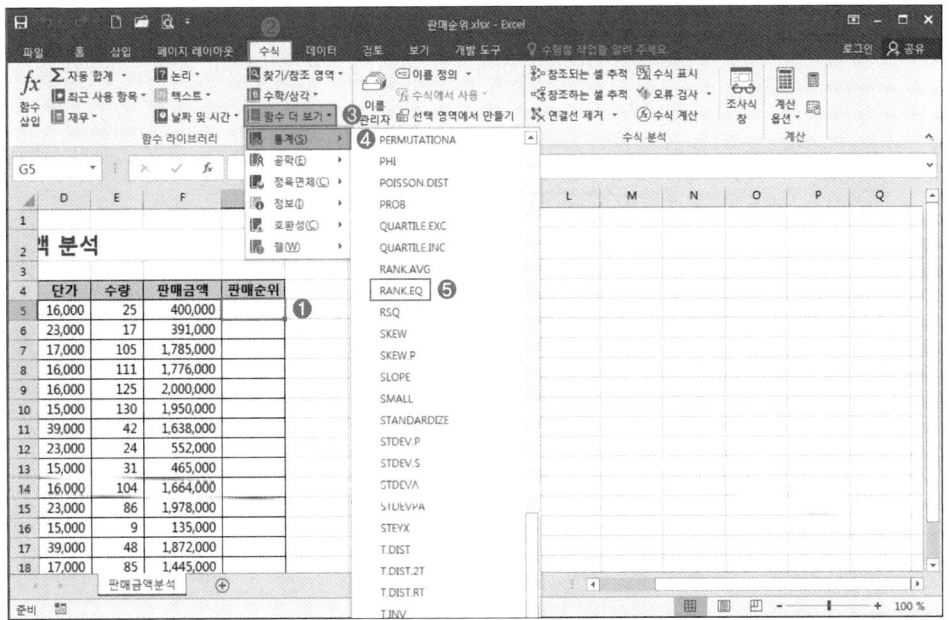

❷ [함수 인수] 대화상자에서 다음의 순서로 인수를 설정합니다.

　a. [Number](순위를 구할 셀) 입력란에 [F5] 셀을 지정합니다.
　b. [Ref](순위를 구할 때 참조할 범위) 입력란에 '판매금액' 열 값인 [F5:F20] 셀 범위를 지정한 후 F4키를 누릅니다.
　c. [Order](오름차순/내림차순) 입력란에 『0』을 입력하고 [확인]을 클릭합니다.

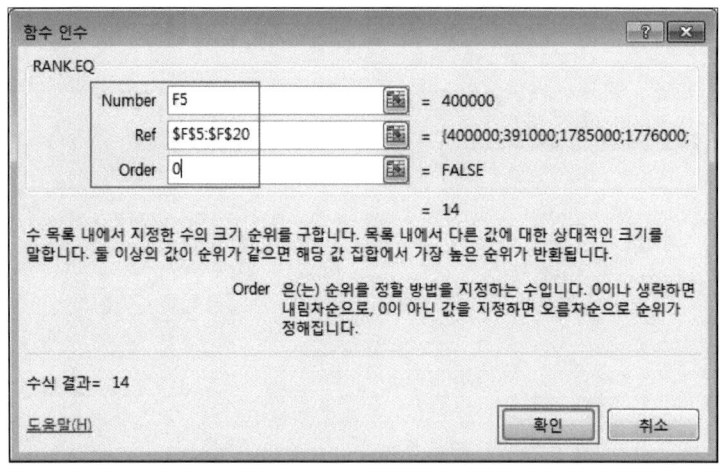

> **Tip** 순위를 계산할 때 큰 값에서 작은 값 순이면 내림차순, 작은 값에서 큰 값 순이면 오름차순입니다. 순위 결정 방법에 0을 입력하거나 생략하면 내림차순으로, 1을 입력하면 오름차순으로 순위를 구합니다.

❸ [G5] 셀을 선택한 후 채우기 핸들을 이용하여 [G20] 셀까지 수식을 복사합니다. 완성된 수식은 =RANK.EQ(F5,$F$5:$F$20,0)입니다.

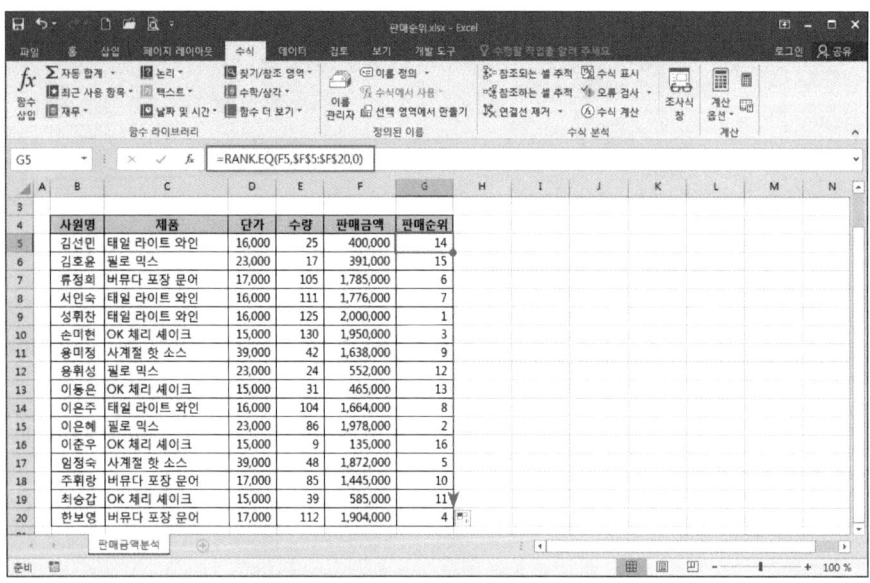

❹ 계산된 '판매순위' 열의 결과값에 셀서식을 이용하여 '위'라는 문자를 연결해 보겠습니다.

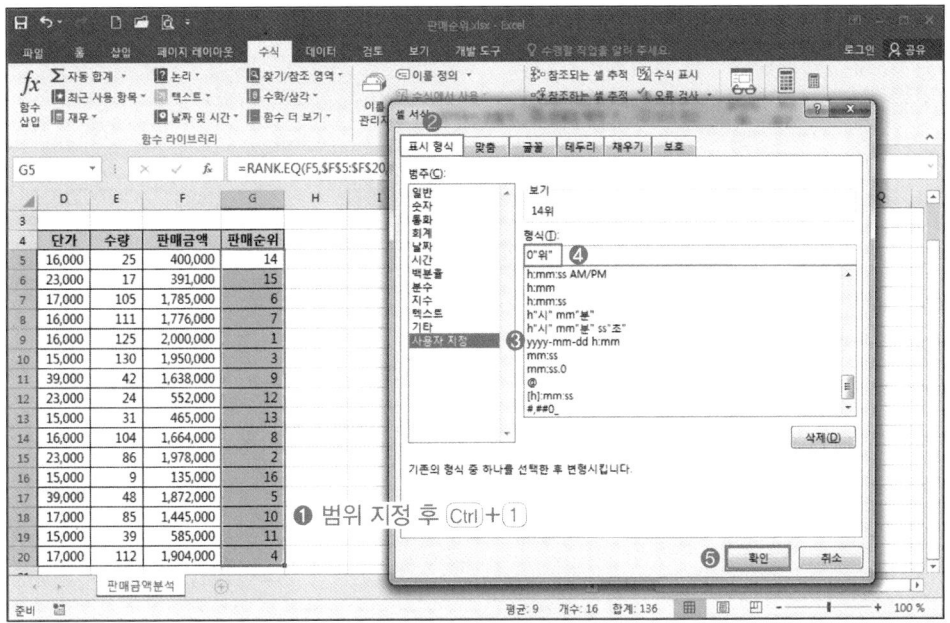

❺ '판매순위' 결과값에 '위' 문자가 연결되었습니다.

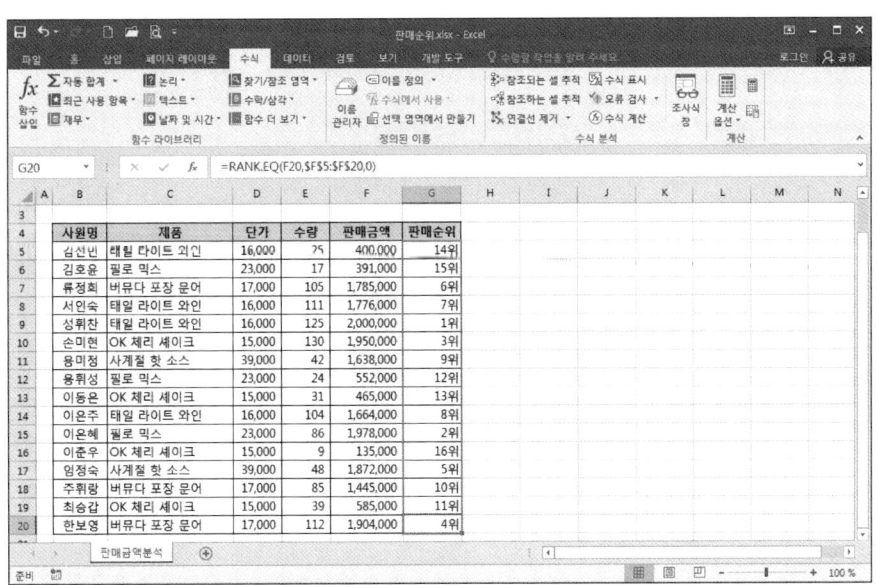

Tip 수식에서 결과값 뒤에 직접 '위' 문자를 연결하려면, 수식의 마지막에 『&"위"』를 입력하세요.
=RANK.EQ(F5,$F$5:$F$20,0)&"위"

F CHOOSE 함수와 RIGHT 함수로 판매장소 입력하기

📁 준비파일 file/Part7/찾기함수.xlsx   📁 결과파일 file/Part7/찾기함수_결과.xlsx

CHOOSE, RIGHT 함수 알아보기

범주	이름	설명
찾기/참조 영역 함수	CHOOSE(인덱스 번호, 값1, 값2, ……)	인덱스 번호에 따른 위치의 목록 값을 구하는 함수
텍스트 함수	RIGHT(문자열, 추출할 문자수)	문자열의 오른쪽부터 글자를 추출하는 함수

❶ CHOOSE 함수와 RIGHT 함수를 중첩하여 '제품코드'의 마지막 문자열로 '판매장소'를 계산해 보겠습니다.

[G4] 셀을 클릭 – [수식] 탭 – [함수 라이브러리] 그룹 – [찾기/참조 영역] 명령을 클릭 – [CHOOSE]를 클릭합니다.

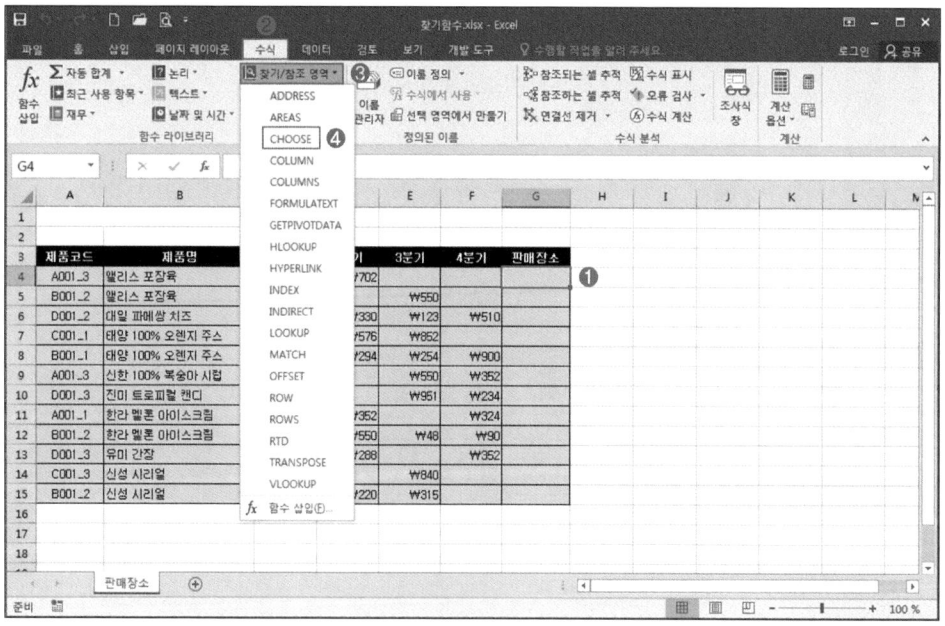

❷ [함수 인수] 대화상자에서 [Index_num] 입력란에 『RIGHT( )』를 입력하고 RIGHT 함수의 인수를 입력하기 위해 수식 입력줄에서 'RIGHT( )'를 클릭합니다.

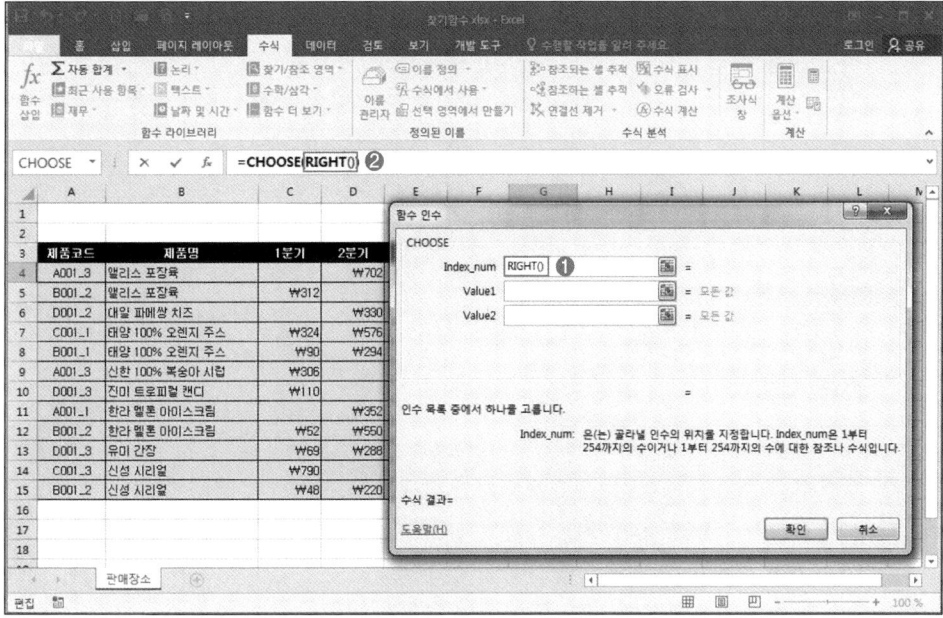

❸ RIGHT 함수의 [함수 인수] 대화상자에서 [Text] 입력란에 추출하려는 문자가 들어있는 '제품코드' 셀 [A4]를 입력 – [Num_chars]에 『1』을 입력하고, 수식 입력줄에서 'CHOOSE'를 클릭해서 'CHOOSE' 함수의 [함수 인수] 대화상자로 돌아갑니다.

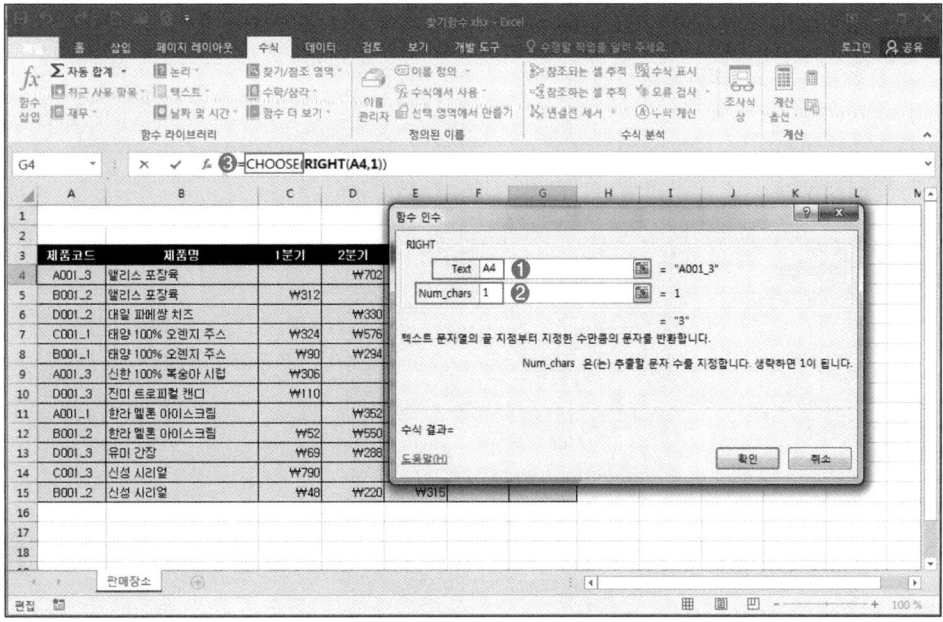

❹ CHOOSE 함수의 [함수 인수] 대화상자에서 [Value1] 입력란에 『"서울"』, [Value2] 입력란에 『"대전"』, [Value3] 입력란에 『"부산"』, [Value4] 입력란에 『"충주"』를 입력한 후 [확인]을 클릭합니다.

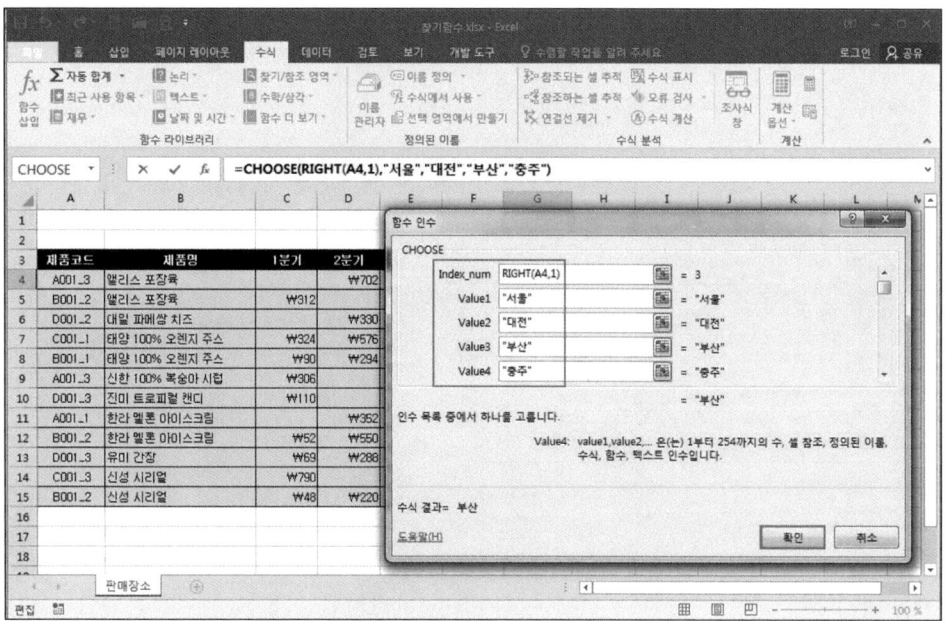

❺ [G4] 셀의 채우기 핸들을 [G15] 셀까지 드래그해서 수식을 복사합니다.
완성된 수식은 =CHOOSE(RIGHT(A4,1),"서울","대전","부산","충주")입니다.

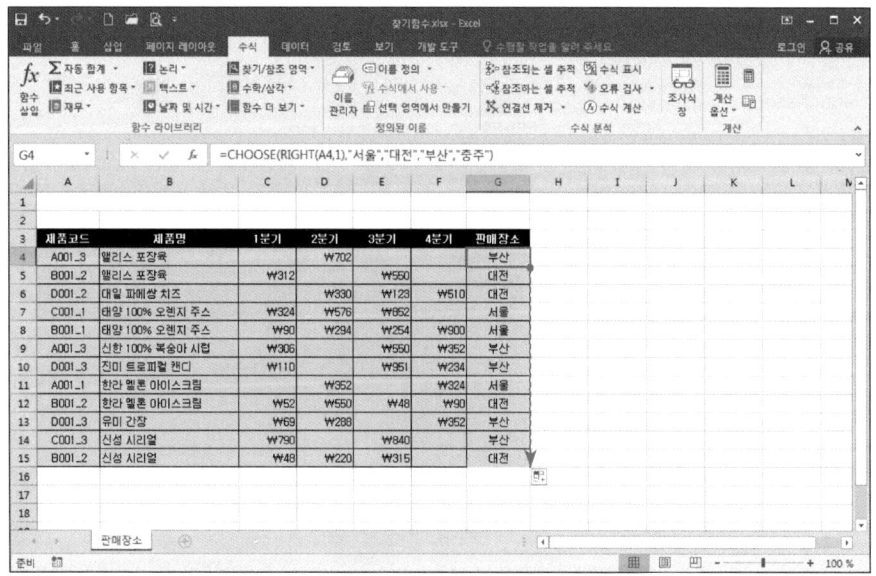

> **Tip** '제품코드'의 오른쪽 한 글자의 숫자를 추출하여 1이면 '서울', 2이면 '대전', 3이면 '부산', 4이면 '충주' 순서대로 판매장소가 표시됩니다.

G IF, OR, MID 함수로 성별 표시하기

📁 준비파일 file/Part7/조건비교.xlsx   📁 결과파일 file/Part7/조건비교_결과.xlsx

IF, OR, MID 함수 알아보기

범주	이름	설명
논리 함수	IF(조건식, 참값, 거짓값)	조건에 맞을 경우 참, 거짓값을 구하는 함수
	OR(조건1, 조건2, ……)	여러 조건 중 하나만 맞으면 참값을 반환하는 함수
텍스트 함수	MID(문자열, 추출할 시작 위치, 나머지 추출할 문자의 수)	문자열 중에서 시작 위치에서 문자수만큼 표시하는 함수

❶ 주민등록번호에서 8번 째 문자열에 따라 1과 3이면 '남자', 2와 4이면 '여자'로 성별을 분류하기 위해 IF 함수와 OR 함수를 중첩해 계산해 보겠습니다.

[F4] 셀을 클릭 – [수식] 탭 – [함수 라이브러리] 그룹 – [논리] 명령을 클릭 – [IF]를 클릭합니다.

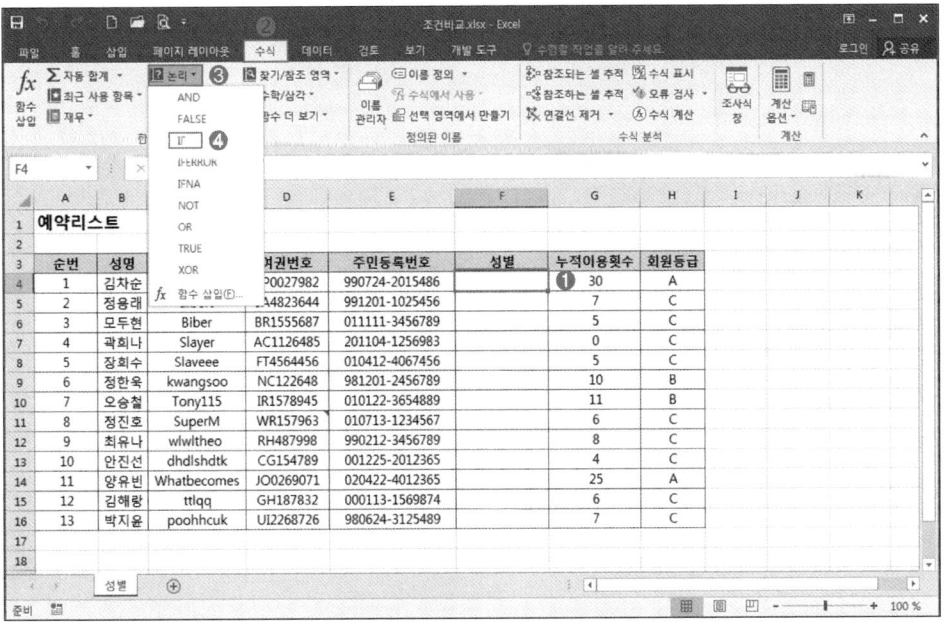

❷ 주민등록번호의 8번 째 한 글자가 1 또는 3인 경우 조건을 작성하기 위해 조건식에 'OR' 함수를 중첩시켜 보겠습니다. 수식 입력줄에서 [함수삽입(fx)]을 클릭하여 [함수 인수] 대화상자를 닫습니다.

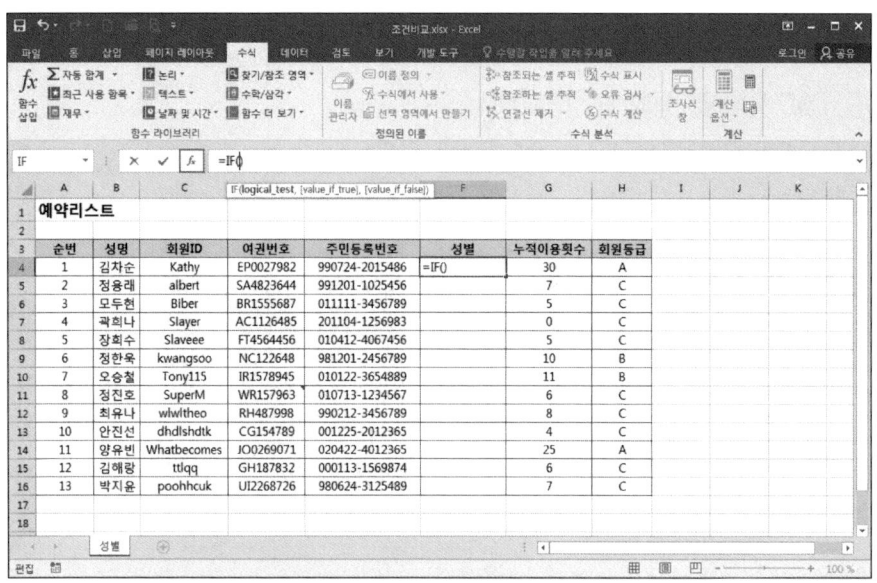

❸ [수식] 탭 – [함수 라이브러리] 그룹 – [논리] 명령을 클릭 – [OR]을 클릭합니다.

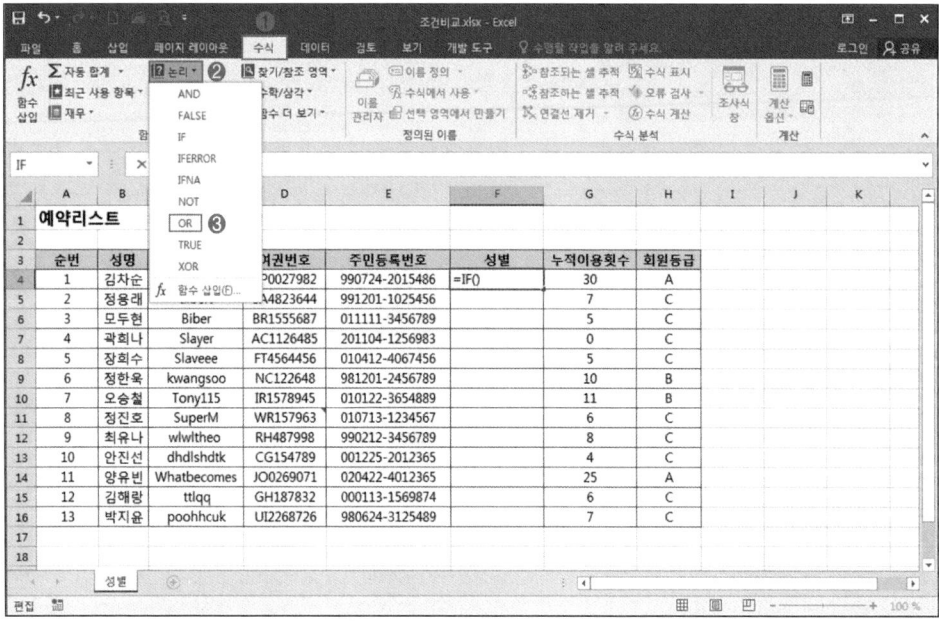

❹ [함수 인수] 대화상자에서 [Logical1] 입력란에 『MID( )』를 입력하고 MID 함수의 인수를 입력하기 위해 수식 입력줄에서 'MID( )'를 클릭합니다.

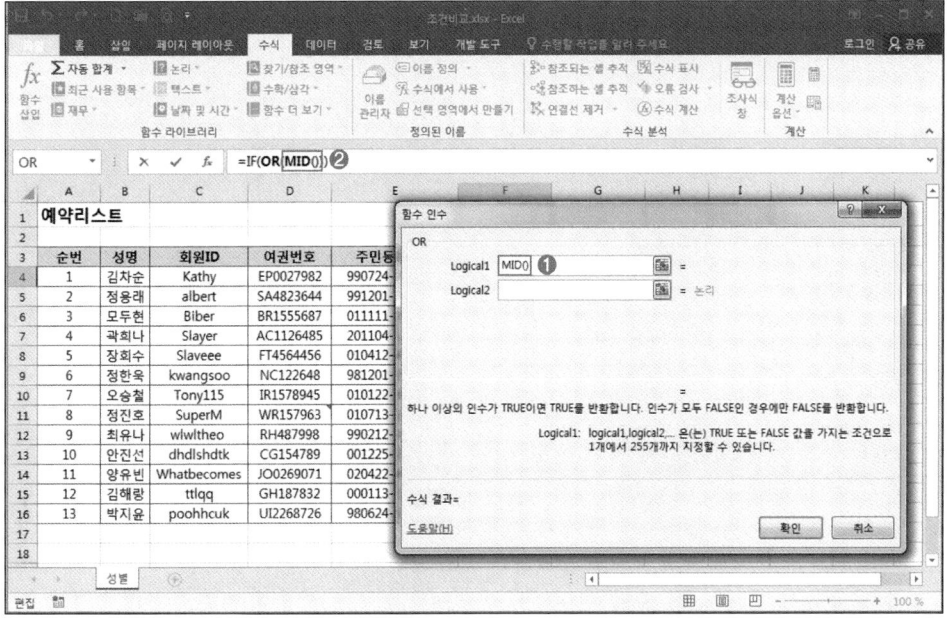

❺ MID함수의 [함수 인수] 대화상자에서 다음의 순서로 인수를 설정합니다.

  a. [Text] 입력란에 '주민등록번호' 셀 값인 [E4] 셀을 선택하여 입력합니다.
  b. [Start_num] 입력란에 추출할 시작 위치인 『8』을 입력합니다.
  c. [Num_chars] 입력란에 추출할 문자 수 『1』을 입력합니다.

❻ [OR함수 인수] 대화상자로 돌아가기 위해 수식 입력줄에서 'OR'을 클릭합니다.

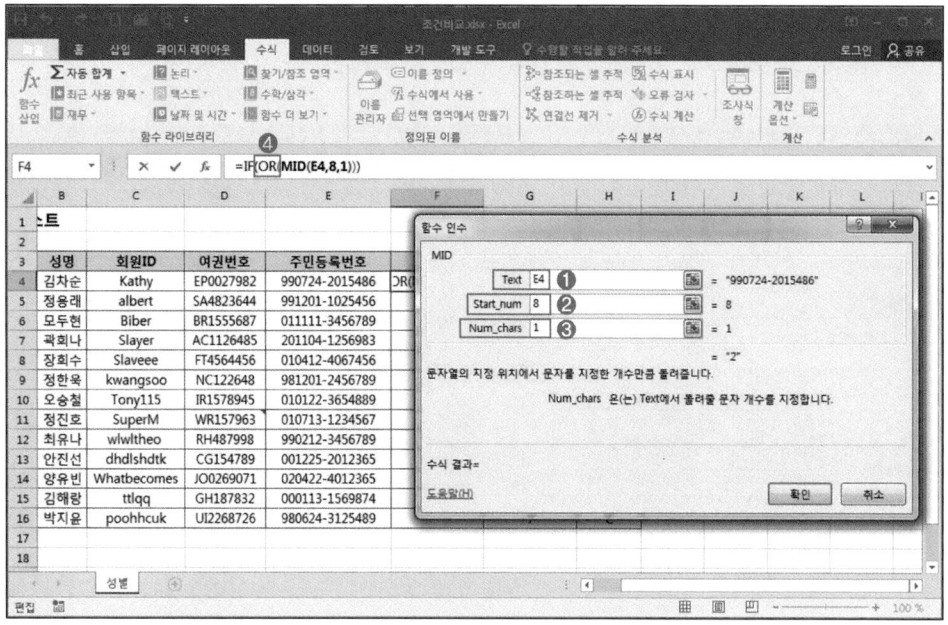

❼ OR 함수의 [함수 인수] 대화상자에서 [Logical1] 입력란에 『MID(E4,8,1)="1"』을 입력 – [Logical2] 입력란에 『MID(E4,8,1)="3"』을 입력한 후, 조건에 만족하는 결과를 입력하기 위해 수식 입력줄에서 'IF'를 클릭합니다.

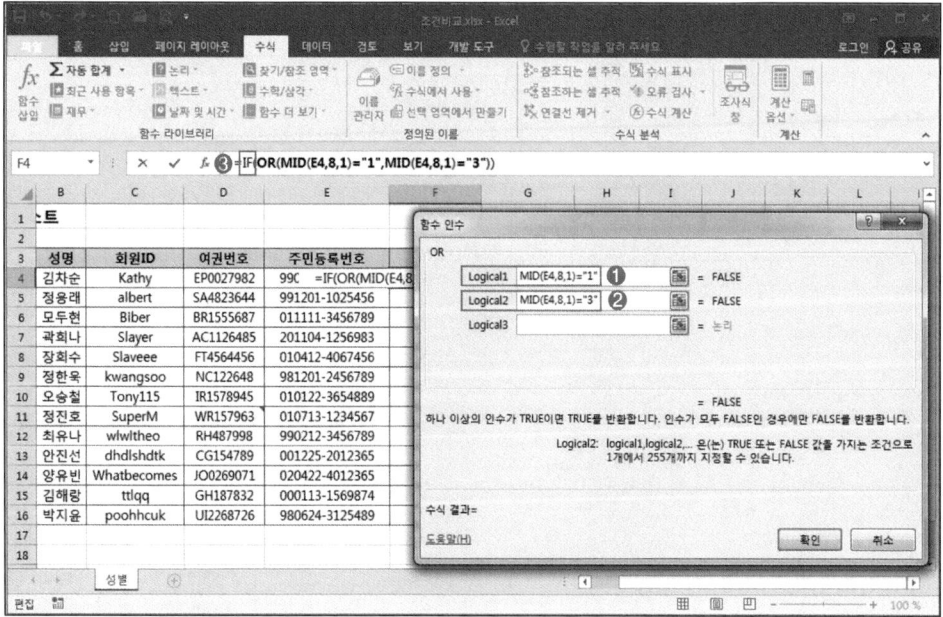

❽ [함수 인수] 대화상자에서 [Value_if_true] 입력란에 『"남"』을 입력 – [Value_if_true] 입력란에 『"여"』를 입력한 후 [확인]을 클릭합니다.

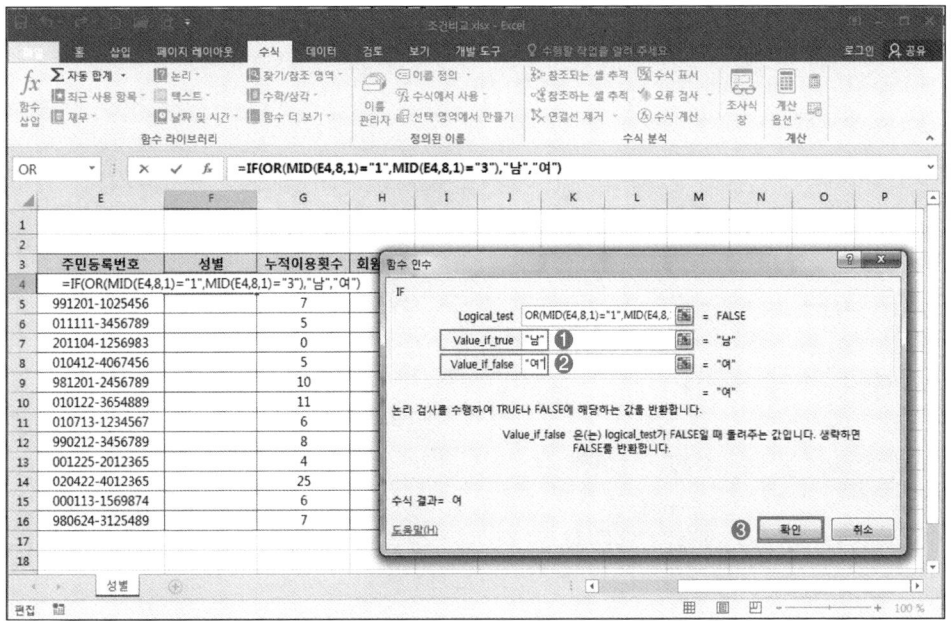

❾ [F4] 셀의 채우기 핸들을 [F16] 셀까지 드래그해서 수식을 복사합니다.
완성된 수식은 =IF(OR(MID(E4,8,1)="1",MID(E4,8,1)="3"),"남","여")입니다.

> **Tip** 주민등록번호의 여덟 번째 자리에 따라 1900년대 출생자 중 1이면 남자, 2이면 여자, 2000년대 출생자 중 3이면 남자, 4이면 여자이므로 주민등록 성별 구분 번호(1~4)에 따라 함수를 사용하여 성별을 반환할 수 있습니다.

H HLOOKUP 함수와 VLOOKUP 함수로 담당지점과 할인율 계산하기

📁 준비파일 file/Part7/찾기참조함수.xlsx   📁 결과파일 file/Part7/찾기참조함수_결과.xlsx

HLOOKUP, VLOOKUP 함수 알아보기

범주	이름	설명
찾기/참조 영역 함수	HLOOKUP(찾을 값, 데이터를 검색하고 참조할 범위, 행 번호, 옵션)	목록 범위의 첫 행에서 가로 방향으로 값을 검색하면서 원하는 값을 구하는 함수
	VLOOKUP(찾을 값, 데이터를 검색하고 참조할 범위, 열 번호, 옵션)	목록 범위의 첫 열에서 세로 방향으로 값을 검색하면서 원하는 값을 구하는 함수

❶ VLOOKUP 함수를 이용하여 입사년도를 참조하여 '담당지점'을 입력해 보겠습니다. [D4] 셀을 클릭 – [수식] 탭 – [함수 라이브러리] 그룹 – [찾기/참조 영역] 명령을 클릭 – [VLOOKUP]을 클릭합니다.

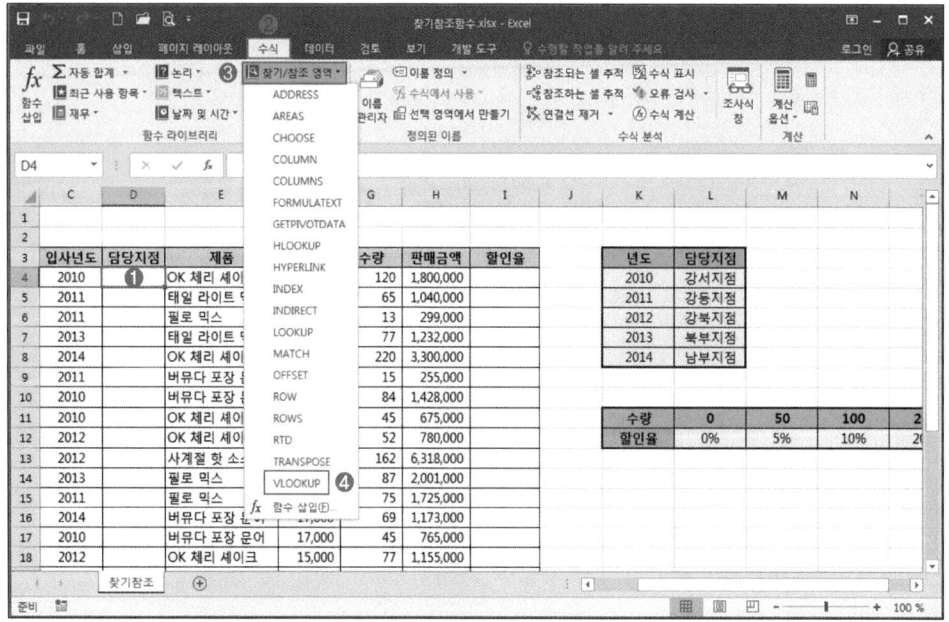

❷ VLOOKUP 함수의 [함수 인수] 대화상자에서 다음의 순서로 인수를 설정합니다.
   a. [Lookup_value](찾을 값) 입력란에 입사년도 열의 값인 [C4] 셀을 입력합니다.
   b. [Table_array](범위) 입력란에 [K4:L8] 셀 범위를 지정한 후 F4 키를 눌러 범위를 고정합니다.
   c. [Col_index_num](추출할 열 번호) 입력란에 '담당지점' 열 번호『2』를 입력합니다.
   d. [Range_lookup](옵션) 입력란에 정확히 일치하는 것을 찾기 위해『FALSE』를 입력한 후 [확인]을 클릭합니다.

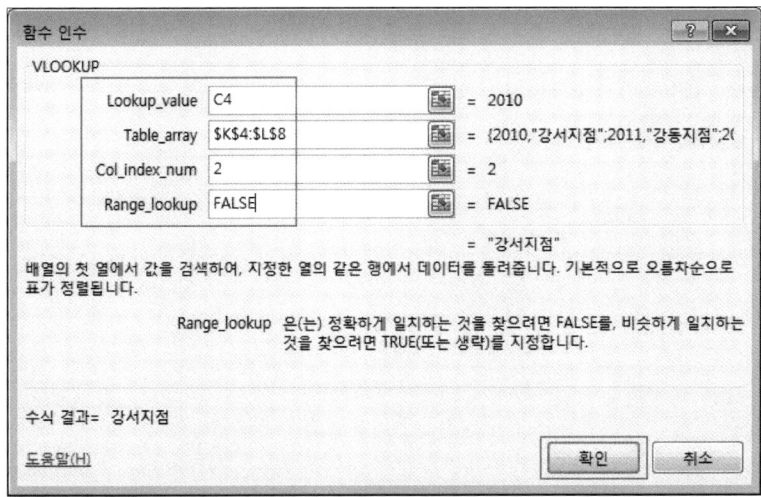

❸ [D4] 셀의 채우기 핸들을 [D28] 셀까지 드래그해서 수식을 복사합니다.
   완성된 수식은 =VLOOKUP(C4,$K$4:$L$8,2,FALSE)입니다.

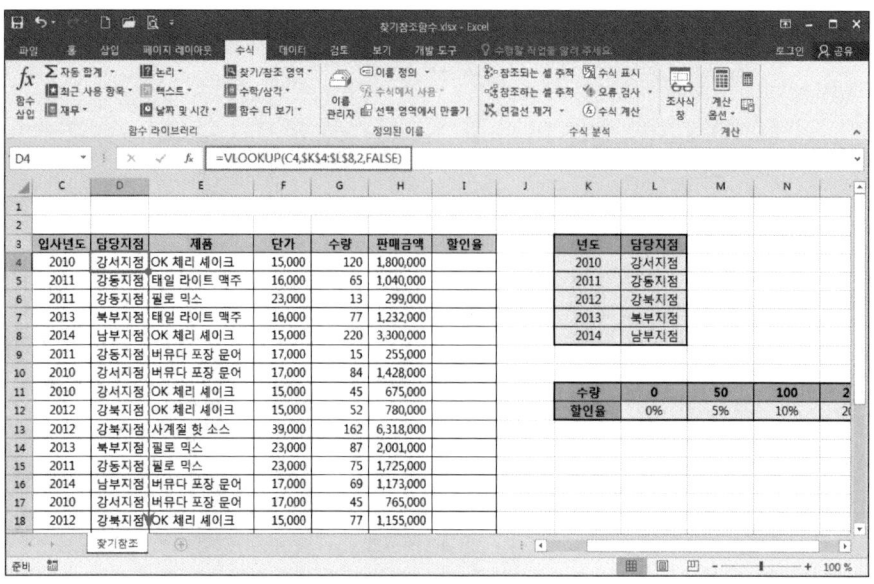

❹ HLOOKUP 함수를 이용하여 수량별 '할인율'을 입력해 보겠습니다.
[I4] 셀을 클릭 – [수식] 탭 – [함수 라이브러리] 그룹 – [찾기/참조 영역] 명령을 클릭 – [HLOOKUP]을 클릭합니다.

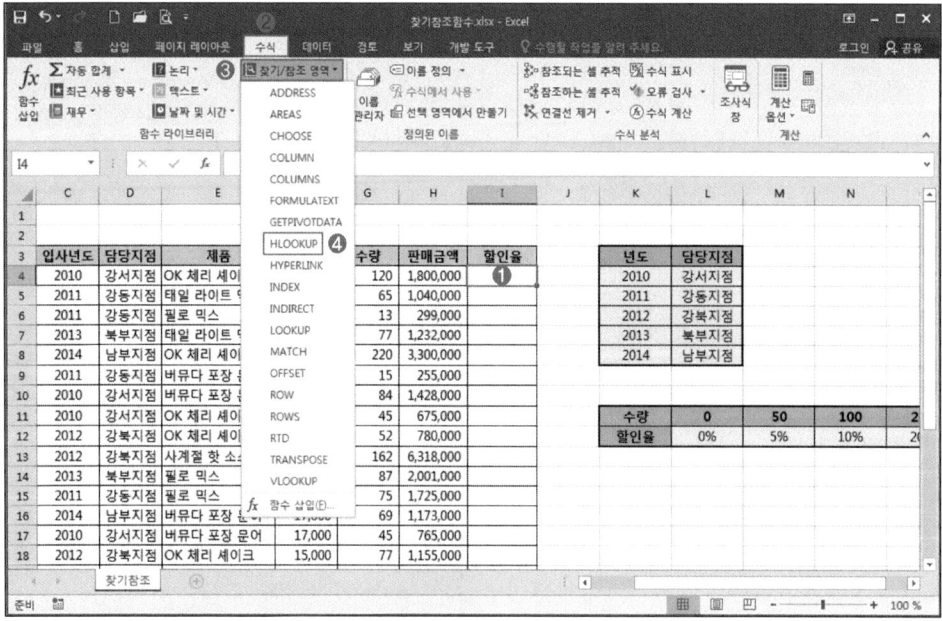

❺ HLOOKUP 함수의 [함수 인수] 대화상자에서 다음의 순서로 인수를 설정합니다.
  a. [Lookup_value](찾을 값) 입력란에 수량 열의 값인 [G4] 셀을 입력합니다.
  b. [Table_array](범위) 입력란에 [L11:O12] 셀 범위를 지정한 후 F4 키를 눌러 범위를 고정합니다.
  c. [Row_index_num](추출할 행 번호) 입력란에 '할인율' 행 번호 『2』를 입력합니다.
  d. [Range_lookup](옵션) 입력란에 논리값으로서 비슷하게 일치하는 것을 찾기 위해 『TRUE』를 입력한 후 [확인]을 클릭합니다.

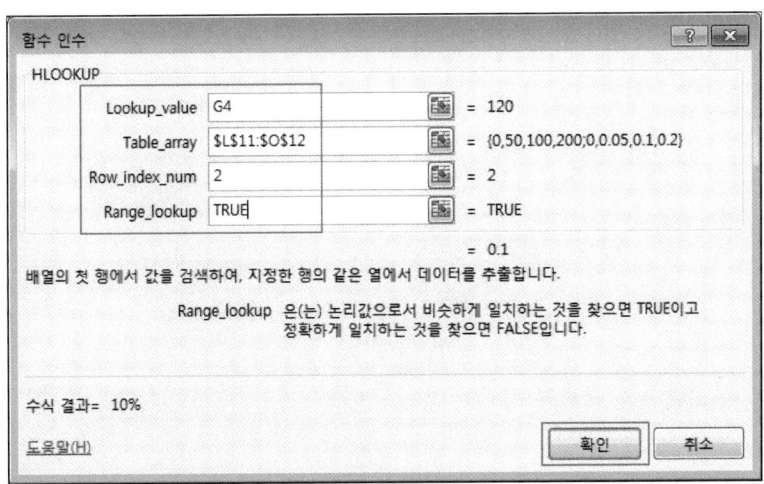

❻ [I4] 셀의 채우기 핸들을 [I28] 셀까지 드래그해서 수식을 복사합니다.
완성된 수식은 =HLOOKUP(G4,$L$11:$O$12,2,TRUE)입니다.

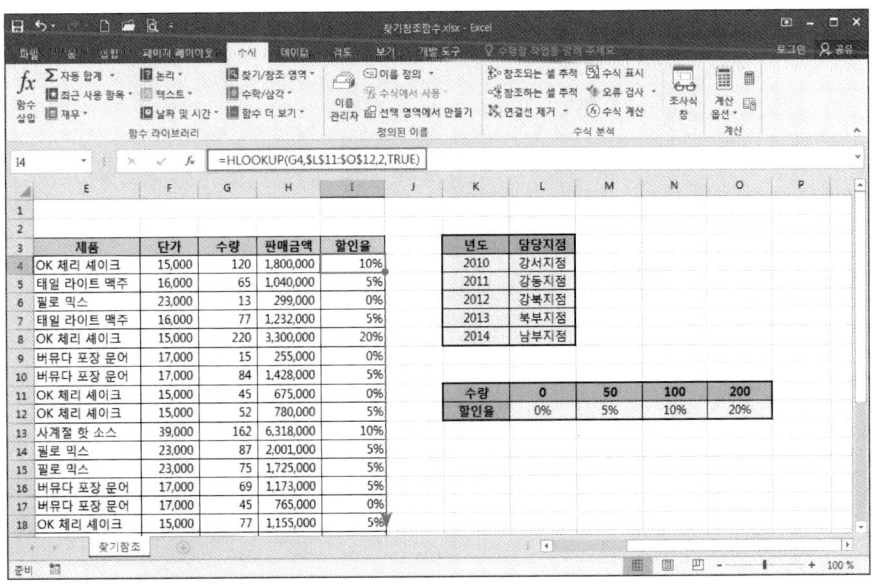

실습하기

📎 **준비파일** : file/실습하기/실무함수.xlsx
📎 **결과파일** : file/실습하기/실무함수_결과.xlsx

예제

1 [F4:F43] 셀 범위는 '단가', [G4:G43] 셀 범위는 '수량', [H4:H43] 셀 범위는 '판매금액'이라는 이름으로 정의하세요.

2 정의된 이름을 사용하여 [M3] 셀에 판매금액 셀 범위의 합계를 계산하세요. (SUM 함수)

3 [M4] 셀에 최대단가, [M5] 셀에는 최소단가를 계산하세요. (MAX 함수, MIN 함수)

4 [M6] 셀과 [M7] 셀에 1위 판매금액과 2위 판매금액을 구하세요. (LARGE 함수)

5 제품코드(A4:A43)를 기준으로 [E4:E43] 셀 범위에 고객선호도를 표시하려고 합니다. 제품코드의 첫 글자가 A 또는 B이면 '우수', C이면 '양호', D이면 '보통'으로 표시하세요. (IF함수, OR함수)

실습하기

예제

6 고객선호도에 따른 개수를 [M10:M12] 셀 범위에 계산하세요. (COUNTIF 함수)

7 [N15] 셀에 제품이 '망고 트로피칼'이면서 고객선호도가 '우수'인 제품의 수를 계산하세요. (COUNTIFS 함수)

8 고객선호도가 '우수'인 A001 제품코드의 총 판매금액을 [L18]에 계산하세요. (SUMIFS 함수)

9 판매금액에 대한 판매순위를 [J4:J43] 셀 범위에 계산하세요. 계산된 순위 값 뒤에 '위'를 포함하여 표시하세요. (RANK.EQ 함수, &연산자)

10 판매금액(H4:H43)과 할인율 표(L21:M25)의 제품에 따른 할인율을 참조하여 [I4:I43] 셀 범위에 제품별 할인금액을 계산하세요. 할인금액 = 판매금액*할인율(VLOOKUP 함수)

11 제품코드(A4:A43)의 오른쪽 문자가 '1'이면 '강남지점', '2'이면 '강서지점', '3'이면 '강동지점'으로 [B4:B43] 거래처 셀 범위에 표시하세요. (CHOOSE 함수, RIGHT 함수)

PART 04 차트와 스파크라인으로 데이터 시각화하기

차트는 표 형태의 자료를 효과적으로 분석해서 데이터의 변화와 추이를 시각화하는 가장 쉬운 방법입니다. 엑셀 2016에서는 분석 기능인 차트가 특히 강화되었는데, 입력된 데이터를 선택하기만 해도 다양하게 분석할 수 있는 도구를 제공하고 있습니다. 또한 스파크라인은 데이터 분석을 위해 셀 안에 작은 차트가 들어가 변화를 쉽게 이해하는 데 도움이 됩니다.

Section 01 차트 설정하기

> **학습목표** 워크시트에는 한 눈으로 파악하기 힘들 정도로 많은 데이터를 넣을 수 있습니다. 그런 데이터를 쉽게 파악할 수 있도록 도와주는 기능이 바로 '차트' 입니다. 차트를 이용하면 더욱 쉽게 데이터의 흐름을 파악하고 분석할 수 있습니다.

📂 준비파일 file/Part3/사업예산_차트.xlsx　📂 결과파일 file/Part3/사업예산_차트_결과.xlsx

A 차트 삽입하고 편집하기

❶ [예산] 워크시트에서 차트로 표현할 [B3:D12] 셀 범위를 지정한 후 [삽입] 탭 - [차트] 그룹 - [추천 차트]를 클릭합니다.

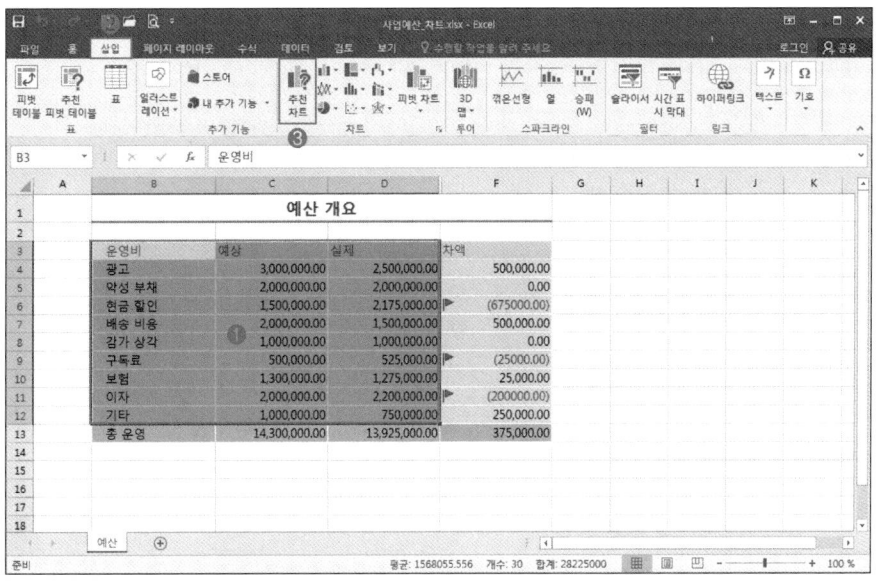

❷ [차트 삽입] 대화상자가 열리면 [추천 차트] 탭에서 첫 번째에 위치한 [묶은 세로 막대형]을 선택하고 [확인]을 클릭합니다.

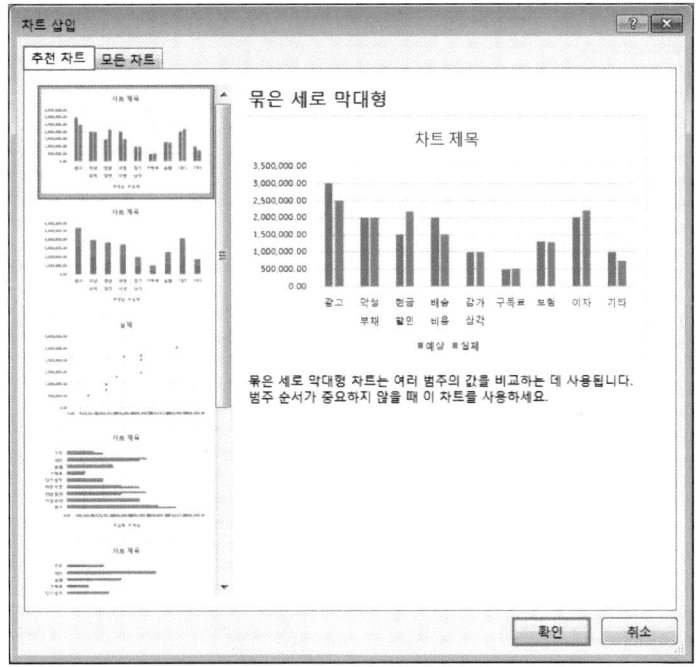

Part 04. 차트와 스파크라인으로 데이터 시각화하기 · 115

❸ 차트가 삽입되면 차트의 제목을 선택하고 『운영비 예산』이라고 입력한 후, 크기를 조절해 다음의 그림과 같이 적당한 위치에 배치합니다.

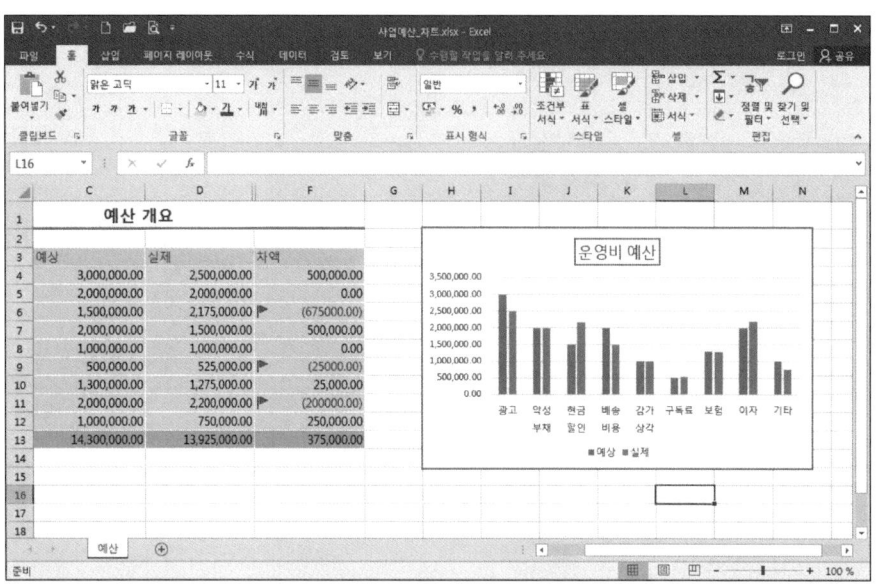

> **Tip** 차트 개체의 크기를 셀 모서리에 딱 맞게 조절하기 위해 Alt 를 누른 상태에서 크기 조절점으로 조절합니다.

B 차트 종류 변경과 스타일 적용하기

❶ [예산] 워크시트에 삽입한 차트를 선택하고 [차트 도구] - [디자인] 탭 - [종류] 그룹 - [차트 종류 변경]을 클릭합니다.

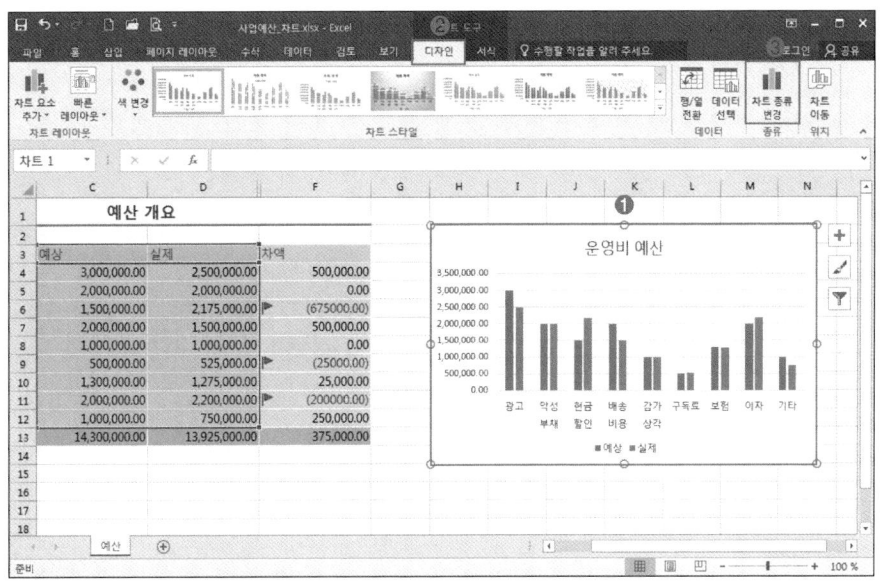

❷ [차트 종류 변경] 대화상자가 나타나면 [모든 차트] 탭 항목에서 [꺾은선형] - [표식이 있는 꺾은선형]을 선택하고 [확인]을 클릭합니다.

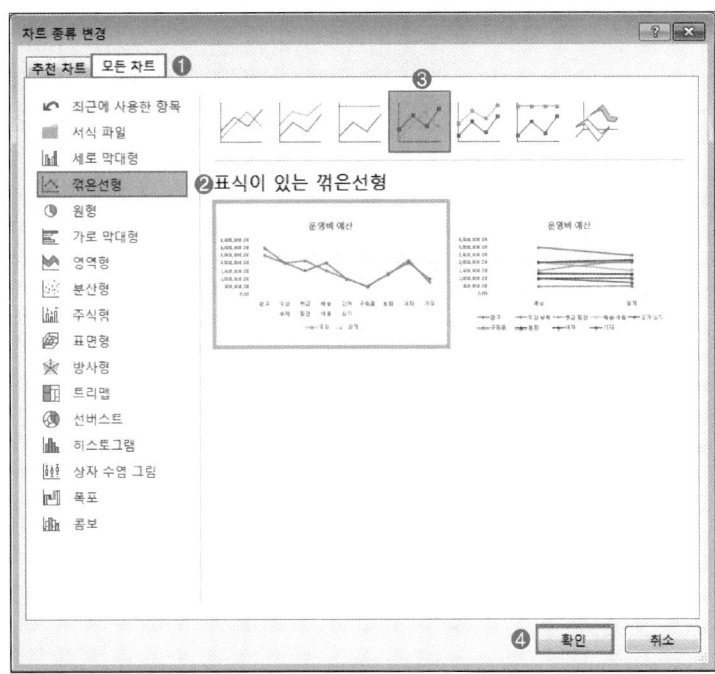

❸ '예상' 계열만 막대형 차트로 변경하고자 한다면 차트를 선택하고 [차트 도구] – [디자인] 탭 – [종류] 그룹 – [차트 종류 변경]을 클릭합니다.

❹ [차트 종류 변경] 대화상자에서 [모든 차트] 탭 항목에서 [콤보]를 선택하고 '예상' 데이터 계열의 차트 종류를 '묶은 세로 막대형'으로 변경하고 [확인]을 클릭합니다.

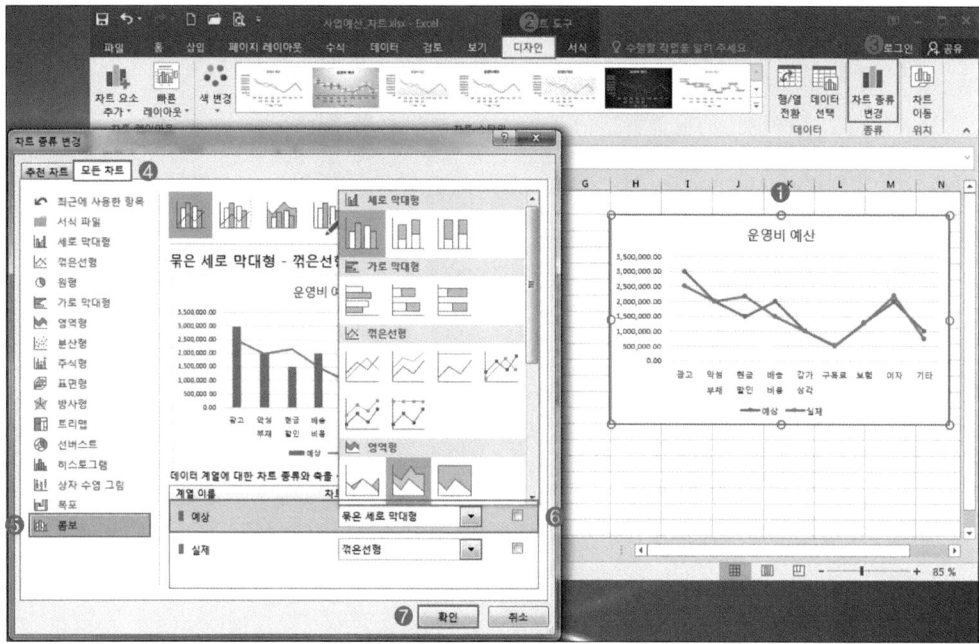

❺ [예산] 워크시트에 삽입한 차트를 선택한 후 [차트 도구] – [디자인] 탭 – [차트 스타일] 그룹 – [차트 스타일 자세히 ⏷]를 클릭하고 [스타일 6]을 클릭합니다.

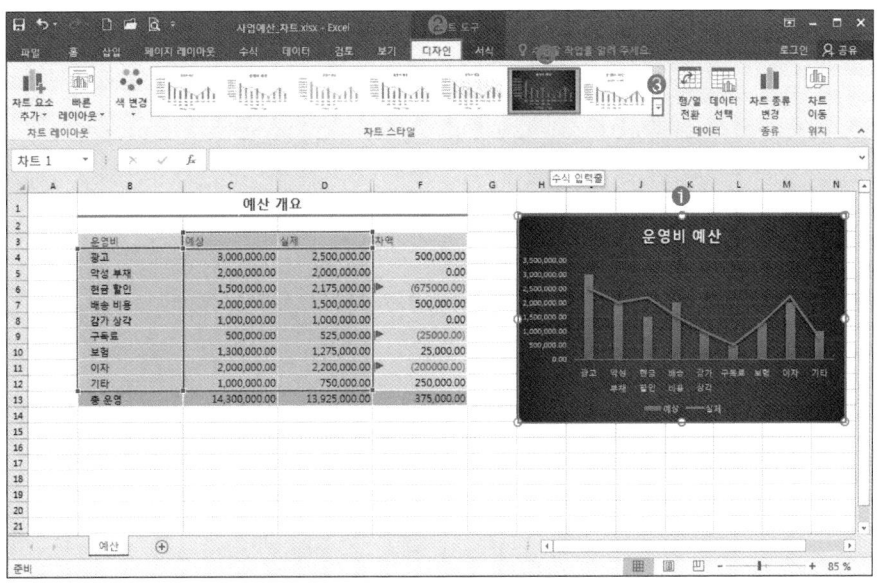

C 차트에 세부 서식 지정하기

❶ [예산] 워크시트에 삽입한 차트에서 [세로 (값) 축]을 선택하고 [차트 도구] – [서식] 탭 – [현재 선택 영역] 그룹에서 [선택 영역 서식]을 클릭합니다.

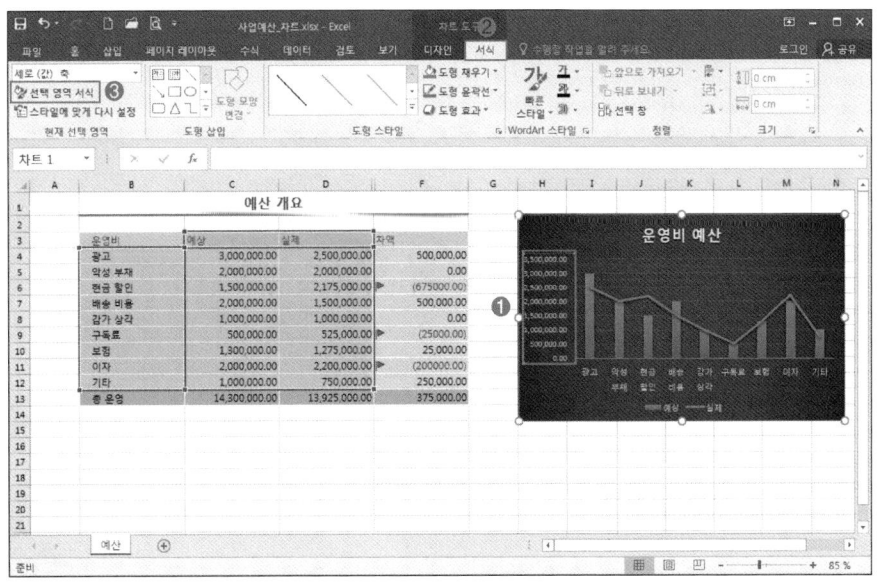

❷ 화면의 오른쪽에 [축 서식] 창이 열리면 [축 옵션 ▮▮] 단추를 클릭하고, [경계]의 '최대' 값에 『3,000,000』을 입력, [단위]의 '주' 값을 『300,000』으로 변경합니다.

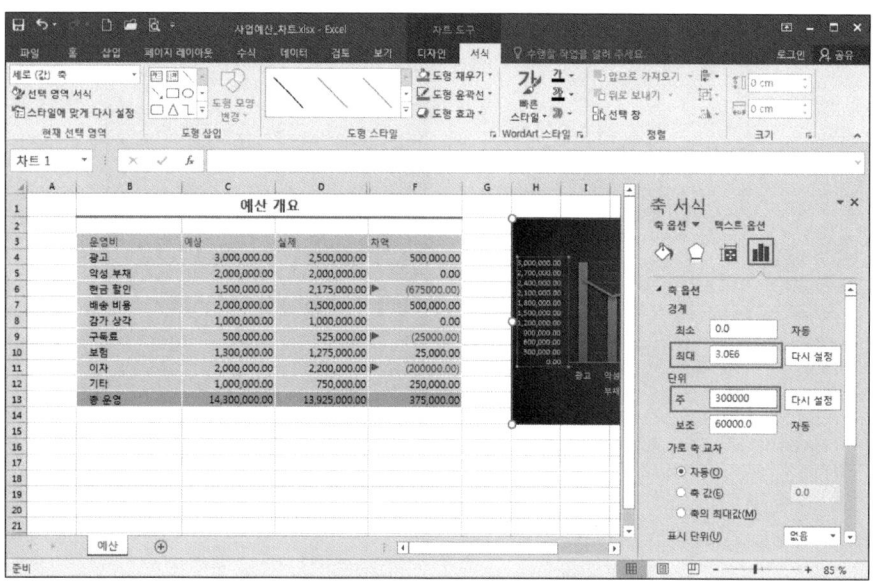

❸ 변경된 내용의 차트를 확인해 봅니다.

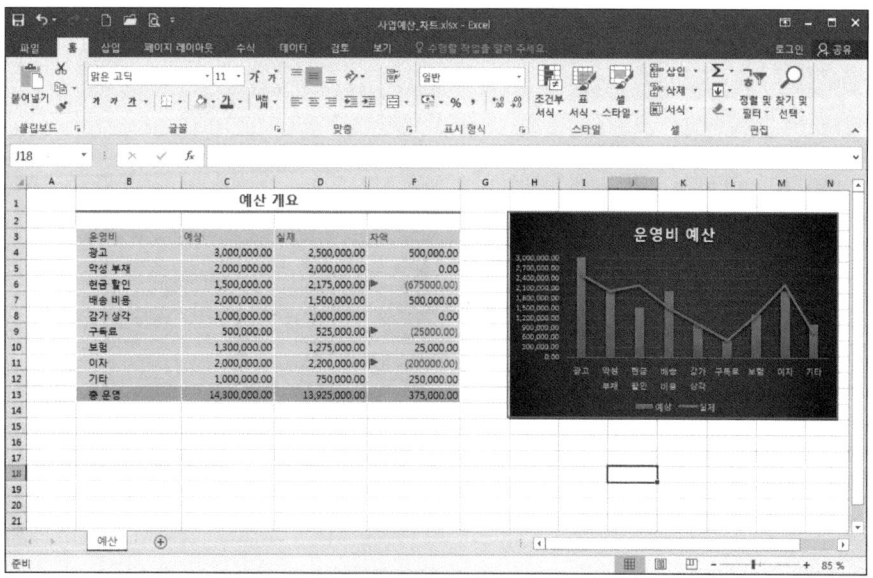

Section 02 스파크라인 삽입하고 편집하기

학습목표 스파크라인은 셀에 삽입되는 작은 차트로 값의 추이를 하나의 셀에서 표현할 수 있습니다.

📁 준비파일 file/Part3/판매금액_스파크라인.xlsx   📁 결과파일 file/Part3/판매금액_스파크라인_결과.xlsx

A 스파크라인 삽입하기

❶ [분기별분석] 워크시트에서 [J4:M8] 셀 범위를 지정한 후 [삽입] 탭 - [스파크라인] 그룹 - [꺾은선형] 명령을 클릭합니다.

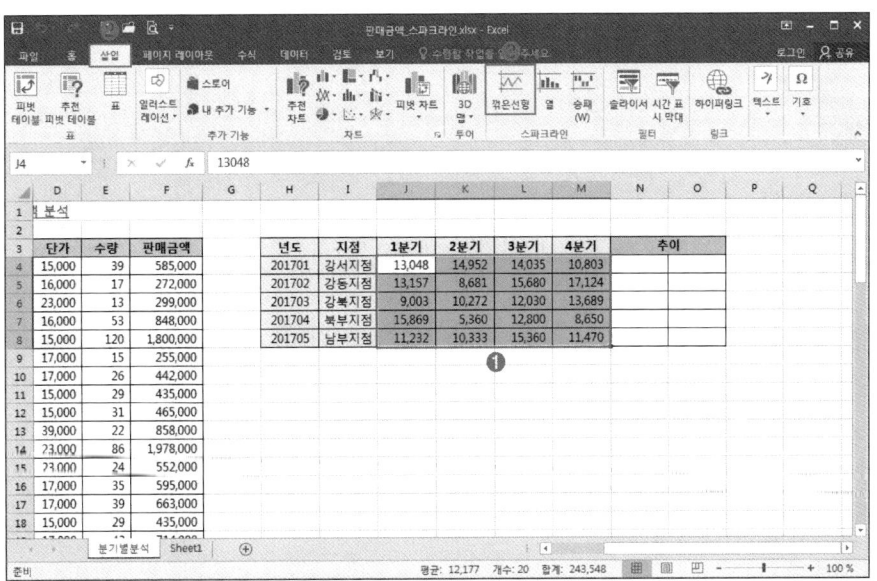

❷ [스파크라인 만들기] 대화상자의 [데이터 범위]에는 위의 작업에서 지정한 셀 범위가 지정되어 있습니다. [위치 범위]에 커서를 놓고 [N4:N8] 셀 범위를 드래그하면 [위치 범위] 입력란에 '$N$4:$N$8' 셀 범위가 절대참조 형식으로 표시됩니다. [확인] 단추를 클릭합니다.

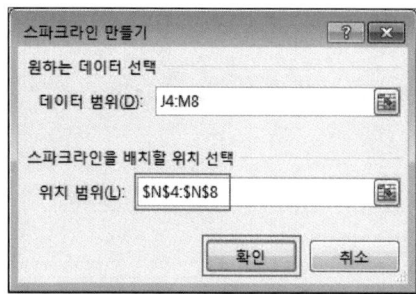

❸ [N4:N8] 셀 범위에 각 지점별 1분기~4분기까지의 추이가 꺾은선형 차트로 표시되었습니다.

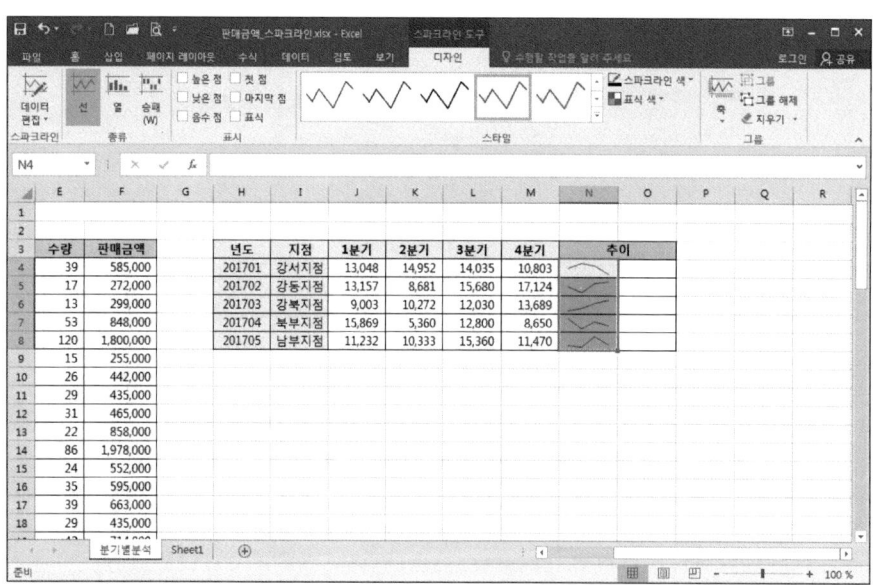

B 스파크라인 종류 변경하기

❶ [N4:N8] 셀 범위가 지정되어 있는 상태에서 [스파크라인 도구] [디자인] 탭 – [종류] 그룹 – [열]을 클릭합니다.

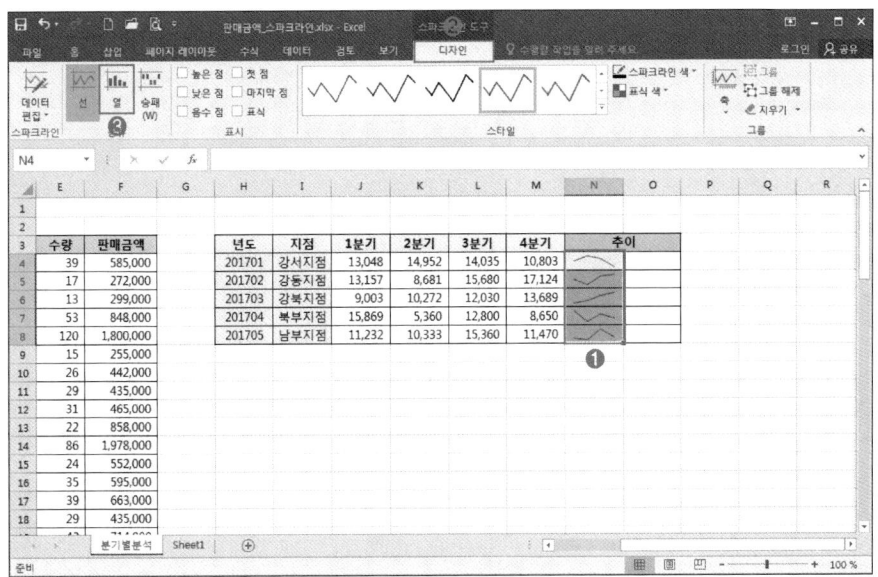

❷ 지점별 1분기~4분기까지의 추이가 열 차트로 변경되었습니다.

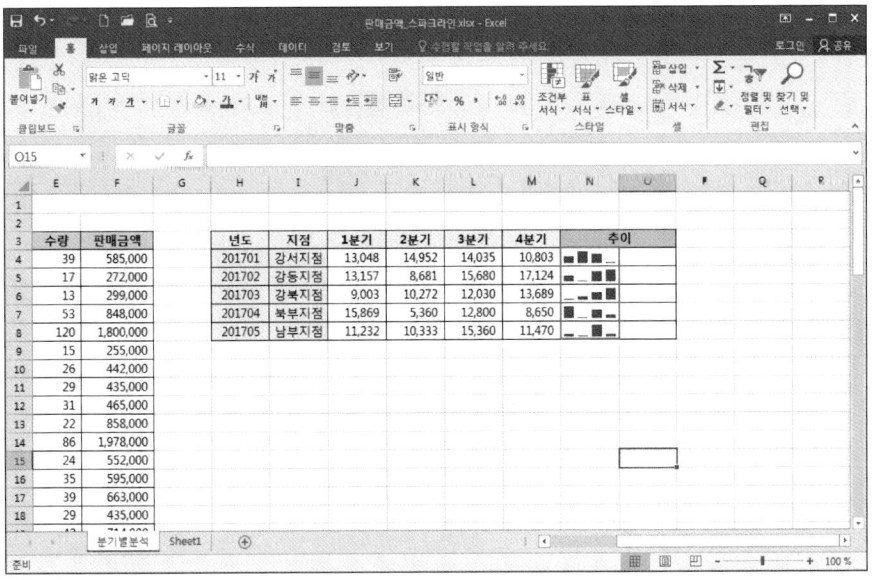

C 스파크라인 스타일과 디자인 변경하기

❶ [분기별분석] 워크시트에서 [O4:O8] 셀 범위에 [J4:M8] 셀 범위를 [데이터 범위]로 지정하여 '꺾은선형' 스파크라인을 삽입합니다.

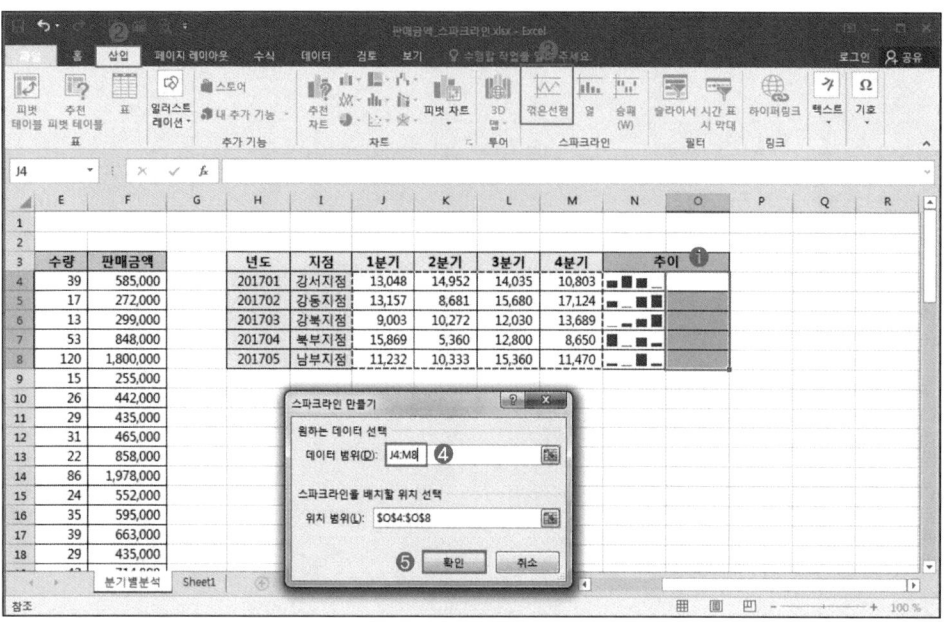

❷ [O4:O8] 셀 범위가 지정되어 있는 상태에서 [스파크라인 도구] – [디자인] 탭 – [표시] 그룹에서 [높은 점], [낮은 점]에 체크 표시합니다.

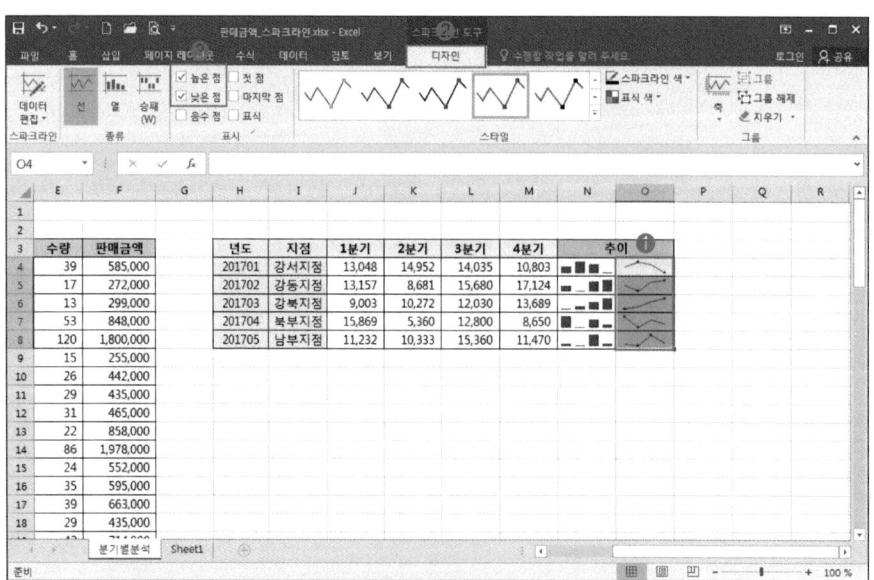

❸ [O4:O8] 셀 범위가 지정되어 있는 상태에서 [스파크라인 도구] – [디자인] 탭 – [스타일] 그룹 – [스타일 자세히]를 클릭하고 [스파크라인 스타일 색상형 #4]를 클릭합니다.

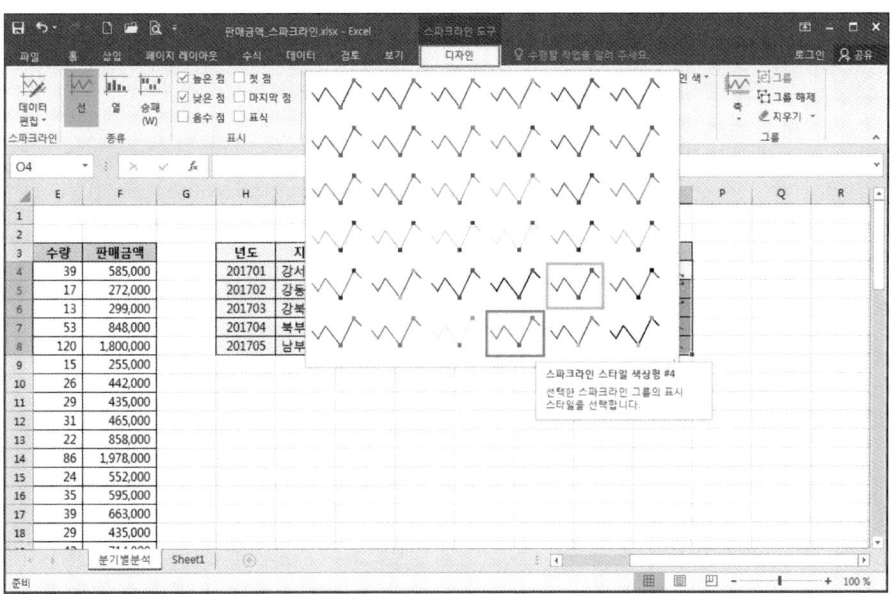

실습하기

📎 **준비파일** : file/실습하기/가격목록.xlsx
📎 **결과파일** : file/실습하기/가격목록_결과.xlsx

예제

1 [기록데이터] 워크시트에서 추천 차트를 이용하여 [D3:F13] 셀 범위에 대한 묶은 세로 막대형 차트를 작성하세요.

2 삽입된 차트의 위치를 새 시트로 이동한 후 차트의 제목을 [2월 판매 내역]으로 변경하세요.

3 삽입된 차트의 세로(값)축 서식을 '최소 : 0', '최대 : 100000', '주단위 : 20000'으로 설정하세요.

4 [2월 판매 내역] 차트의 스타일을 '스타일 9'로 변경하세요.

5 [경비추세] 워크시트에서 [N2:N6] 셀 범위에 1월~12월의 경비 추세를 '꺾은 선형' 스파크라인으로 삽입하세요.

6 삽입된 선 스파크라인에 [높은 점], [낮은 점], [표식]을 표시한 후, 스파크라인의 스타일을 [스파크라인 스타일 색상형 #6]으로 변경하세요.

PART 05 데이터베이스 관리와 데이터 분석하기

데이터베이스(database)란 규칙에 맞게 데이터의 구성 요소를 작성 및 저장해 놓은 집합체를 말합니다. 따라서 데이터만 잘 정리해 놓아도 다양한 보고서나 분석 자료에 매우 유용하게 활용할 수 있습니다. 이번 Part에서는 데이터를 관리하기 위해 중복 데이터를 삭제하고, 다양한 형태로 정렬하거나 필터, 부분합, 피벗 테이블 기능으로 분석하는 방법에 대해 알아보겠습니다.

Section 01 중복 데이터 삭제하기

> **학습목표** 데이터베이스에 중복된 데이터가 있으면 데이터를 분석할 때 잘못된 결과를 불러올 수 있습니다. 오류가 발생하지 않도록 데이터의 중복 항목을 제거해 보겠습니다.

📁 준비파일 file/Part4/데이터 분석.xlsx   📁 결과파일 file/Part4/데이터 분석_결과.xlsx

❶ 유통 제품분석 데이터에서 '세품코드'와 '제품명'에 해당하는 중복 데이터를 세서해 보겠습니다.
[중복데이터] 워크시트에서 임의의 데이터를 선택한 후 [데이터] 탭 - [데이터 도구] 그룹에서 [중복된 항목 제거]를 클릭합니다.

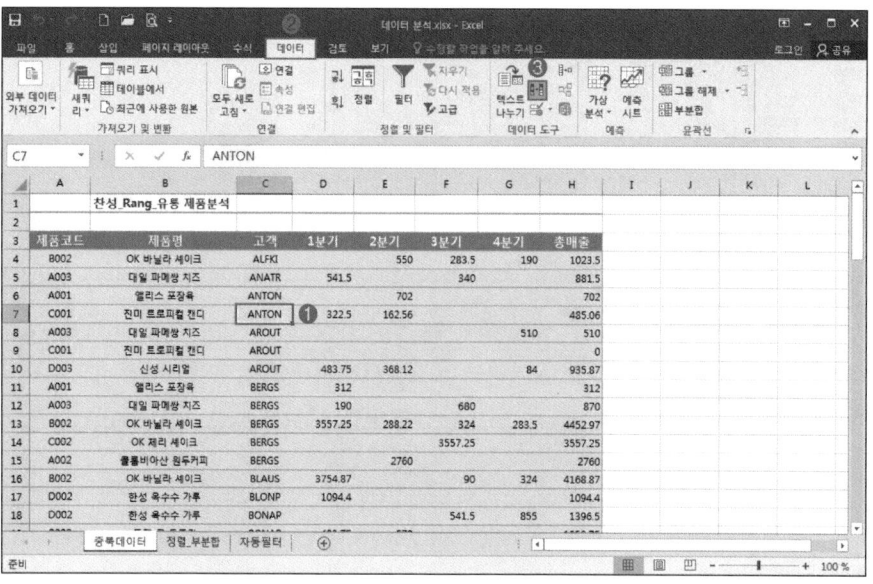

❷ [중복된 항목 제거] 대화상자에서 [모두 선택 취소]를 클릭하고, [제품코드], [제품명]에 체크 표시를 한 후 [확인]을 클릭합니다.

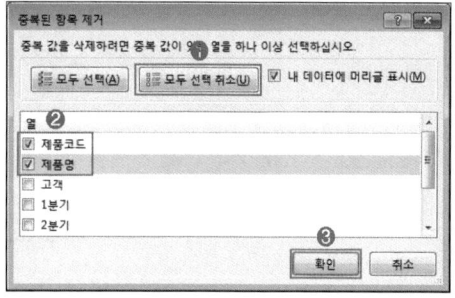

❸ 62개의 중복된 데이터가 제거되었다는 메시지 창에서 [확인]을 클릭합니다.

Section 02 데이터 정렬하여 부분합 작성하기

> **학습목표** 데이터베이스에서 사용자가 보기 편한 기준으로 데이터를 정렬할 수 있습니다. 또한 부분합을 적용하기 위해서는 반드시 정렬을 하여 특정 필드를 그룹화하여 분류하고 난 후, 각 그룹별로 합계, 평균, 개수 등을 자동으로 계산할 수 있습니다. 부분합을 이용하면 그룹별 소계 및 총계를 쉽게 구할 수 있습니다.

📁 준비파일 file/Part4/데이터 분석.xlsx   📁 결과파일 file/Part4/데이터 분석_결과.xlsx

A 데이터 정렬하기

❶ [정렬_부분합] 워크시트에서 임의의 셀을 클릭한 후 [데이터] 탭 – [정렬 및 필터] 그룹 – [정렬]을 클릭합니다.

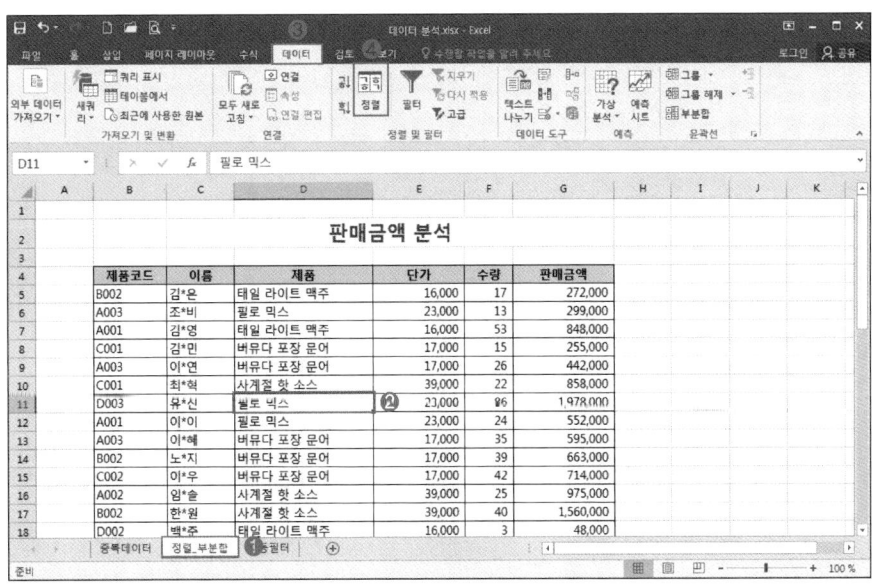

Part 05. 데이터베이스 관리와 데이터 분석하기 • 129

❷ [정렬] 대화상자에서 [기준 추가]를 클릭 – [열] 정렬 기준에서 '제품', [정렬] 목록에서 '오름차순'을 선택하고, [열] 다음 기준에서 '판매금액'을, [정렬] 목록에서 '내림차순'을 선택한 후 [확인]을 클릭합니다.

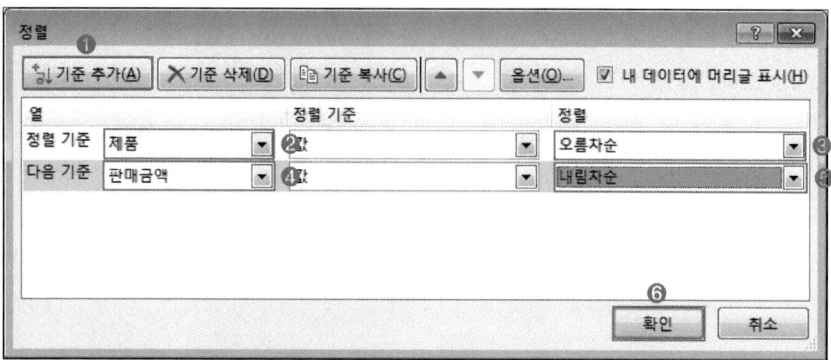

❸ 선택한 첫 번째 정렬 기준인 '제품' 데이터는 오름차순 정렬이 되고, 첫 번째 정렬 기준 안에서 두 번째 정렬 기준인 '판매금액' 데이터가 내림차순 정렬이 되었습니다.

제품코드	이름	제품	단가	수량	판매금액
B002	강*희	버뮤다 포장 문어	17,000	115	1,955,000
D002	강*수	버뮤다 포장 문어	17,000	112	1,904,000
C003	강*하	버뮤다 포장 문어	17,000	95	1,615,000
C003	지*건	버뮤다 포장 문어	17,000	79	1,343,000
B002	임*민	버뮤다 포장 문어	17,000	61	1,037,000
A003	최*영	버뮤다 포장 문어	17,000	49	833,000
C002	이*우	버뮤다 포장 문어	17,000	42	714,000
B002	노*지	버뮤다 포장 문어	17,000	39	663,000
A003	이*혜	버뮤다 포장 문어	17,000	35	595,000
A002	박*빈	버뮤다 포장 문어	17,000	27	459,000
A003	이*연	버뮤다 포장 문어	17,000	26	442,000
C003	신*석	버뮤다 포장 문어	17,000	21	357,000
D003	조*영	버뮤다 포장 문어	17,000	19	323,000
C003	전*학	버뮤다 포장 문어	17,000	17	289,000
C001	김*민	버뮤다 포장 문어	17,000	15	255,000
C001	임*연	버뮤다 포장 문어	17,000	11	187,000
D001	정*정	사계절 핫 소스	39,000	123	4,797,000
D003	길*하	사계절 핫 소스	39,000	85	3,315,000
D003	최*호	사계절 핫 소스	39,000	62	2,418,000
B002	한*원	사계절 핫 소스	39,000	40	1,560,000
A002	신*호	사계절 핫 소스	39,000	38	1,482,000
A002	임*솔	사계절 핫 소스	39,000	25	975,000
C001	최*혁	사계절 핫 소스	39,000	22	858,000

B 부분합 구하기

❶ [제품]별 단가의 '개수'가 표시되는 첫 번째 부분합을 구해보겠습니다.
[정렬_부분합] 워크시트에서 임의의 셀을 클릭한 후 [데이터] 탭 – [윤곽선] 그룹 – [부분합] 명령을 클릭합니다.

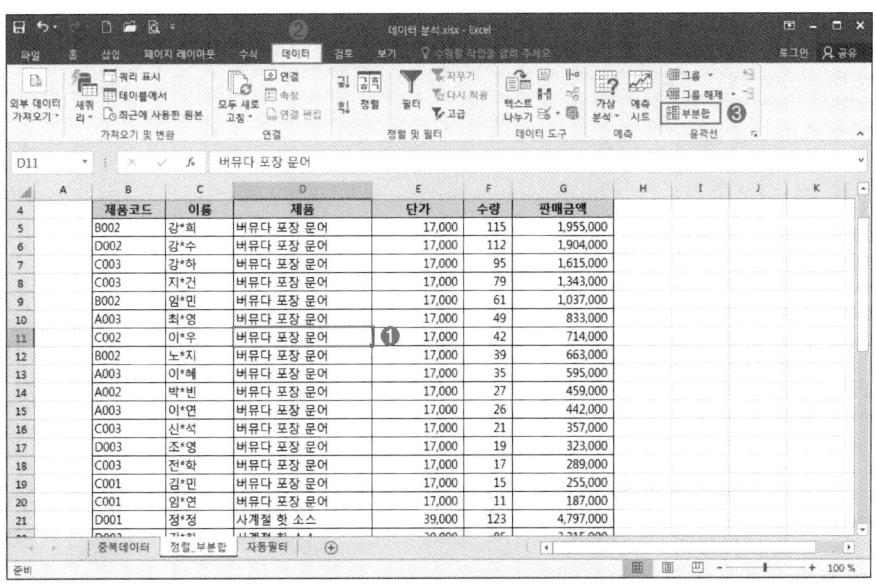

❷ [부분합] 대화상자에서 [그룹화할 항목]을 '제품', [사용할 함수]를 '개수', [부분합 계산 항목]에서 '제품'에 체크 표시한 후 [확인]을 클릭합니다.

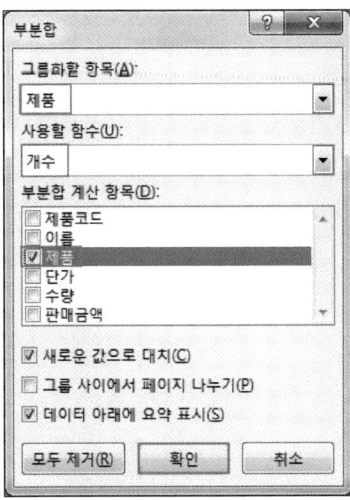

❸ 제품별 '수량'과 '판매금액'에 대한 평균을 계산하는 두 번째 부분합을 구하기 위해 [데이터] 탭 – [윤곽선] 그룹 – [부분합]을 클릭해 [부분합] 대화상자를 불러옵니다.

❹ [부분합] 대화상자에서 [그룹화할 항목]을 '제품', [사용할 함수]를 '평균', [부분합 계산 항목]에서 '수량', '판매금액'에 체크 표시한 후 [새로운 값으로 대치]의 체크 표시를 해제한 후 [확인]을 클릭합니다.

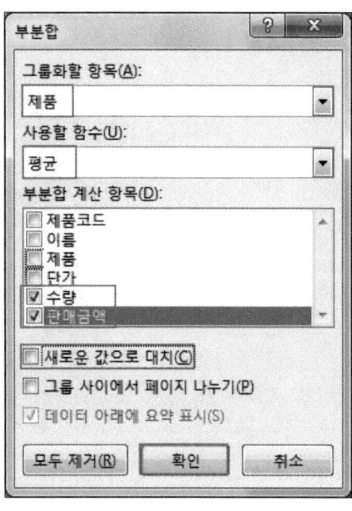

❺ 아래의 출력 형태와 같이 제품별 제품의 개수와 수량, 판매금액의 평균이 표시되었습니다.

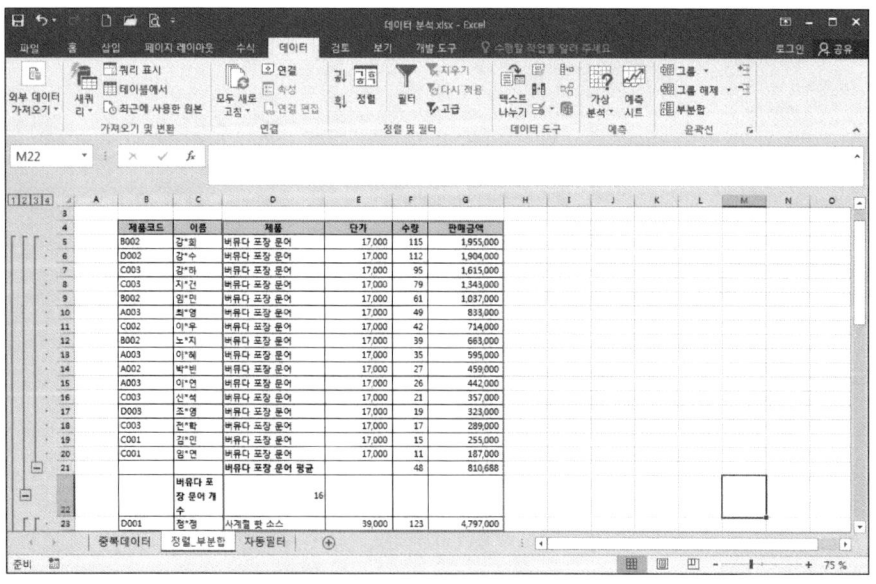

> **Tip**
> - [새로운 값으로 대체]의 체크 표시를 해제해야 여러 그룹으로 부분합을 할 수 있습니다.
> - [부분합] 대화상자에서 [모두 제거]를 클릭하면 부분합을 제거할 수 있습니다.

Section 03 자동 필터로 데이터 추출하기

학습목표 필터란 여러 데이터 중에서 원하는 값만 골라 따로 가져오는 것을 의미하는데 자동 필터 기능을 이용하여 단순 조건을 지정하여 데이터를 추출해 보겠습니다.

📁 준비파일 file/Part4/데이터 분석.xlsx   📁 결과파일 file/Part4/데이터 분석_결과.xlsx

❶ 특정 판매원만 필터링하기 위해 [자동필터] 워크시트에서 임의의 데이터 셀을 선택한 후 [데이터] 탭 – [정렬 및 필터] 그룹에서 [필터] 명령을 클릭합니다.

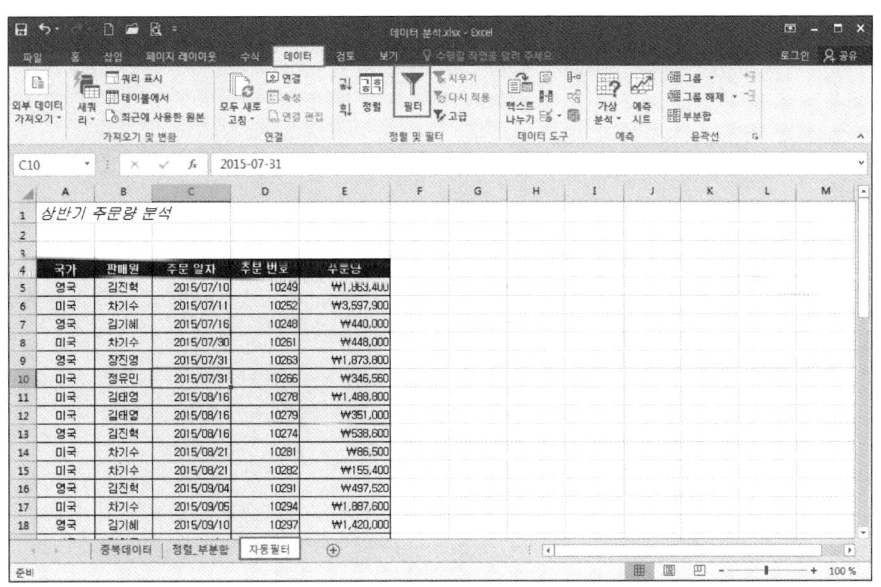

> **Tip** 자동 필터를 적용하기 위해 [홈] 탭 – [편집] 그룹 – [정렬 및 필터] 명령을 클릭한 후 [필터]를 클릭해도 됩니다.

❷ '판매원' 필드명의 필터 단추(판매원▼)를 클릭하고 [(모두 선택)]의 체크 표시를 해제한 후 '강희준', '김숙희', '장진영', '정유민'에 체크한 후 [확인]을 클릭합니다.

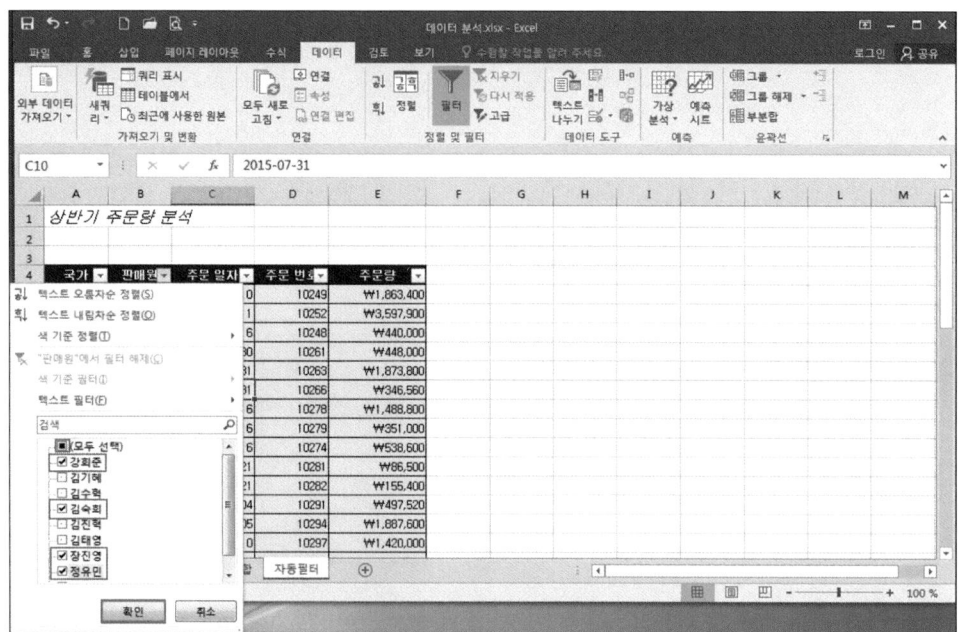

Tip 불필요한 항목의 체크 표시를 일일이 없애는 것보다 [(모두 선택)]의 체크 표시를 해제하여 전체 항목의 체크 표시를 한번에 해제하고 원하는 항목에만 체크하는 것이 효율적인 방법입니다.

❸ 선택한 판매원 항목에 대한 데이터만 필터링이 되었으면 '주문 일자'가 2015년 9월 1일 이후인 데이터만 추출해 보겠습니다. '주문 일자' 필드명의 필터 단추(주문 일자▼)를 클릭한 후 [날짜 필터] – [이후]를 클릭합니다.

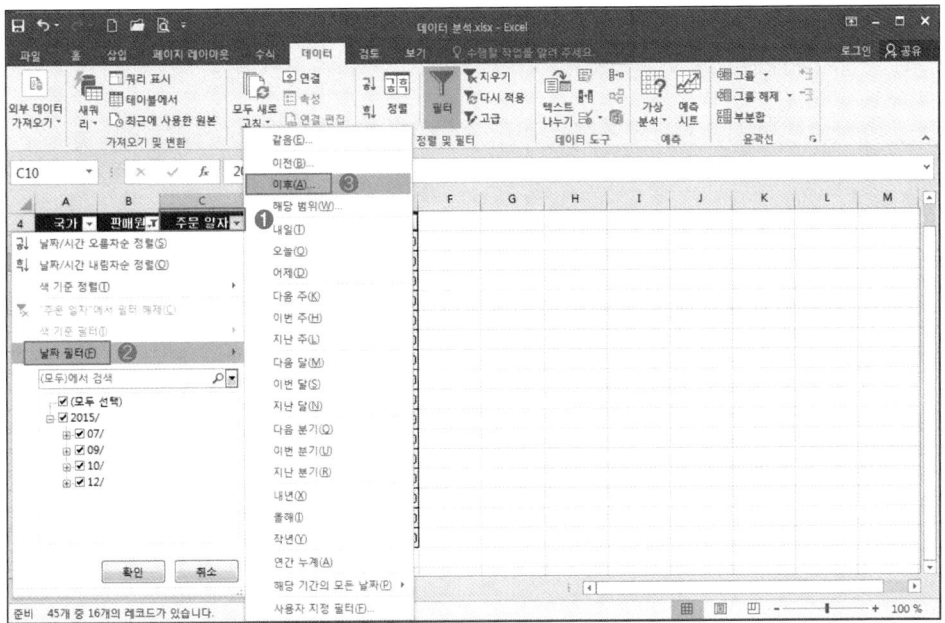

❹ [사용자 지정 자동 필터] 대화상자에서 '주문 일자'에서 [이후]가 선택되었는지 확인하고『2015-9-1』을 입력한 후 [확인]을 클릭합니다.

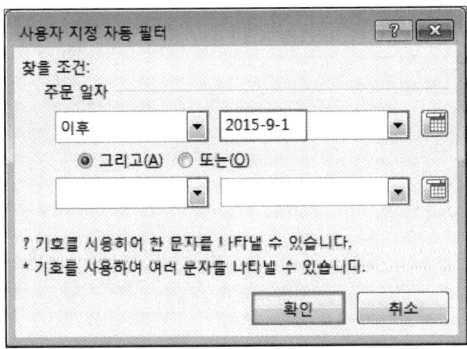

❺ 첫 번째 분류 조건인 '판매원'(강희준, 김숙희, 장진영, 정유미)과 '주문 일자'(2015-9-1) 조건에 만족하는 데이터가 필터링되었습니다.

Section 04 피벗 테이블 지정하고 편집하기

> **학습목표** 피벗 테이블은 기초 데이터를 분석해 그 흐름이나 추이를 간편하게 행/열 구조의 표로 요약하는 기능입니다. 일반 표와 달리 대화형 테이블의 일종으로, 데이터의 나열 형태에 따라서 자동으로 집계나 통계 등의 계산이 가능합니다.

📁 준비파일 file/Part4/피벗테이블.xlsx   📁 결과파일 file/Part4/피벗테이블_결과.xlsx

A 추천 피벗 테이블 만들기

엑셀에서는 데이터에 가장 적합한 피벗 테이블을 추천하여 빠르게 피벗 테이블을 만들 수 있습니다.

❶ [판매금액] 워크시트에서 임의의 데이터 셀을 클릭한 후 [삽입] 탭 – [표] 그룹 – [추천 피벗 테이블] 명령을 클릭합니다.

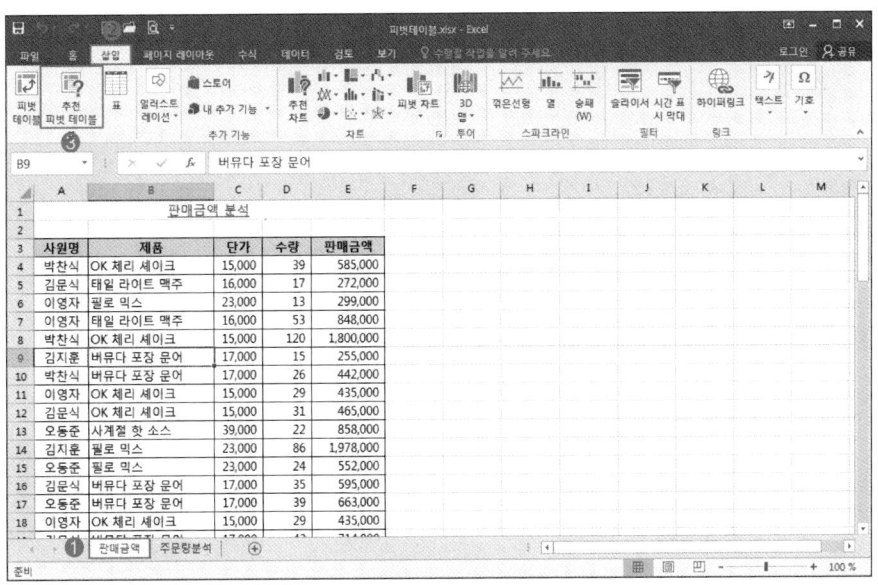

❷ [권장 피벗 테이블] 대화상자에서 [합계 : 판매금액(제품 기준)]을 선택한 후 [확인]을 클릭합니다.

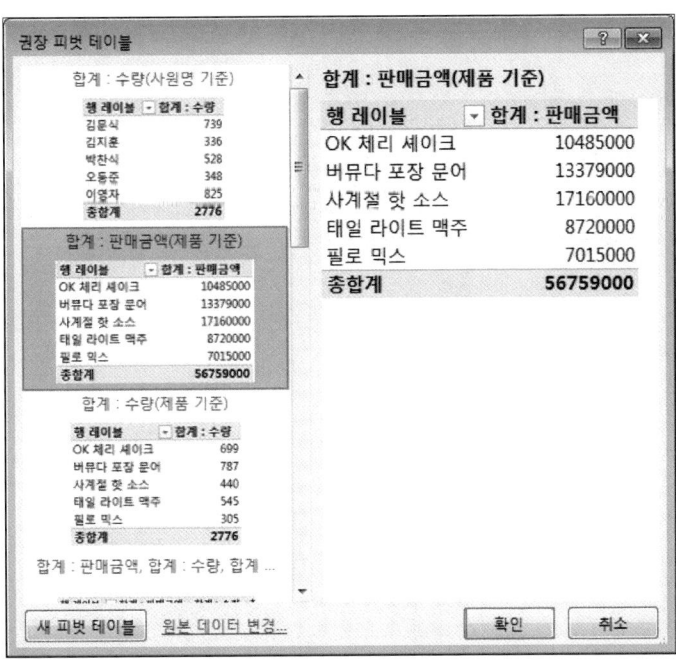

> **Tip** [권장 피벗 테이블] 대화상자에서 [새 피벗 테이블]을 클릭하면 추천 피벗 테이블이 아닌 사용자 지정 피벗 테이블을 만들 수 있습니다.

❸ 새로운 시트가 삽입되면서 피벗 테이블이 만들어집니다.

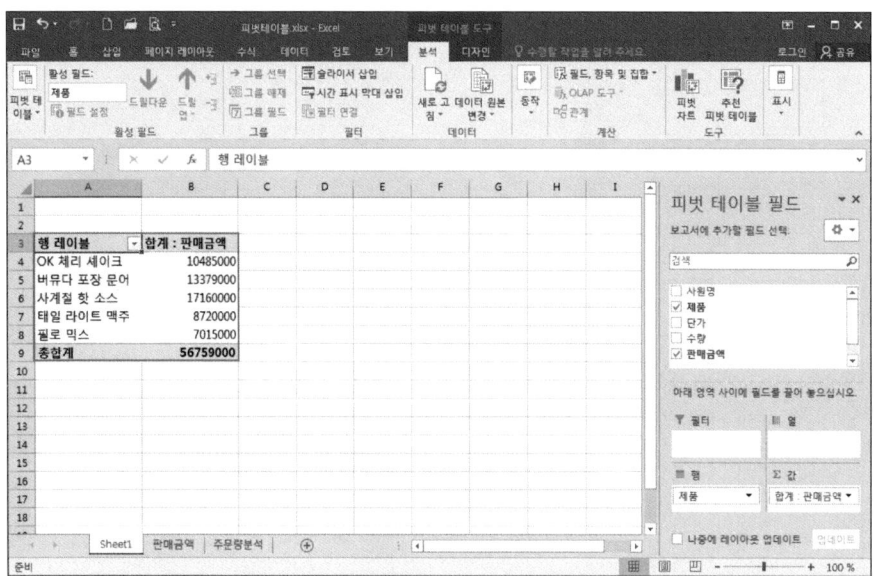

B 사용자 지정 새 피벗 테이블 만들기

사용자가 원하는 형태의 피벗 테이블로 분석하기 위해 사용자 지정 새 피벗 테이블을 만들고 레이아웃을 설계할 수 있습니다.

❶ [주문량분석] 워크시트에서 임의의 데이터 셀을 클릭한 후 [삽입] 탭 – [표] 그룹 – [피벗 테이블] 명령을 클릭합니다.

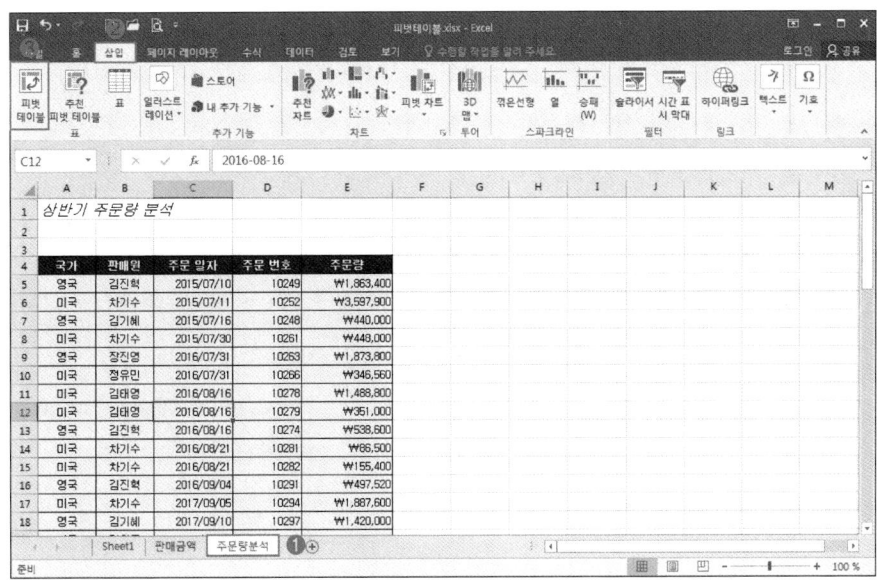

❷ [피벗 테이블 만들기] 대화상자에서 [분석할 데이터를 선택하십시오]에서 [표 또는 범위 선택] 옵션을 선택한 후 [표/범위]에 자동으로 데이터 범위가 지정되면, [피벗 테이블 보고서를 넣을 위치를 선택하십시오]에서 [새 워크시트] 옵션을 선택한 후 [확인]을 클릭합니다.

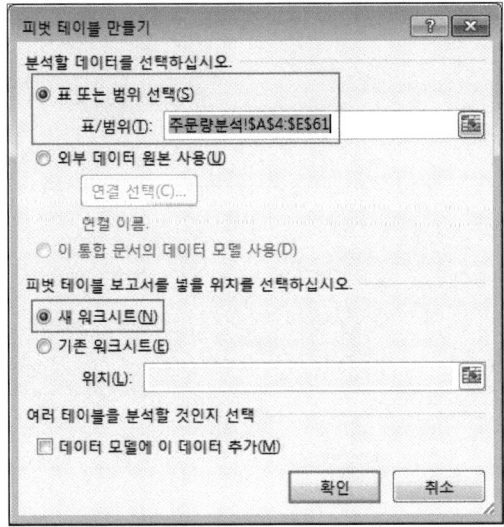

❸ 새로운 시트가 삽입되면서 왼쪽에는 피벗 테이블 레이아웃을 설계할 영역이, 오른쪽에는 [피벗 테이블 필드] 창의 목록이 나타납니다. 필드 목록에서 [국가]를 [필터] 영역으로 드래그, [판매원]을 [열] 영역으로 드래그, [주문 일자]를 [행] 영역으로 드래그, [주문량]을 [값] 영역으로 드래그하여 옮깁니다.

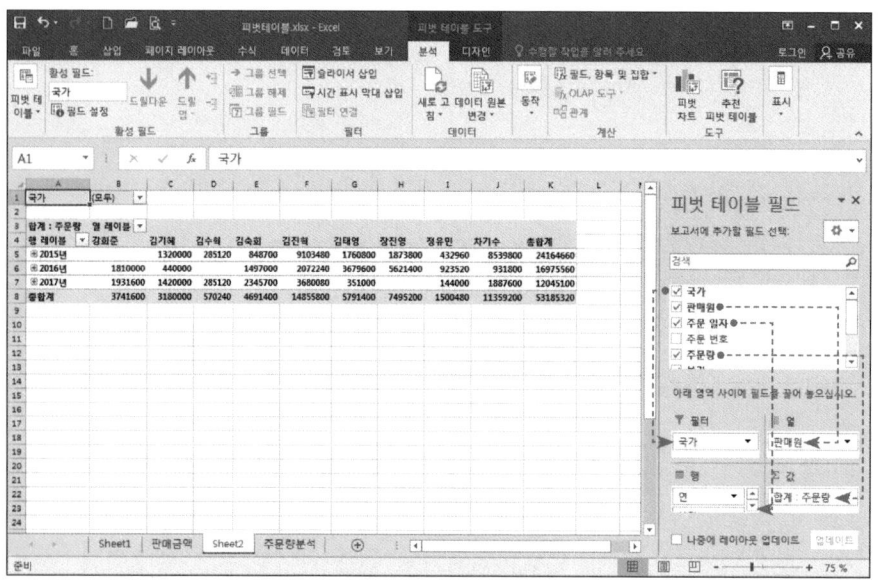

Tip 개별 일자로 입력되어 있던 [주문 일자]는 자동으로 [연]과 [분기]로 그룹화됩니다.

C 피벗 테이블 그룹 설정 및 필터링하기

❶ 날짜와 같은 숫자 데이터는 직접 그룹화할 수 있습니다. [연]과 [분기]별로 그룹화 되어 있는 [주문 일자]에 [연]과 [월]로 그룹화 설정을 해보겠습니다.
[행 레이블]에서 임의의 셀 데이터를 클릭한 후 [피벗 테이블 도구] - [분석] 탭 - [그룹] 그룹 - [그룹 선택] 명령을 클릭한 후 [그룹화] 대화상자가 열리면 [분기]를 클릭해 선택 해제하고 [확인]을 클릭합니다.

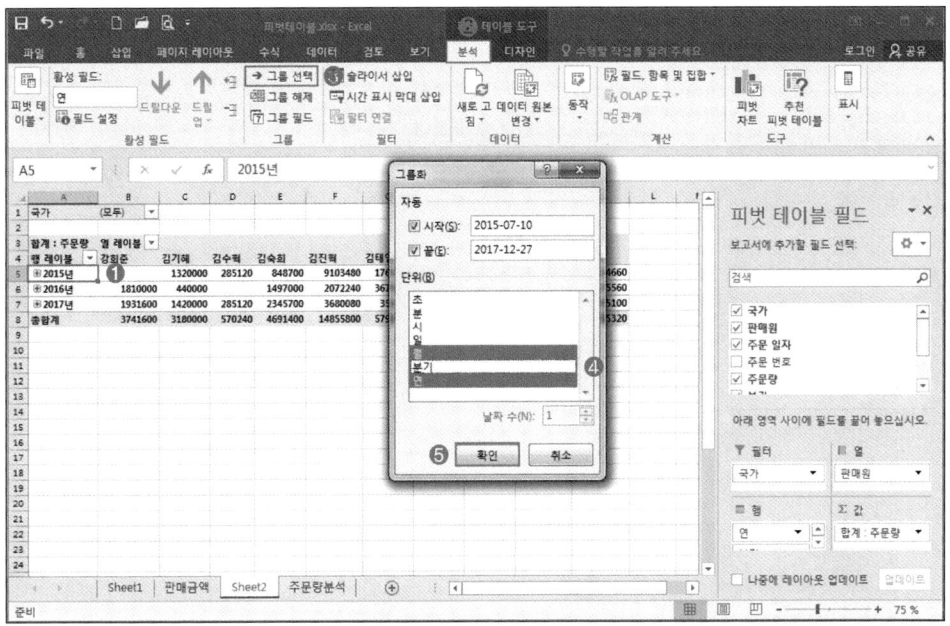

❷ 피벗 테이블은 기본적으로 합계로 요약됩니다. 요약 기준을 변경하려면 [∑ 값] 영역에서 [합계 : 주문량]을 클릭하고 [값 필드 설정]을 클릭합니다.

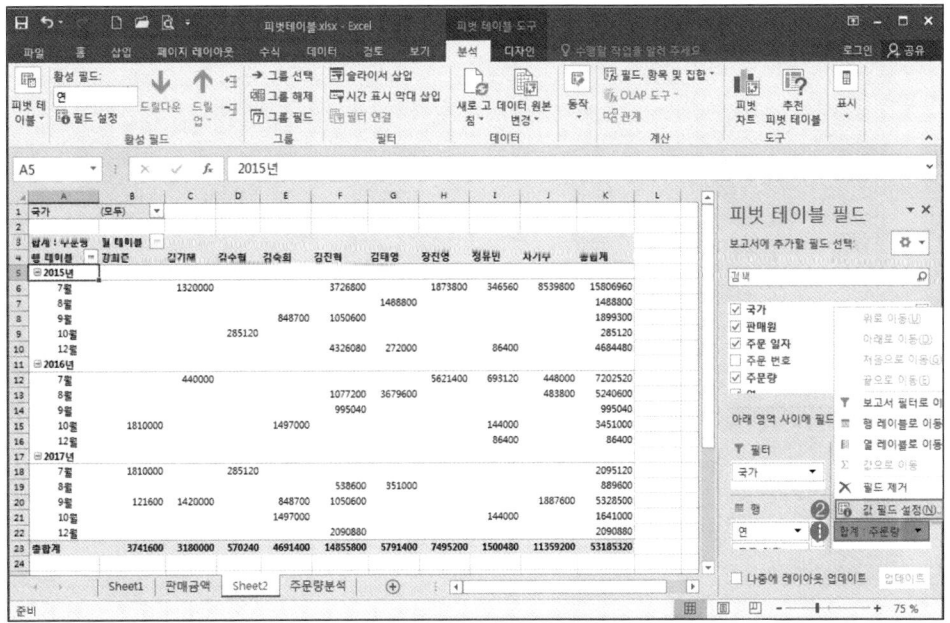

❸ [값 필드 설정] 대화상자에서 [선택한 필드의 데이터] 목록에서 [최대값]을 선택한 후 [확인]을 클릭합니다.

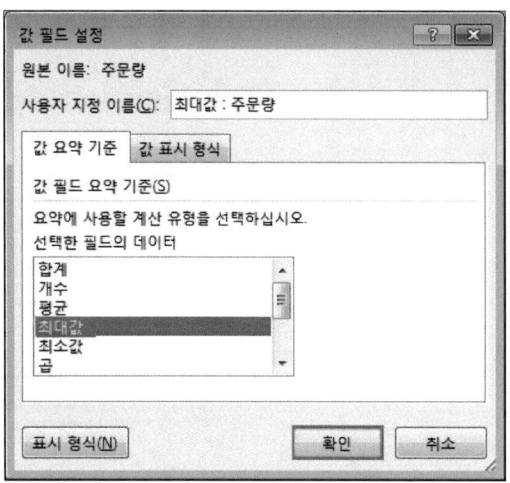

❹ '미국' 국가에서 '2017'년도에 해당하는 데이터만 필터링하기 위해 국가 필터 목록 단추를 클릭합니다.

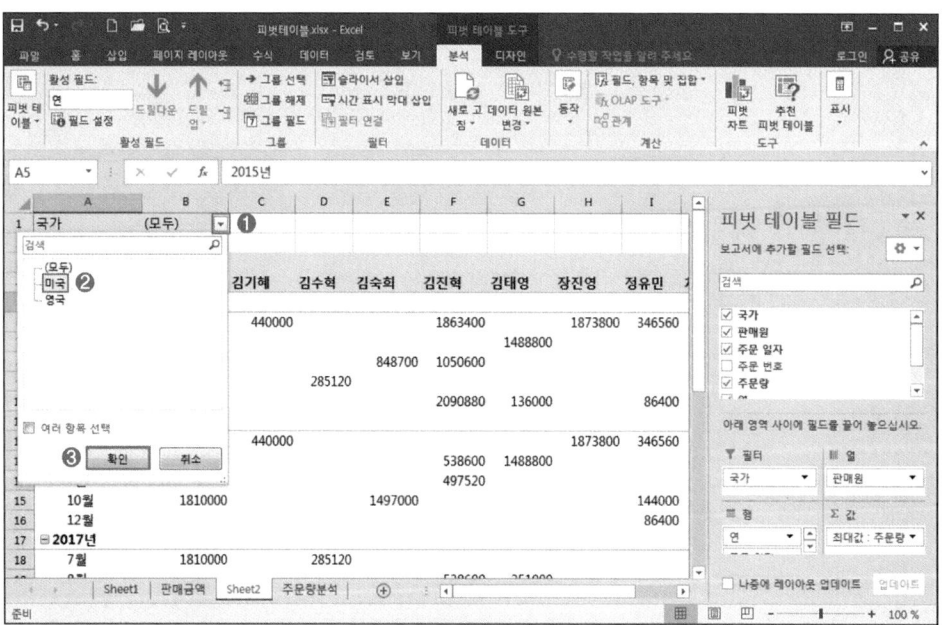

❺ 주문 일자가 '2017'년에 해당하는 데이터만 필터링하기 위해 [행 레이블] 필터 단추를 클릭 –[모두 선택]을 해제한 후 [2017년] 항목을 체크 – [확인]을 클릭합니다.

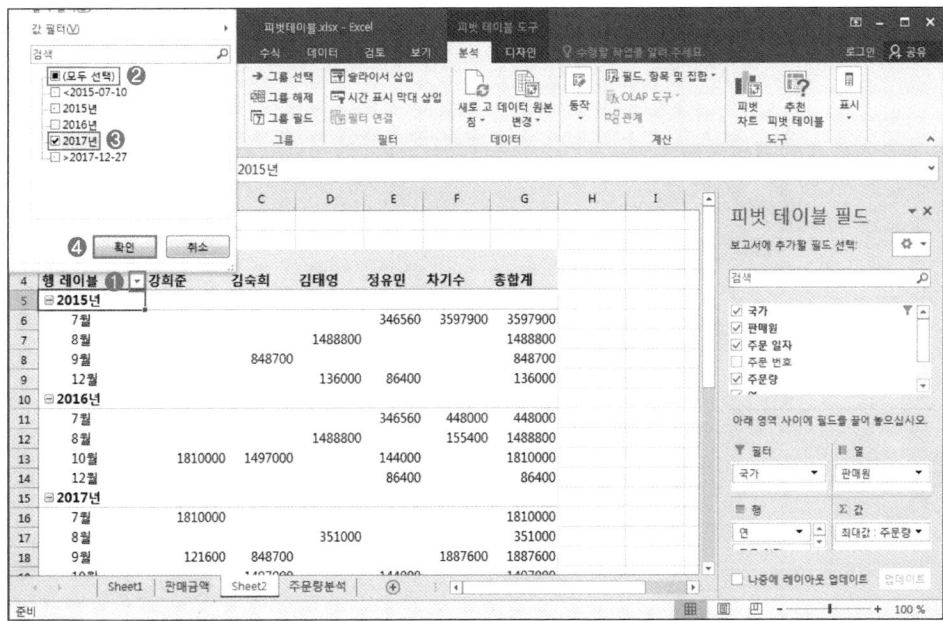

❻ [국가]가 '미국'인 '2017년' 데이터가 필터링 되어 피벗 테이블이 설계되었습니다.

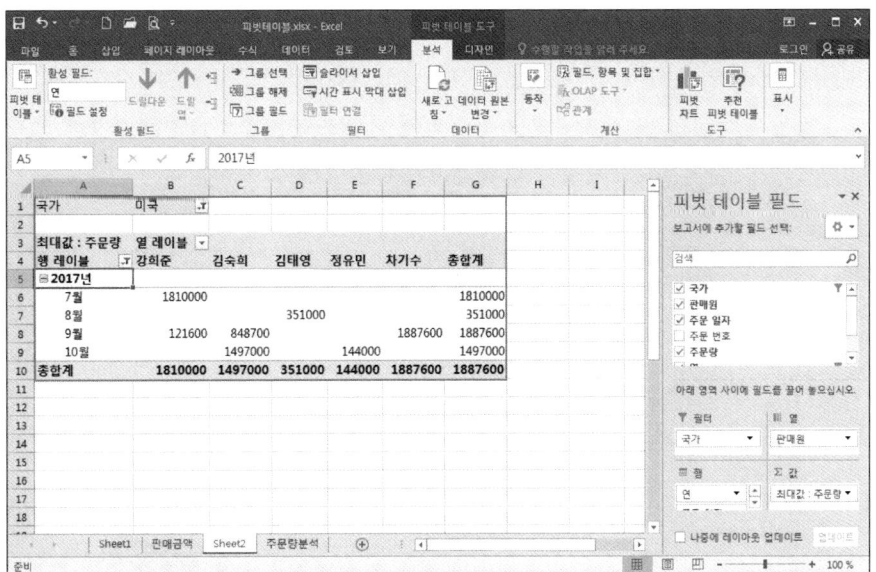

D 피벗 테이블 레이아웃 및 디자인 변경하기

❶ 피벗 테이블은 기본적으로 행과 열의 총합계가 표시됩니다 [피벗 테이블 도구] - [디자인] 탭 - [레이아웃] 그룹 - [총합계] 명령을 클릭 - [행의 총합계만 설정]을 클릭합니다.

❷ 피벗 테이블의 스타일을 변경해 보겠습니다. [피벗 테이블 도구] - [디자인] 탭 - [피벗 테이블 스타일 옵션] 그룹에서 [줄 무늬 행]에 체크 표시하고, [피벗 테이블 스타일] 그룹 - [자세히]를 클릭하여 [피벗 스타일 밝게 26]을 클릭합니다.

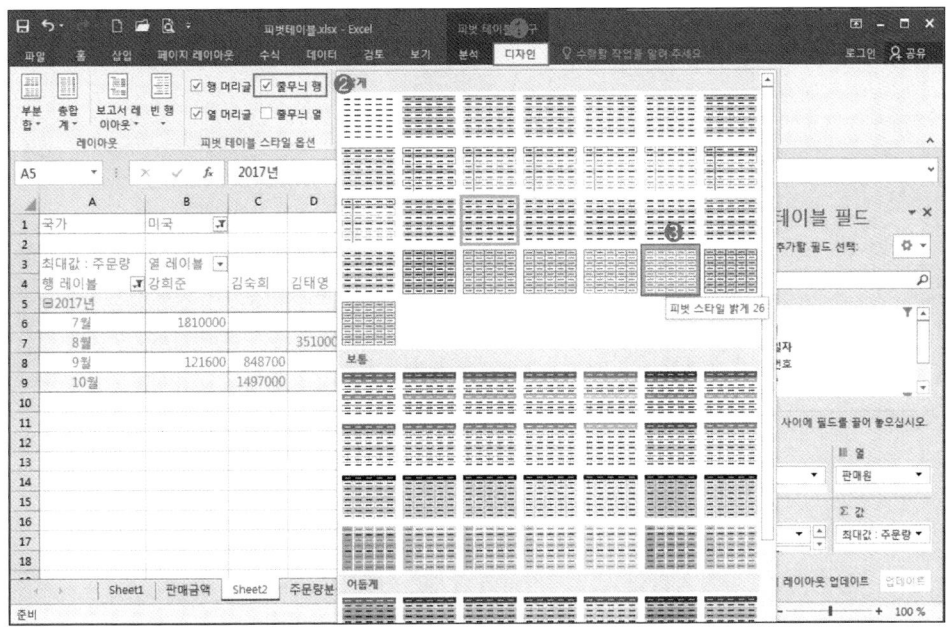

실습하기

📎 **준비파일** : file/실습하기/데이터베이스분석.xlsx
📎 **결과파일** : file/실습하기/데이터베이스분석_결과.xlsx

예제

1 [중복데이터] 워크시트에서 [사원명]과 [제품]에 대해서 중복되는 데이터를 찾아 제거하세요.

2 [정렬_부분합] 워크시트에서 첫 번째 기준으로 [회원등급]을 오름차순, 두 번째 기준으로 [회원ID]를 내림차순으로 정렬하세요.

3 [회원등급]별로 [포인트]의 평균에 대해서 부분합을 계산한 후, 두 번째 부분합으로 [회원등급]별로 [누적이용횟수]의 최대값을 계산하세요.

4 [자동필터] 워크시트에서 '2017년 11월 1일' 이후의 날짜에 해당하는 데이터를 필터링한 후 [종류]가 '지출'인 항목에 대해서 데이터를 필터링하세요.

5 [피벗테이블] 워크시트에서 'ANTON' 고객의 1분기에서 4분기의 최소값을 표시하는 피벗 테이블을 만드세요. [고객]을 [필터]로 사용하고, [제품명]을 행에, [1분기], [2분기], [3분기], [4분기]를 값으로 사용하고 새 워크시트에 배치하세요.

6 새 워크시트에 삽입된 피벗 테이블의 스타일을 [피벗 스타일 어둡게 2]로 변경하세요.

PART 06 분석 도구 활용과 매크로 작성하기

엑셀에서는 과거의 데이터를 바탕으로 자료를 분석할 수 있을 뿐만 아니라 미래의 상황에 맞게 예측하는 '가상 분석 도구'를 제공하고 있습니다. 이 도구를 사용하면 한 개 이상의 수식에 서로 다른 여러 값의 집합을 대입하여 다양한 결과값을 도출하고 어떻게 변화되는지 살펴볼 수 있습니다. 가상 분석으로 미래의 값을 예측하는 방법에 대해서 알아보고 결과값에 따른 시나리오 작성과 요약 보고서 작성법에 대해서 알아보겠습니다.

Section 01 시나리오 관리자

학습목표 시나리오는 엑셀을 사용하여 저장하고 워크시트의 셀에서 자동으로 대체할 수 있는 값 집합입니다. 시나리오 관리자에 두 가지 이상의 시나리오를 저장하고 새 시나리오 중 하나로 전환해서 서로 다른 결과를 확인하거나 요약 보고서를 작성할 수 있습니다.

📁 준비파일 file/Part5/가상분석 시나리오.xlsx 📁 결과파일 file/Part5/가상분석 시나리오_결과.xlsx

❶ 비용이 감소되었을 때와 증가하였을 때 합계 값의 변화를 시나리오 관리자로 분석해 보겠습니다. [주간 판매 활동] 워크시트에서 [데이터] 탭 - [예측] 그룹 - [가상 분석] 명령을 클릭 - [시나리오 관리자]를 클릭합니다.

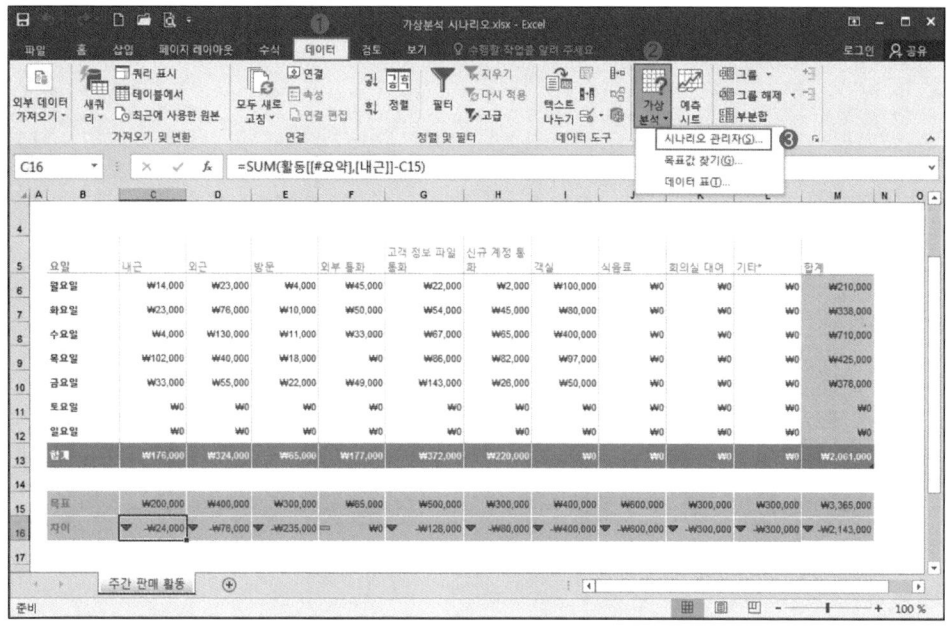

❷ [시나리오 관리자] 대화상자에서 [추가] 단추를 클릭합니다.

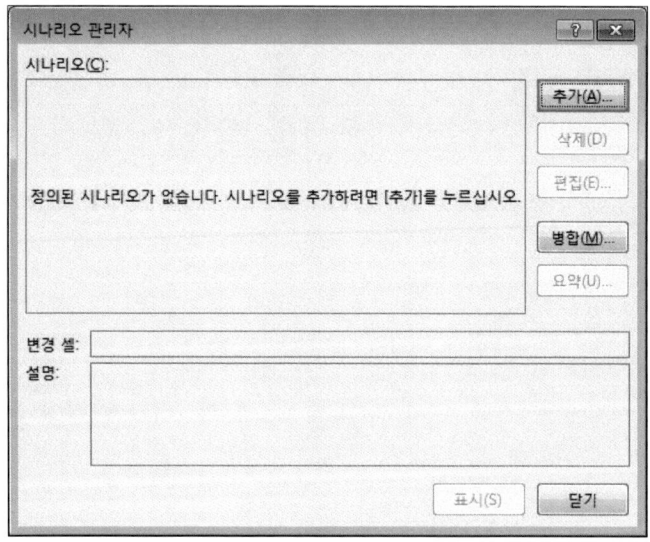

❸ [시나리오 편집] 대화상자에서 [시나리오 이름]에 『비용증가』를 입력 – [변경 셀]에 커서를 올려놓고 월요일의 내근과 외근 범위인 [C6:D6]을 드래그하여 선택한 후 [확인] 단추를 클릭합니다.

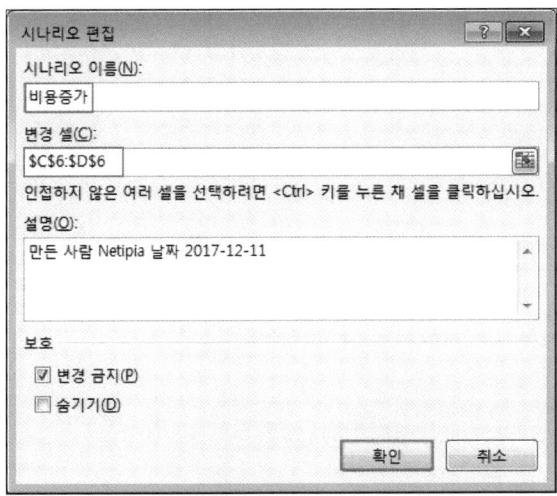

Tip [변경 셀]에 직접 변경 셀을 입력하는 것보다 워크시트에 해당 범위를 선택하여 지정하는 것이 더욱 편리합니다.

❹ [시나리오 값] 대화상자에서 [$C$6]에 『20000』, [$D$6]에 『29000』을 입력한 후 다른 시나리오를 작성하기 위해 [추가] 단추를 클릭합니다.

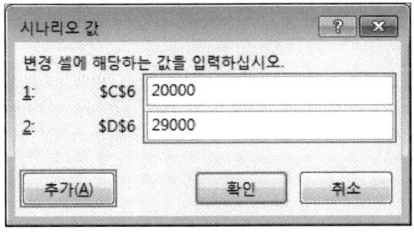

❺ [시나리오 추가] 대화상자에서 [시나리오 추가]에 『비용감소』를 입력한 후 [확인] 단추를 클릭합니다.

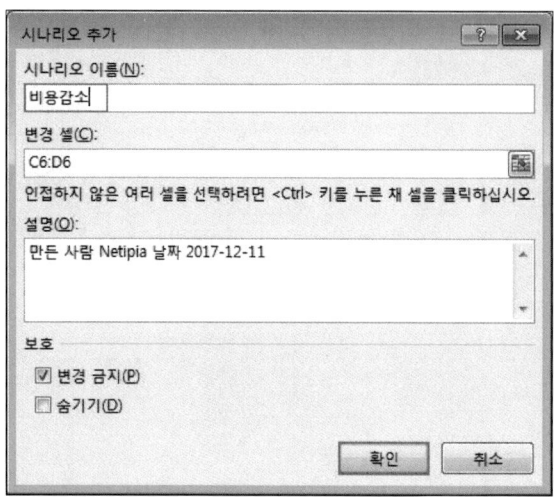

❻ [시나리오 값] 대화상자에서 [$C$6]에 『12000』, [$D$6]에 『20000』을 입력한 후 [확인] 단추를 클릭합니다.

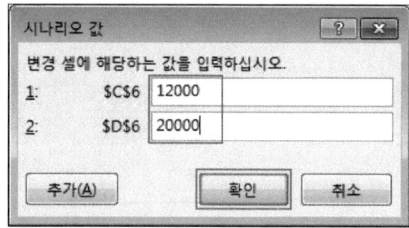

❼ 추가된 시나리오에 대한 요약 보고서를 작성해 보겠습니다.
[시나리오 관리자] 대화상자에서 [비용증가]와 [비용감소]에 대한 시나리오의 내용을 보고서로 작성하기 위해 [요약]을 클릭합니다.

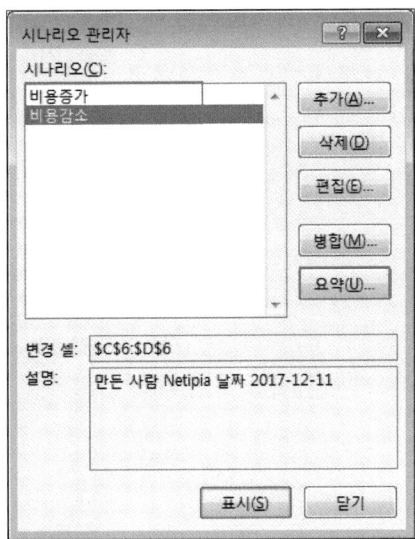

Tip 시나리오 목록에 추가된 시나리오 중 아무 것이나 선택하고 [요약]을 클릭하면 됩니다.

❽ [시나리오 요약] 대화상자에서 [보고서 종류]를 [시나리오 요약]으로 선택하고 [결과 셀]에 커서를 올려놓고 [C13:D13] 셀 범위를 지정한 후 [확인]을 클릭합니다.

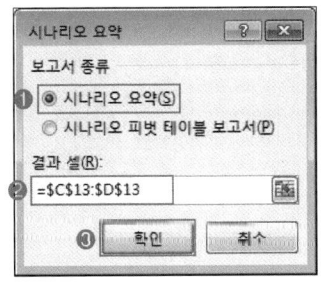

❾ 새로운 시트인 [시나리오 요약] 시트가 나타나면서 보고서가 작성되면 '비용증가' 시나리오와 '비용감소' 시나리오에 따라 합계의 결과값이 어떻게 달라지는지 확인할 수 있습니다.

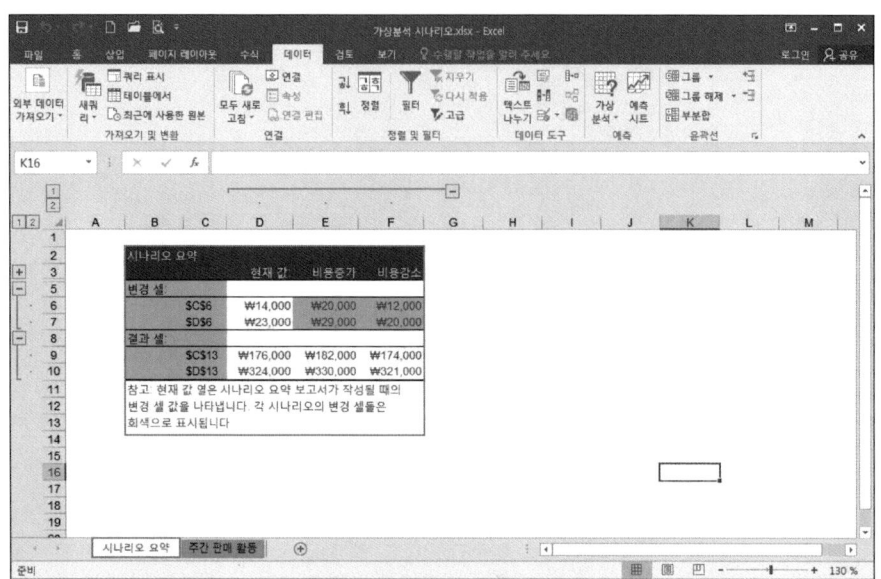

Section 02 목표값 찾기

> **학습목표** 데이터의 분석으로 결과를 도출하는 것이 아니라 임의의 결과를 미리 설정해 목표값을 찾아내는 과정에 대해 알아보겠습니다.

📁 준비파일 file/Part5/가상분석 목표값.xlsx 📁 결과파일 file/Part5/가상분석 목표값_결과.xlsx

❶ 월간 지출 잔액의 값이 '2,000,000'이 될 때 '수입 1'의 값의 변화를 알아보겠습니다. [데이터] 탭 - [예측] 그룹 - [가상 분석] 명령을 클릭하고 [목표값 찾기]를 클릭합니다.

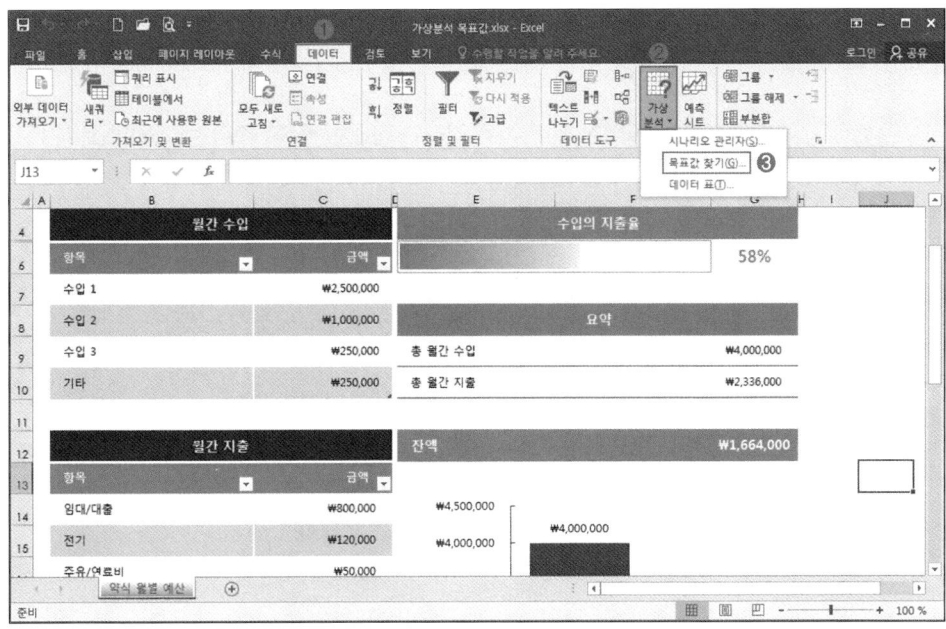

❷ [목표값 찾기] 대화상자에서 [수식 셀]에 월간 지출의 잔액에 해당하는 [G12] 셀을, [찾는 값]에는 월간 지출의 목표값으로 예상한 『2,000,000』을 입력, [값을 바꿀 셀]에는 월간 지출 잔액이 '2,000,000'이 되기 위해 값을 바꿀 셀인 [C7] 셀을 선택하여 지정한 후 [확인]을 클릭합니다.

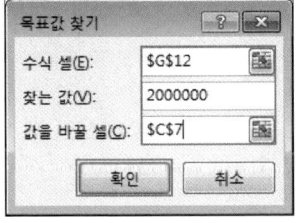

❸ [목표값 찾기 상태] 대화상자에서 [확인]을 클릭합니다.

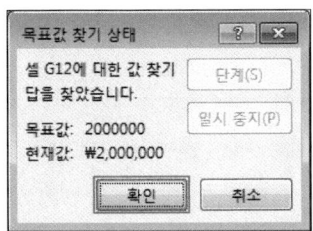

❹ 월간 지출의 잔액(G12)이 2,000,000이 되기 위해, 수입 1(C7)이 2,836,000이 된 것을 확인할 수 있습니다.

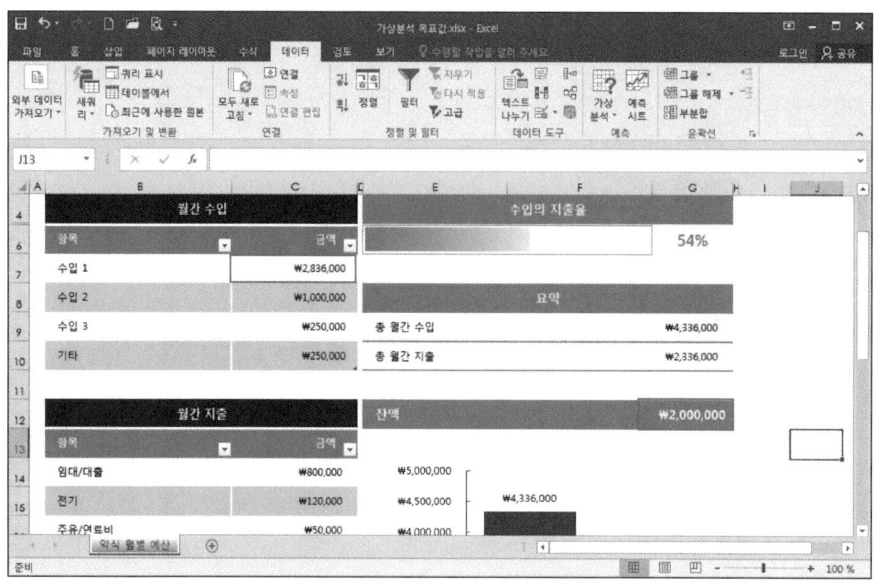

Section 03 매크로 작성하고 실행하기

> **학습목표**
> 매크로는 여러 반복 작업을 녹화하듯이 묶어서 기록한 후 필요한 부분에 적용할 수 있습니다. 매크로는 업무시간을 단축하고 자동화하기에 아주 유용하고 필요한 도구입니다.

📁 준비파일 file/Part5/매크로.xlsx 📁 결과파일 file/Part5/매크로_결과.xlsm

A 매크로 기록하기

❶ [운영비 계산] 워크시트에서 [상위 5 금액] 열에 대하여 상위 5개의 항목에 조건부 서식이 적용되는 과정을 기록해 보겠습니다. 임의의 셀을 선택한 후 [개발 도구] 탭 – [코드] 그룹 – [매크로 기록] 명령을 클릭합니다.

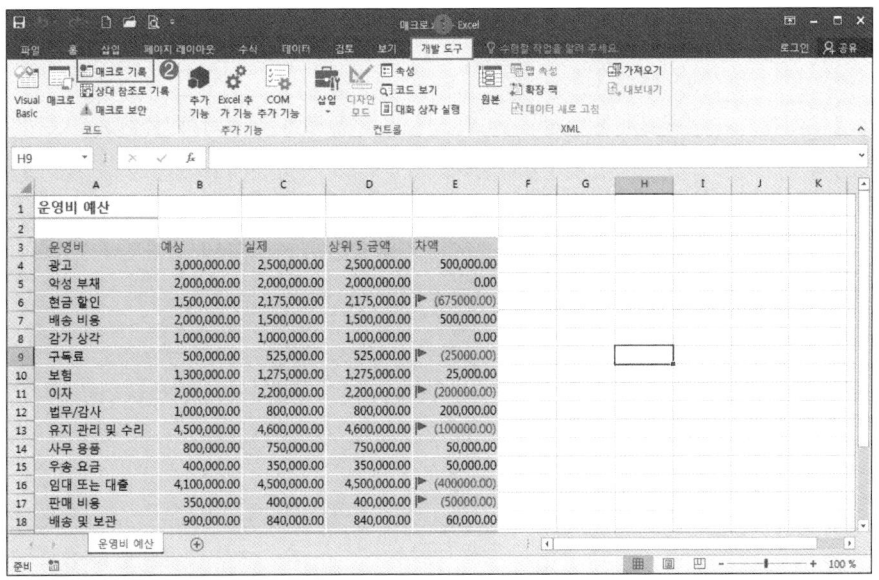

> **Tip** 리본 메뉴에 [개발 도구] 탭이 보이지 않는다면 [파일] 탭 - [옵션]을 클릭하고 [Excel 옵션] 대화상자에서 [리본 사용자 지정] 항목을 클릭 - [개발 도구] 항목에 체크한 후 [확인]을 클릭합니다.

❷ [매크로 기록] 대화상자에서 [매크로 이름]에 『상위5개서식』, [바로 가기 키]에 『q』, [매크로 저장 위치]를 [현재 통합 문서]로 선택한 후 [확인]을 클릭합니다.

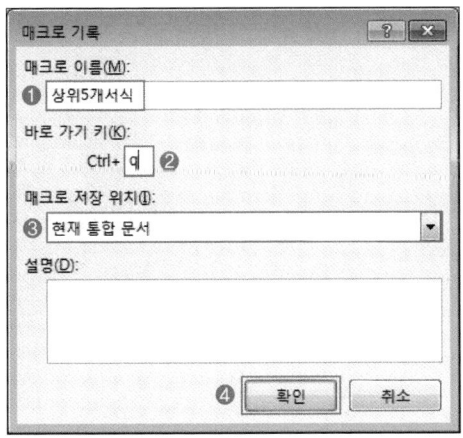

> **Tip**
> - [매크로 기록] 대화상자에서 [확인]을 클릭한 후부터는 셀과 관련된 명령어, 메뉴 선택 등의 동작이 모두 매크로로 기록됩니다.
> - [매크로 기록] 대화상자 알아보기
>   매크로 이름 : 기록할 매크로 이름을 입력합니다. 매크로 이름은 첫 글자가 반드시 문자로 시작해야 하고, 공백, 특수 문자(!, @, ?, %, &, ~ 등), 셀 주소는 사용할 수 없습니다.
>   바로 가기 키 : 매크로를 실행하는 바로 가기 키를 설정할 수 있으며 대소문자를 구별합니다.
>   매크로 저장 위치 : 자동 매크로가 기록될 위치를 '개인용 매크로 통합 문서', '새 통합 문서', '현재 통합 문서' 중에서 선택합니다.
>   설명 : 매크로에 대한 부연 설명을 입력합니다.

❸ [상위 5 금액]열 범위인 [D4:D23] 셀 범위를 지정한 후 [홈] 탭 – [스타일] 그룹 – [조건부 서식] 명령을 클릭 – [상위/하위 규칙] 항목에서 [상위 10개 항목]을 클릭합니다.

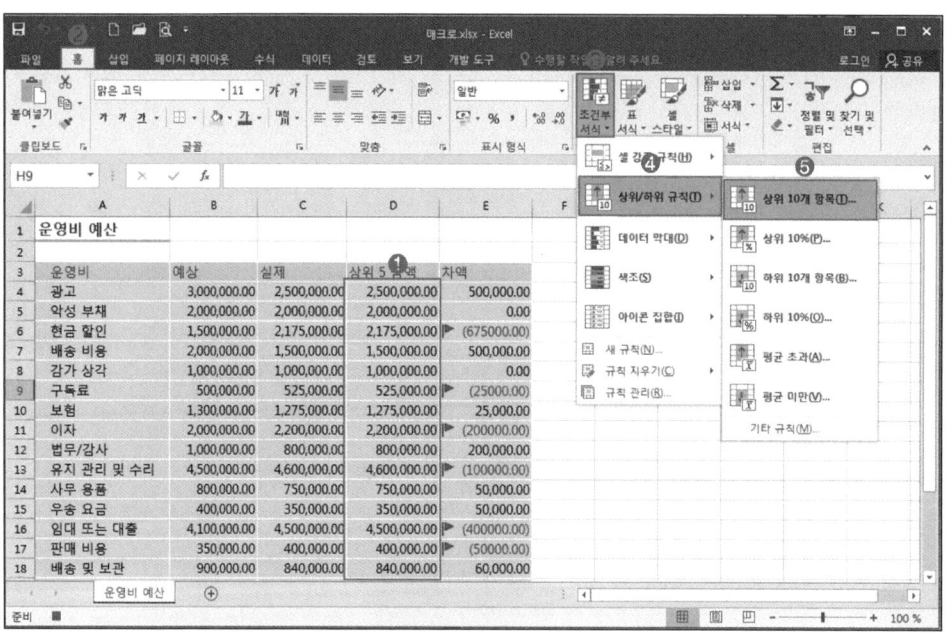

❹ [상위 10개 항목] 대화상자에서 『5』를 입력, [적용할 서식] 목록에서 [연한 빨강 채우기]를 선택한 후 [확인]을 클릭합니다.

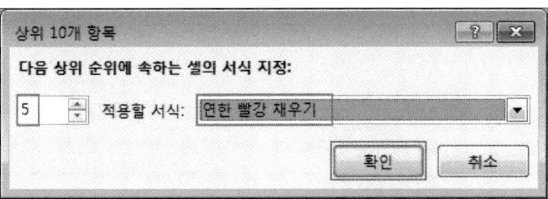

❺ 임의의 빈 셀을 클릭하여 범위를 해제한 후 [개발 도구] 탭 - [코드] 그룹 - [기록 중지] 명령을 클릭하여 매크로 작성을 마칩니다.

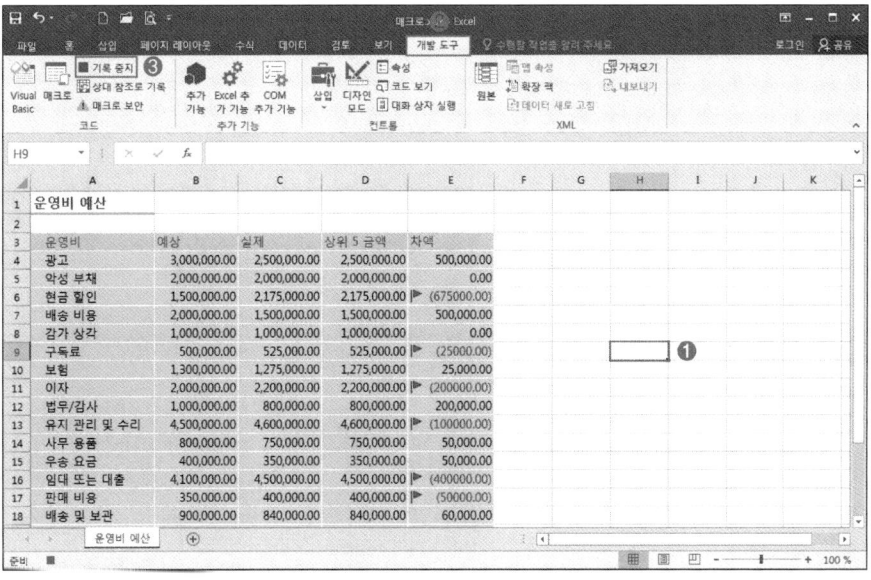

❻ 조건부 서식의 규칙을 지우는 매크로를 기록해 보겠습니다.

[개발 도구] 탭 – [코드] 그룹 – [매크로 기록] 명령을 클릭한 후 [매크로 기록] 대화상자에서 [매크로 이름]에 『서식지우기』, [바로 가기 키]에 『a』, [매크로 저장 위치]를 [현재 통합 문서]로 선택한 후 [확인]을 클릭합니다.

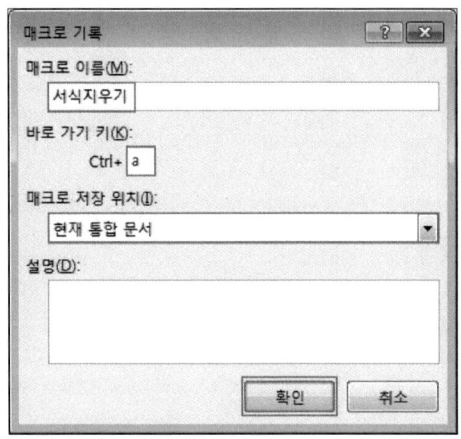

❼ [D4:D23] 셀 범위를 지정한 후 [홈] 탭 – [스타일] 그룹 – [조건부 서식] 명령을 클릭 – [규칙 지우기] 항목을 선택 – [선택한 셀의 규칙 지우기]를 클릭합니다.

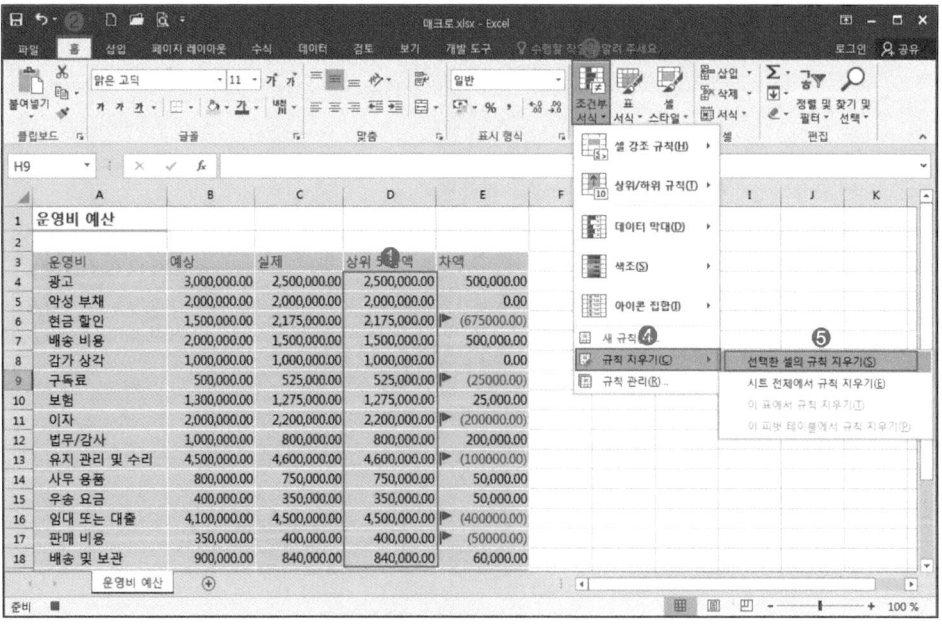

❽ 임의의 빈 셀을 클릭하여 범위를 해제한 후 [개발 도구] 탭 – [코드] 그룹 – [기록 중지] 명령을 클릭하여 매크로 작성을 마칩니다.

❾ 매크로 작성을 마친 후, 매크로를 실행하기 위해 매크로 기록 대화상자에서 설정한 Ctrl+q 바로 가기 키와 Ctrl+a 바로 가기 키를 눌러서 매크로를 실행합니다.

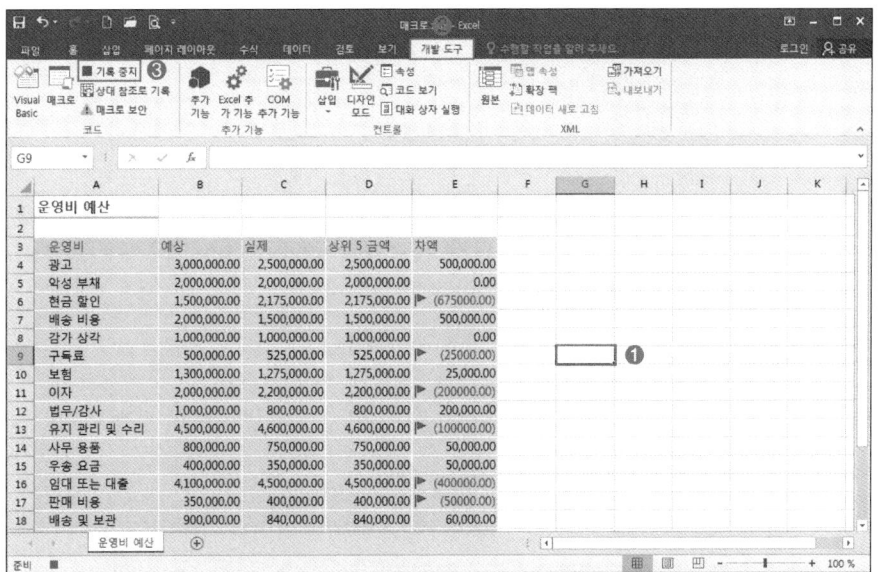

Tip 매크로를 실행하려면 [개발 도구] 탭 – [코드] 그룹 – [매크로] 명령을 클릭한 후 [매크로] 대화상자에서 기록되어 있는 매크로 목록 중 실행시킬 매크로를 선택한 후 [실행] 단추를 클릭해도 매크로가 실행됩니다.

B 매크로 포함 문서 저장하기

[*.xlsx]형태로 저장하면 현재 통합 문서에서 작성한 매크로가 저장되지 않습니다. 반드시 매크로 사용 통합 문서인 [*.xlsm] 형식으로 저장합니다.

❶ [파일] 탭 – [내보내기] – [파일 형식 변경]을 선택한 후 [매크로 사용 통합 문서]를 클릭 – [다른 이름으로 저장]을 클릭합니다.

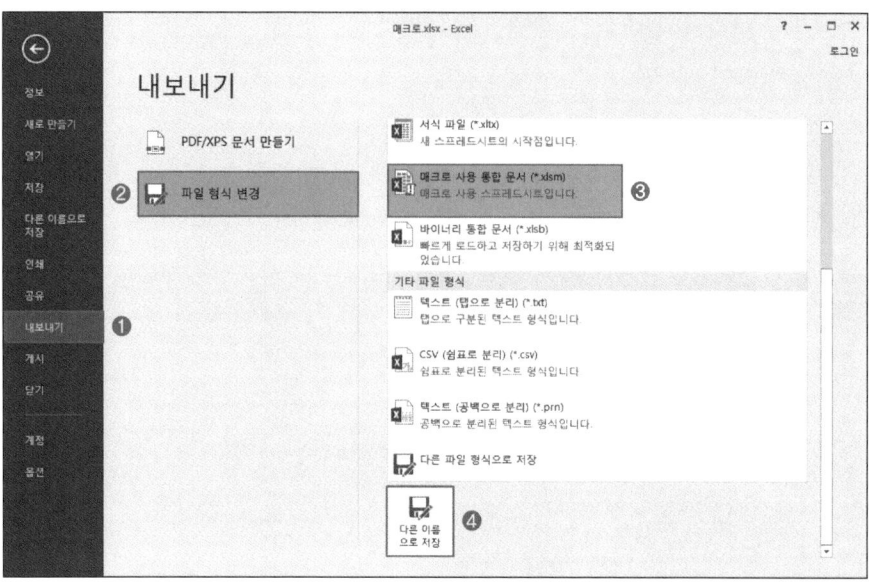

❷ [다른 이름으로 저장] 대화상자에서 저장 위치를 지정하고 [파일 이름]에 『매크로_결과』를 입력한 후 [저장]을 클릭합니다.

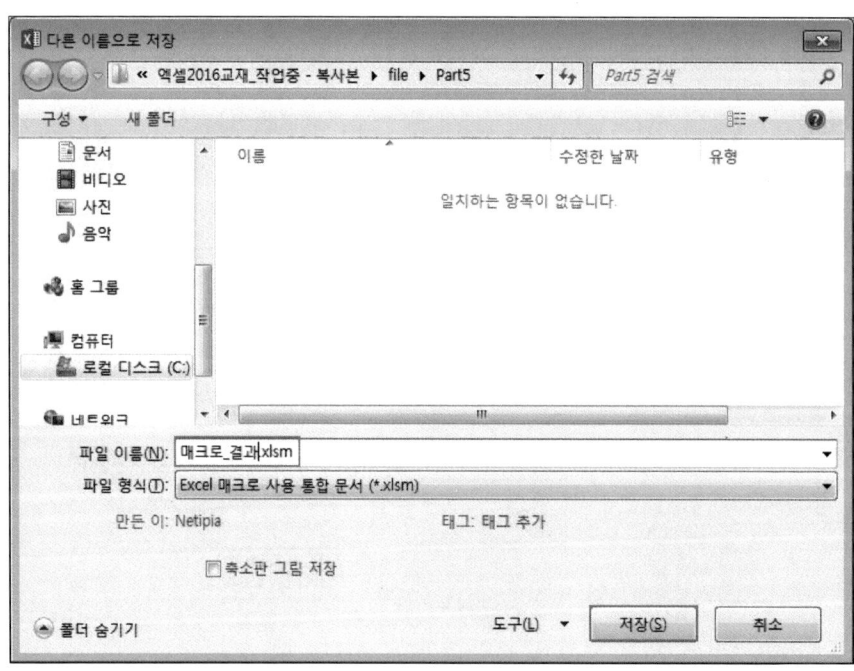

실습하기

📎 **준비파일** : file/실습하기/분석도구.xlsx
📎 **결과파일** : file/실습하기/매크로실습.xlsm

예제

1 [기록 데이터] 워크시트에서 반바지, 셔츠, 샌들 제품의 단위당 소매 가격(E4:E6)이 5,000 인상되었을 때 '소매 가격 5000원 인상', 5,000 인하되었을 때 '소매 가격 5000원 인하'라는 이름의 시나리오를 만들고 총 판매액(J4:J6)의 결과값의 변화를 확인할 수 있도록 새 워크시트로 요약하세요.

2 [기록 데이터] 워크시트에서 [J9] 셀의 [총 판매액(₩)]이 '100,000,000'이 되려면 [H9] 셀의 [판매한 단위(도매)]의 값이 얼마가 되어야 하는지 목표값 찾기 기능을 이용하여 예측해 보세요.

3 [가족 예산] 워크시트에서 [월별 총 지출] 열 데이터가 1,000,000 이상인 값에 대해서 [C4:O17] 셀 범위에 [글꼴 스타일]은 '굵게 기울임꼴', [채우기색] '노랑' 조건부 서식이 기록되는 '백초과'라는 이름의 매크로를 작성하세요.

4 기록된 조건부 서식 규칙이 지워지는 '서식지우기'라는 이름의 매크로를 작성하세요.

5 현재 통합 문서를 [문서] 폴더에 '매크로실습'이라는 이름의 Excel 매크로 사용 통합 문서 형식으로 저장하세요.

PART 07 인쇄 환경 설정하기

워크시트에 입력한 데이터나 양식 문서가 화면에 보이는 대로 인쇄되지 않는 경우가 많습니다. 따라서 용지의 크기와 여백 등을 고려하여 인쇄 설정을 하는 작업이 필요합니다. 인쇄에 필요한 환경 설정과 페이지 설정 항목을 이용하여 인쇄 설정하는 작업에 대해서 알아보겠습니다.

Section 01 인쇄 미리 보고 여백 설정하기

학습목표 인쇄 선택 영역과 여백 설정 등을 인쇄 미리 보기에서 확인하면 인쇄 오류나 종이의 낭비를 줄일 수 있습니다.

📁 준비파일 file/Part6/제품분석_인쇄.xlsx 📁 결과파일 file/Part6/제품분석_인쇄_결과.xlsx

❶ [파일] 탭 – [인쇄]를 선택 – [보통 여백] 항목을 클릭하여 열리는 여백 목록 중에서 [사용자 지정 여백]을 클릭합니다.

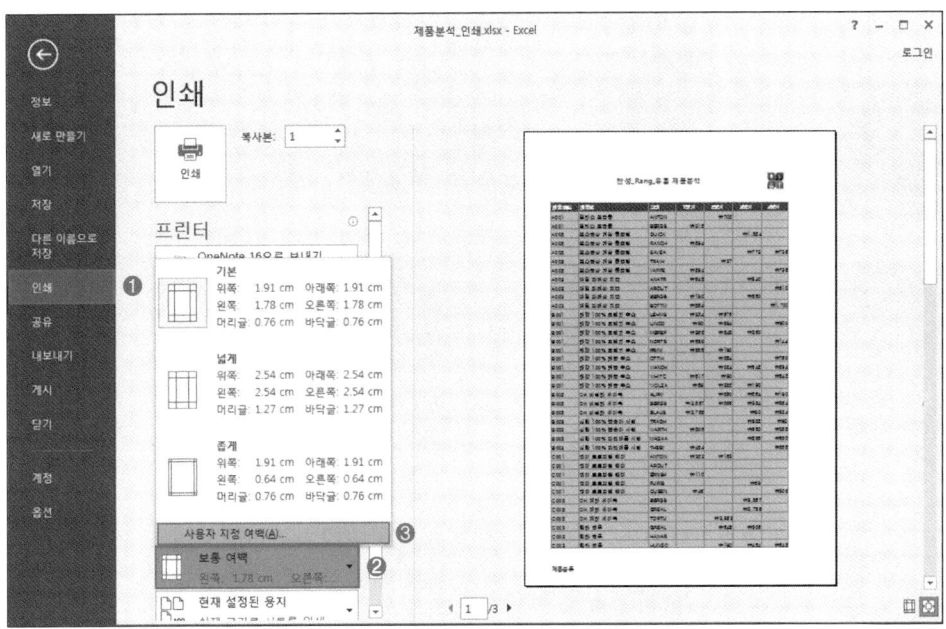

❷ [페이지 설정] 대화상자에서 [여백] 탭 - [위쪽], [아래쪽]에는 『1.5』를 입력하고, [왼쪽], [오른쪽]에는 『1.3』 입력, [머리글], [바닥글]에는 『0』을 입력한 후, 인쇄할 내용이 페이지의 정가운데에 맞춰지도록 하기 위해 [페이지 가운데 맞춤]에서 [가로], [세로]를 체크한 후 [확인]을 클릭합니다.

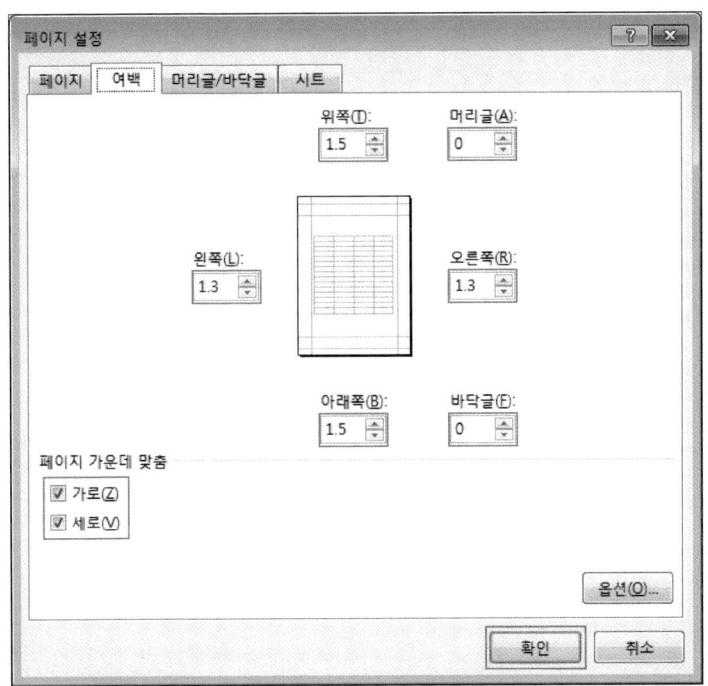

❸ 인쇄 미리 보기에서 인쇄할 화면을 미리 볼 수 있습니다.

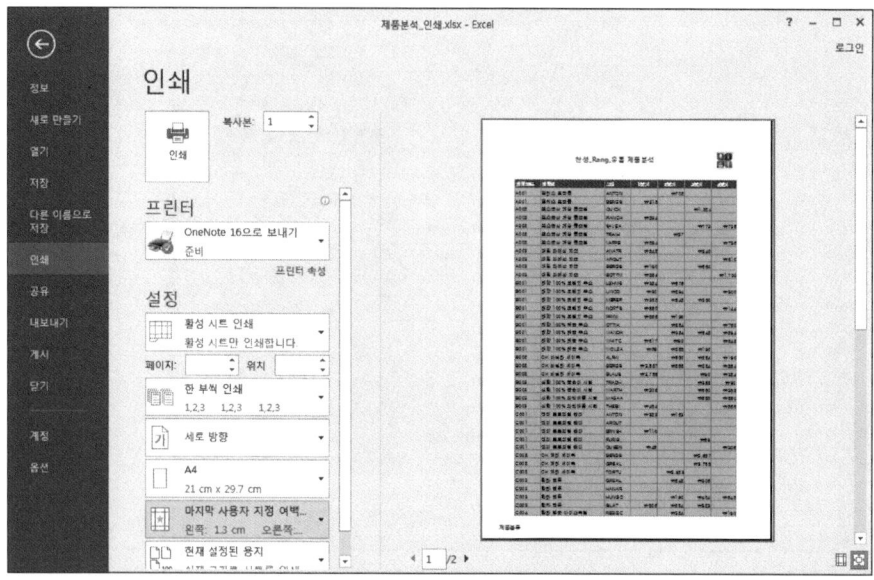

Tip 인쇄 용지의 여백 직접 조정하기 : 미리 보기 화면에서 용지 여백을 지정할 수 있습니다. [파일] 탭 – [인쇄]를 선택하고 인쇄 미리 보기 화면의 오른쪽 아래에 있는 [여백 표시] 단추를 클릭합니다. 미리 보기 화면에 나타나는 선과 점이 표시되면 원하는 여백 크기를 드래그하여 직접 조절할 수 있습니다.

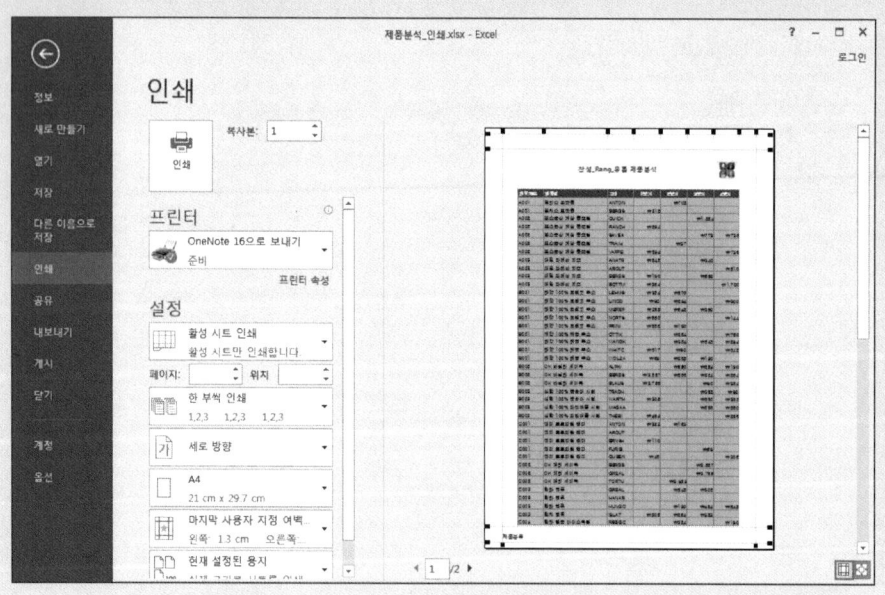

Section 02 반복 인쇄할 제목 행 지정하기

학습목표 인쇄할 페이지 수가 많을 경우에는 첫 페이지에 표시되는 제목 행과 열을 반복하여 다음 페이지에 인쇄되도록 제목을 지정할 수 있습니다.

📁 준비파일 file/Part6/제품분석_인쇄.xlsx   📁 결과파일 file/Part6/제품분석_인쇄_결과.xlsx

❶ [제품분류] 워크시트에서 [페이지 레이아웃] 탭 – [페이지 설정] 그룹 – [인쇄 제목] 명령을 클릭합니다.

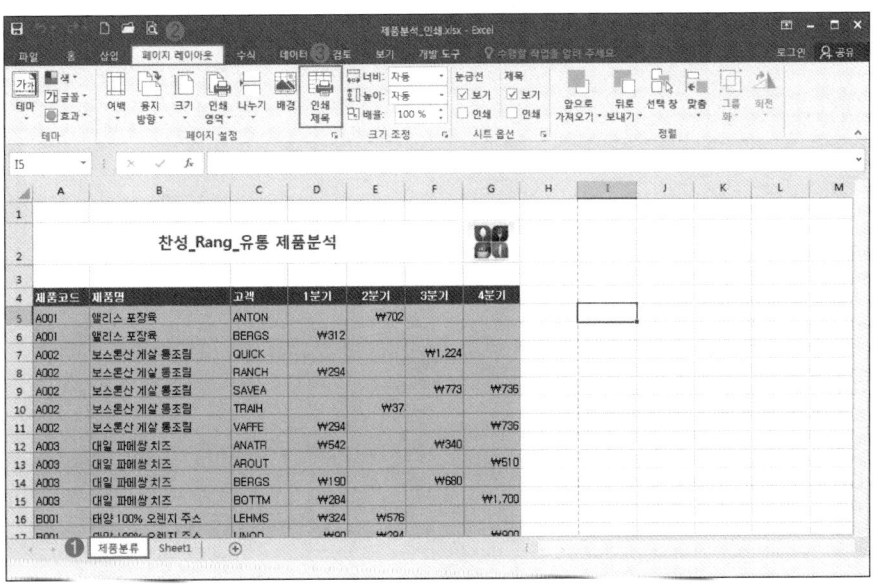

❷ [페이지 설정] 대화상자 – [시트] 탭 – [반복할 행]에 커서를 올려놓은 후 데이터의 필드명이 입력된 4행을 클릭합니다. [반복할 행]에 『$4:$4』가 입력되면 [인쇄 미리 보기]를 클릭합니다.

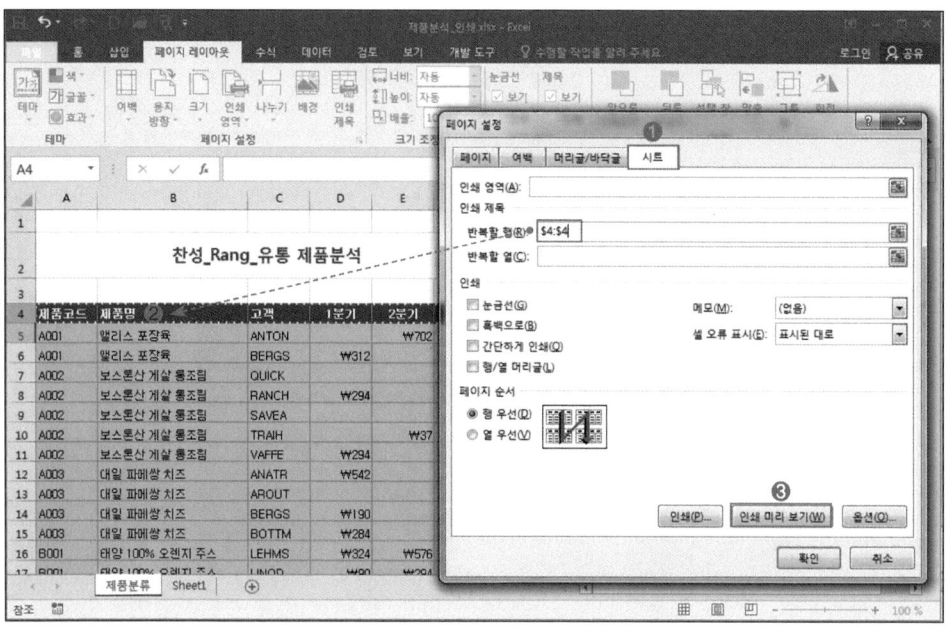

❸ 인쇄 미리 보기 화면에서 [이전 페이지]나 [다음 페이지] 단추를 클릭해 페이지를 이동해 보면서 각 페이지마다 필드명이 추가되었는지 확인합니다.

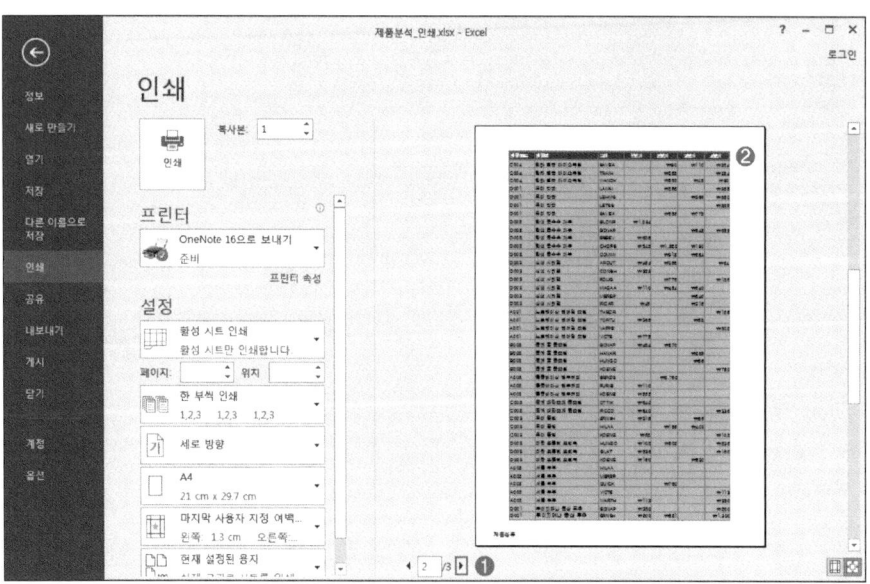

Section 03 인쇄 용지의 머리글/바닥글 지정하기

> **학습목표** 각 페이지의 상단이나 하단에 머리글/바닥글을 설정하여 날짜, 페이지 번호, 파일 이름 등을 표시할 수 있습니다.

📁 준비파일 file/Part6/제품분석_인쇄.xlsx, 로고.JPG   📁 결과파일 file/Part6/제품분석_인쇄_결과.xlsx

A 머리글 삽입하기

❶ [제품분류] 워크시트에서 머리글을 삽입하려면 [페이지 레이아웃] 탭 - [페이지 설정] 그룹 - [인쇄 제목] 명령을 클릭합니다.

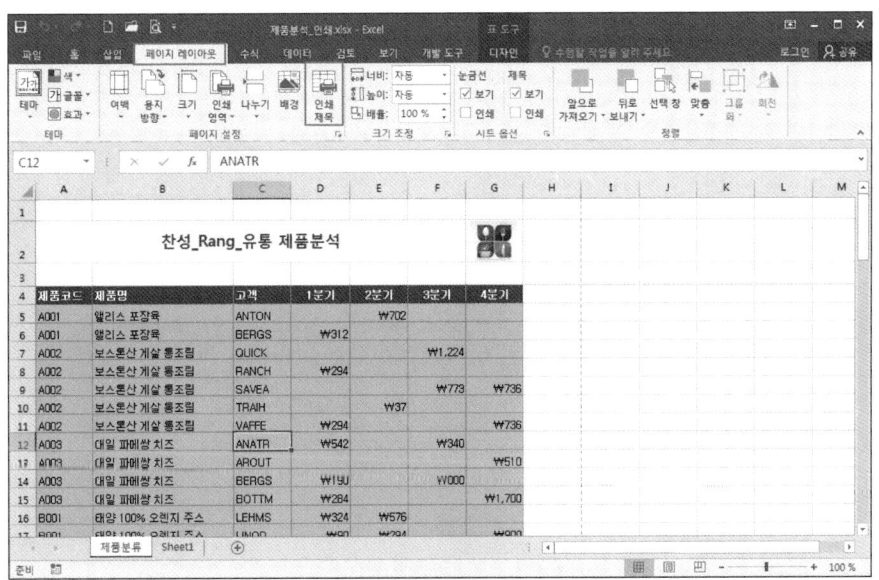

Part 07. 인쇄 환경 설정하기 · 167

❷ [페이지 설정] 대화상자에서 [머리글/바닥글] 탭 – [머리글 편집] 단추를 클릭합니다.

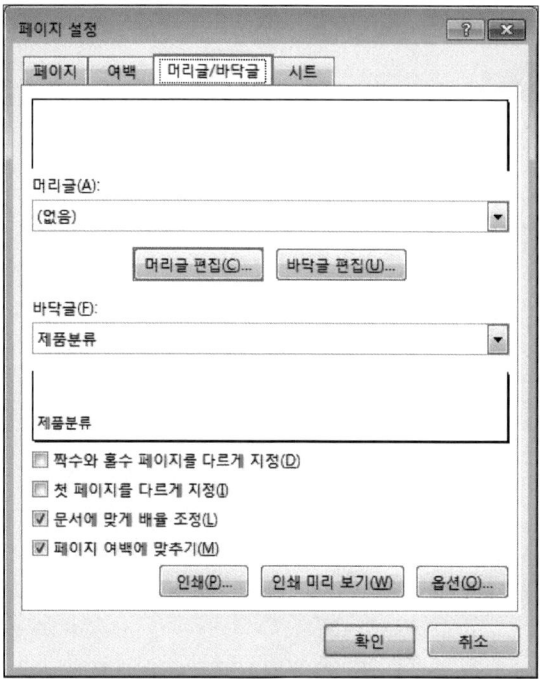

❸ [오른쪽 구역] 입력란을 클릭하고 [파일 이름 삽입] 단추(📄)를 클릭합니다.

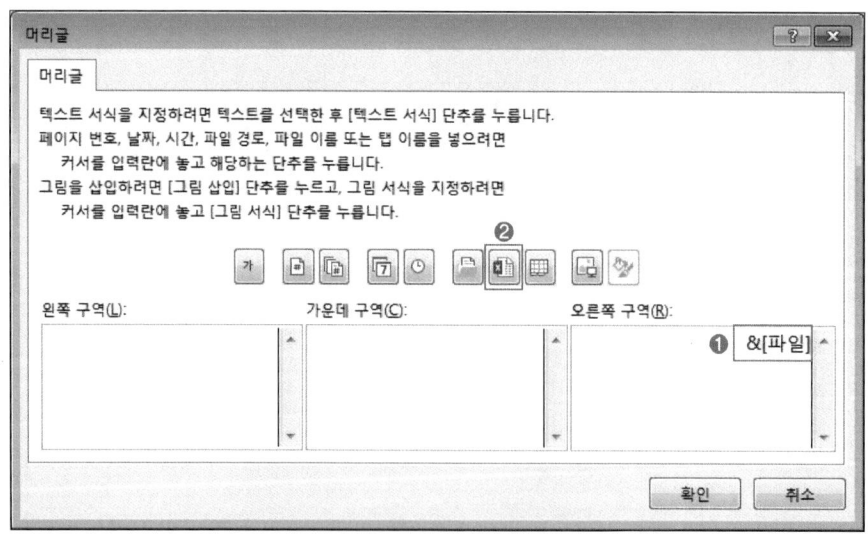

> **Tip** 파일 이름을 삽입하면 '&[파일]'이 삽입되고 문서에는 작업 중인 현재 파일명이 입력됩니다.

❹ 머리글에 그림도 삽입해 보겠습니다. [왼쪽 구역] 입력란을 클릭하고 [그림 삽입](📷)
을 클릭합니다.

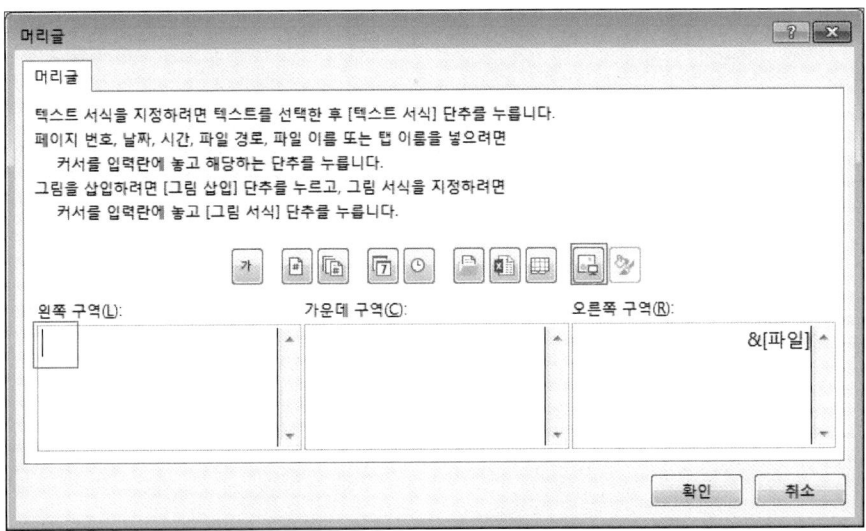

❺ [그림 삽입]창에서 [파일에서] – [찾아보기]를 클릭합니다.

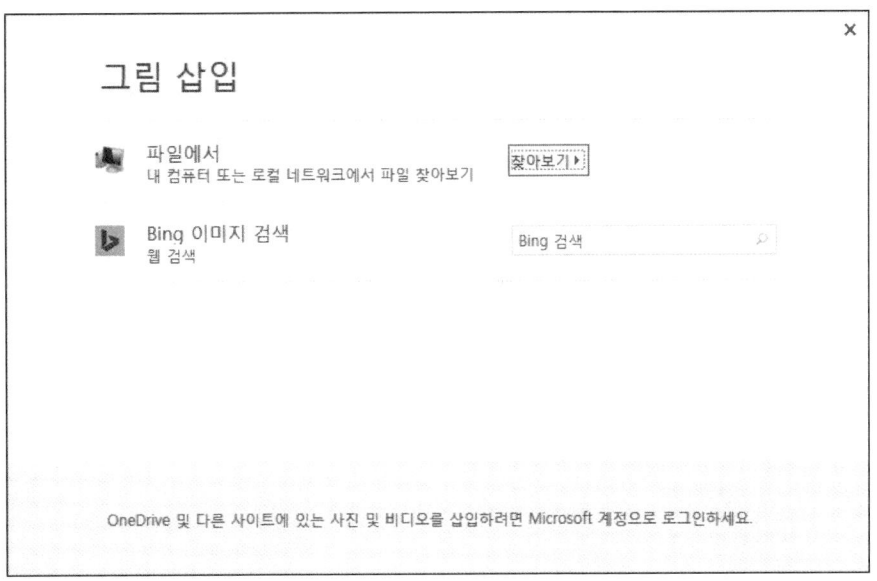

❻ [그림 삽입] 대화상자에서 '로고.jpg'를 선택하고 [삽입]을 클릭합니다.

❼ [머리글] 대화상자에서 [확인]을 클릭합니다.

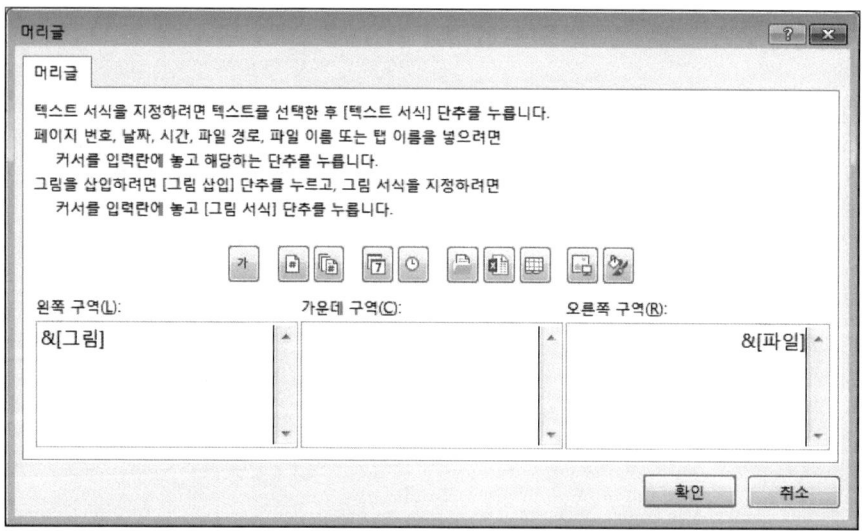

❽ [페이지 설정] 대화상자에서 [인쇄 미리 보기]를 클릭합니다.

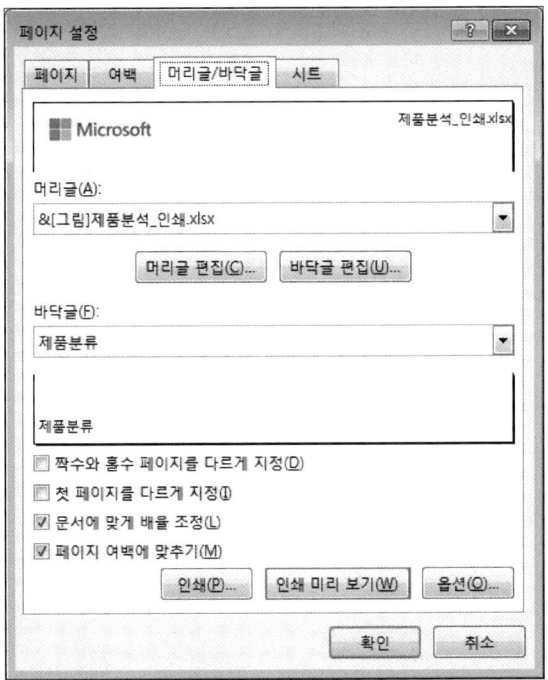

❾ 각각의 페이지마다 전체 그림이 삽입되고 파일 이름이 머리말에 표시되었습니다.

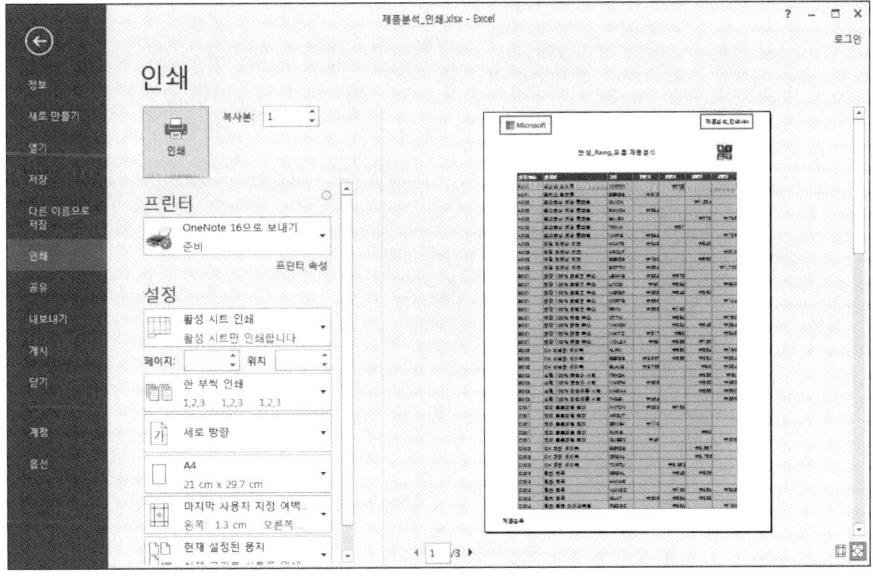

B 바닥글에 페이지 번호 삽입하기

❶ [제품분류] 워크시트에서 [페이지 레이아웃] 탭 – [페이지 설정] 그룹 – [인쇄 제목] 명령을 클릭합니다.

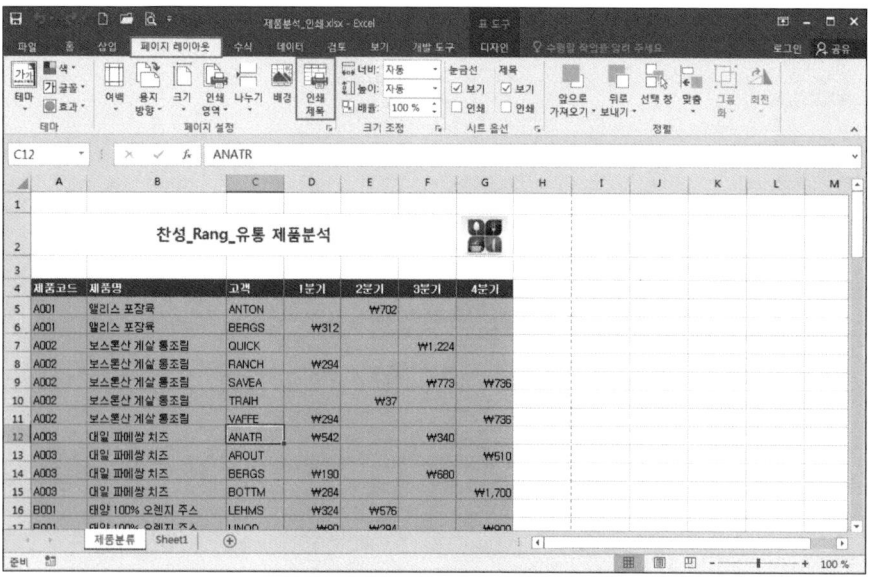

❷ [페이지 설정] 대화상자의 [머리글/바닥글] 탭에서 [바닥글 편집]을 클릭합니다.

❸ [바닥글] 대화상자에서 [가운데 구역] 입력란을 클릭하고 [페이지 번호 삽입](📄)을 클릭 – 『/』를 입력해 구분하고, [전체 페이지수 삽입](📑)을 클릭 – [확인]을 클릭합니다.

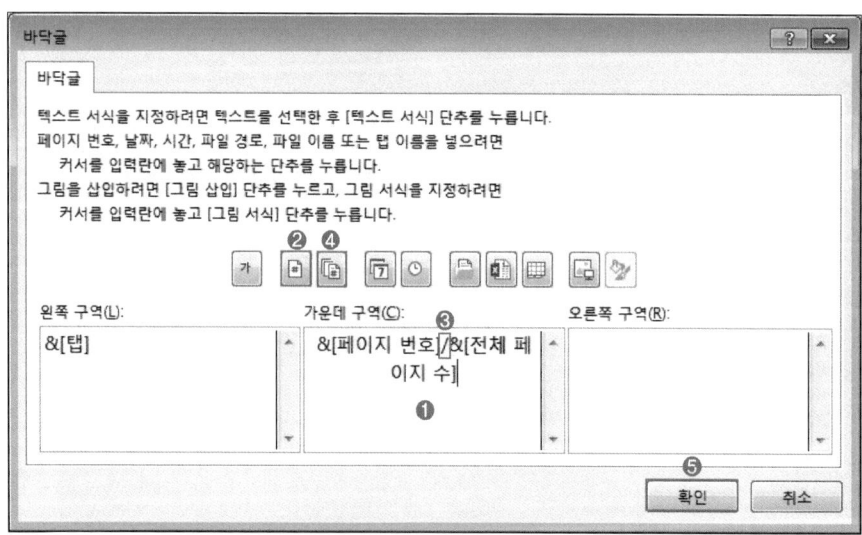

❹ [페이지 설정] 대화상자에서 [인쇄 미리 보기]를 클릭하여 페이지 번호가 삽입된 것을 확인합니다.

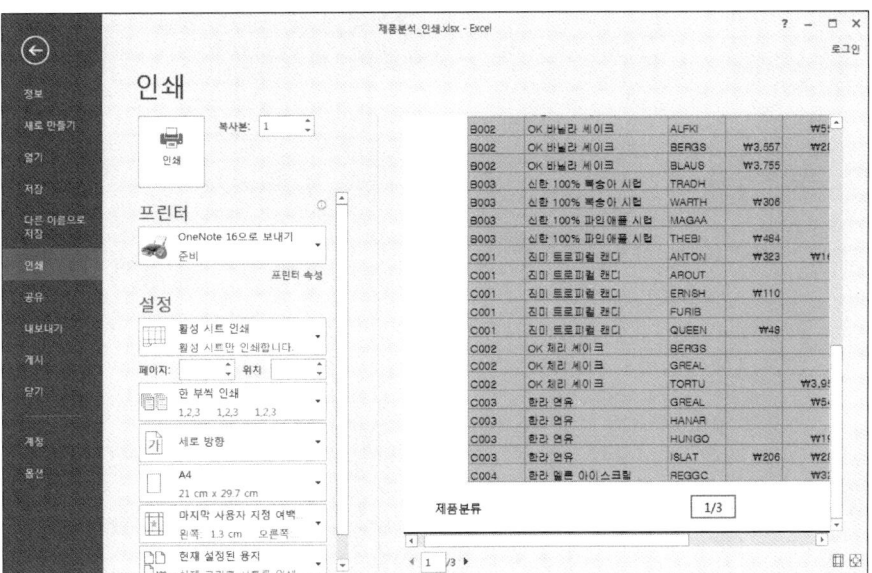

실습하기

📎 준비파일 : file/실습하기/식료품목록.xlsx
📎 결과파일 : file/실습하기/식료품목록_결과.xlsx

예제

1 [위쪽], [아래쪽] 여백은 『2.3』으로, [왼쪽], [오른쪽] 여백은 『1.5』로 설정한 후 페이지의 가운데로 맞춤 설정을 하세요.

2 3행을 인쇄 제목 행으로 설정하여 매 페이지마다 필드명이 반복되도록 설정하세요.

3 페이지 왼쪽 머리글 영역에 '날짜'가, 페이지의 가운데 바닥글에는 '파일 이름'이 삽입되도록 설정하세요.

엑셀 활용 특별 부록

PART 08 알아두면 쓸데 있는 엑셀 기능

실무활용 01 저장하지 못한 파일 복구하기

엑셀로 문서를 작성하던 중 비정상적인 오류가 발생하여 갑자기 파일이 강제 종료 되었을 때 방금 전까지 작업했던 파일을 되살리는 방법에 대해 살펴보겠습니다.

📁 준비파일 없음   📁 결과파일 없음

❶ [파일] 탭 – [열기]를 선택 – 화면의 오른쪽에 있는 파일 목록을 맨 아래쪽으로 드래그한 후 [저장되지 않은 통합 문서 복구]를 클릭합니다.

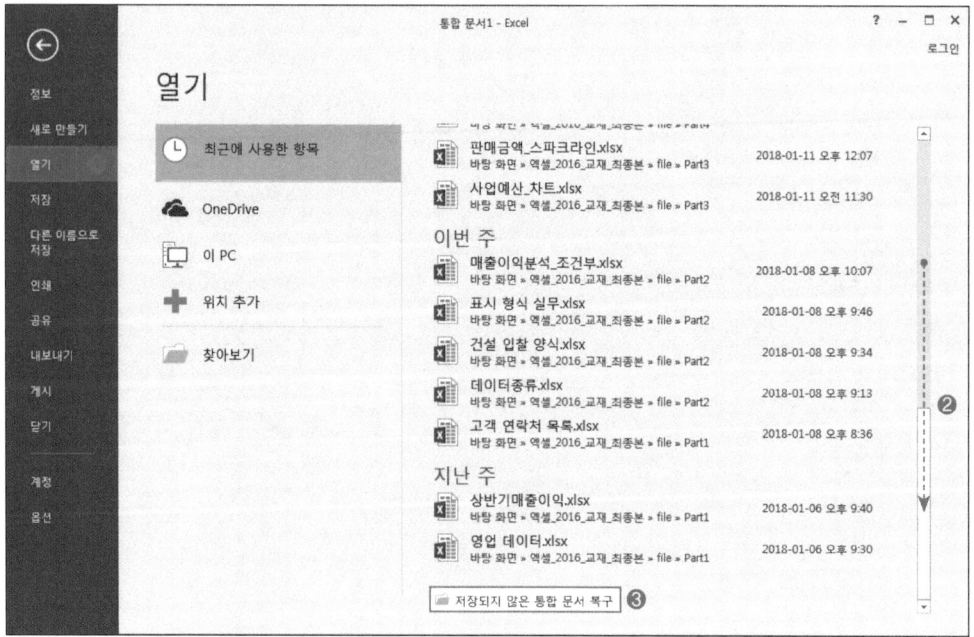

❷ [열기] 대화상자가 열리면서 비정상적으로 강제 종료된 엑셀 파일 목록이 나타납니다. [열기] 대화상자에서 '수정한 날짜' 항목을 확인해 보고 가장 최근 파일을 선택한 후 [열기]를 클릭합니다.

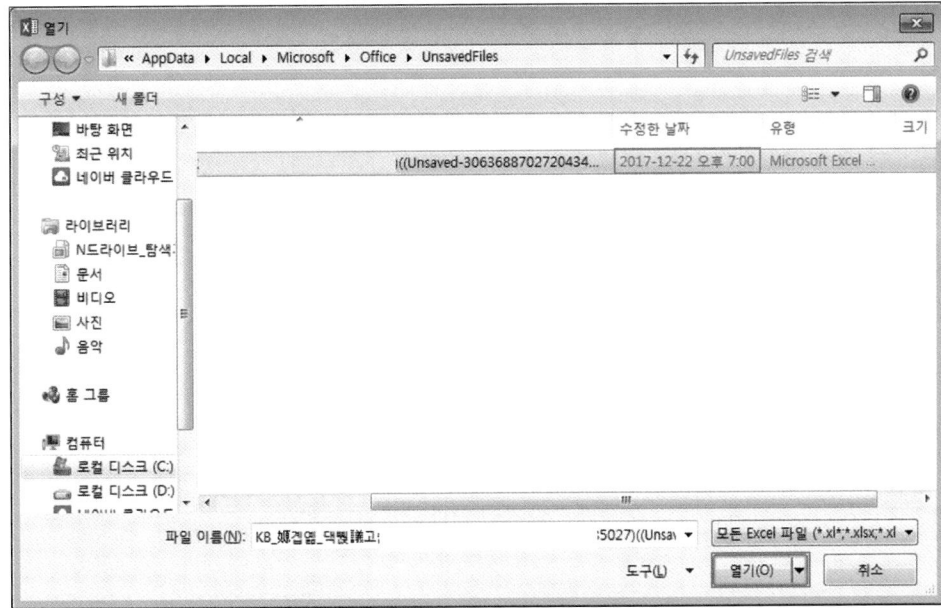

❸ 해당 파일이 열리면 리본 메뉴 아래에 표시되는 [저장되지 않은 복구된 파일]에서 [다른 이름으로 저장]을 클릭합니다. (또는 [파일] 탭 - [다른 이름으로 저장]을 선택)

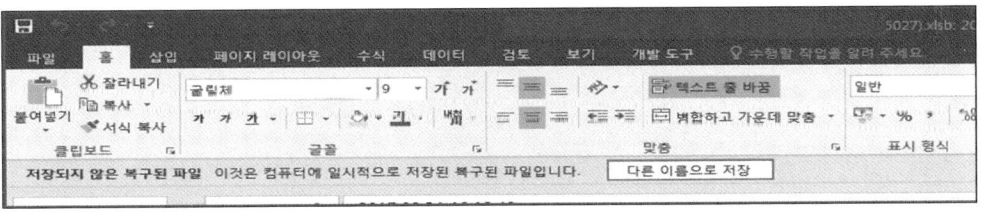

❹ [다른 이름으로 저장] 대화상자에서 [파일 이름]에 이름을 입력하고 [저장]을 클릭합니다.

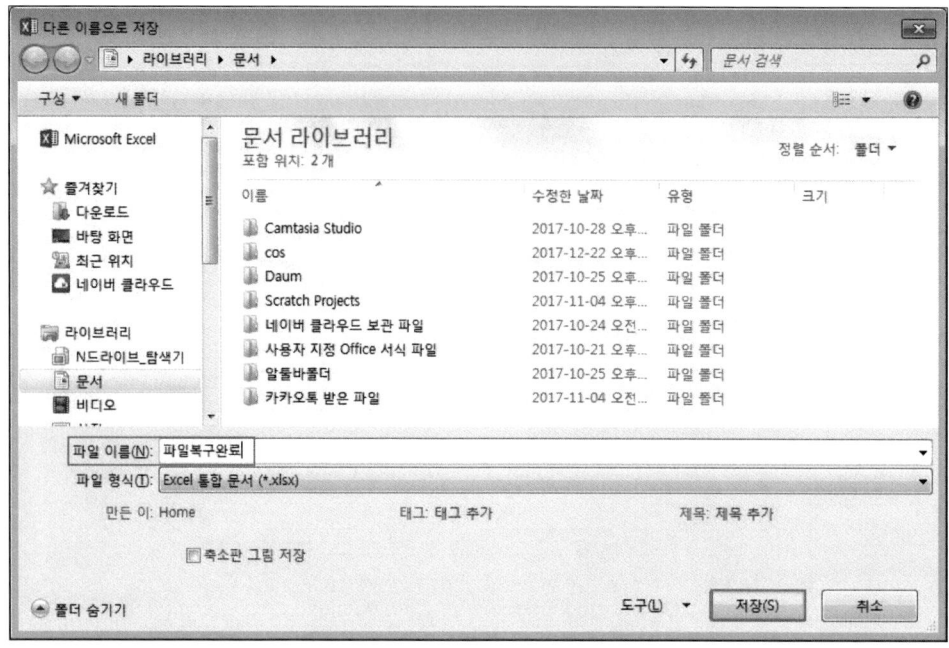

Tip 이렇게 하면 10분 전까지 작업했던 내용을 되살릴 수 있습니다. 왜냐하면 [파일] 탭 – [옵션]을 선택하면 열리는 [Excel 옵션] 대화상자의 [저장] 범주에서 [자동 복구 정보 저장 간격]이 '10분'으로 설정되었기 때문입니다. 저장 간격을 좀 더 짧은 분 단위로 지정할 수도 있지만, 저장 간격이 짧으면 너무 자주 저장되어 문서 작업 시 불편해질 수 있습니다.

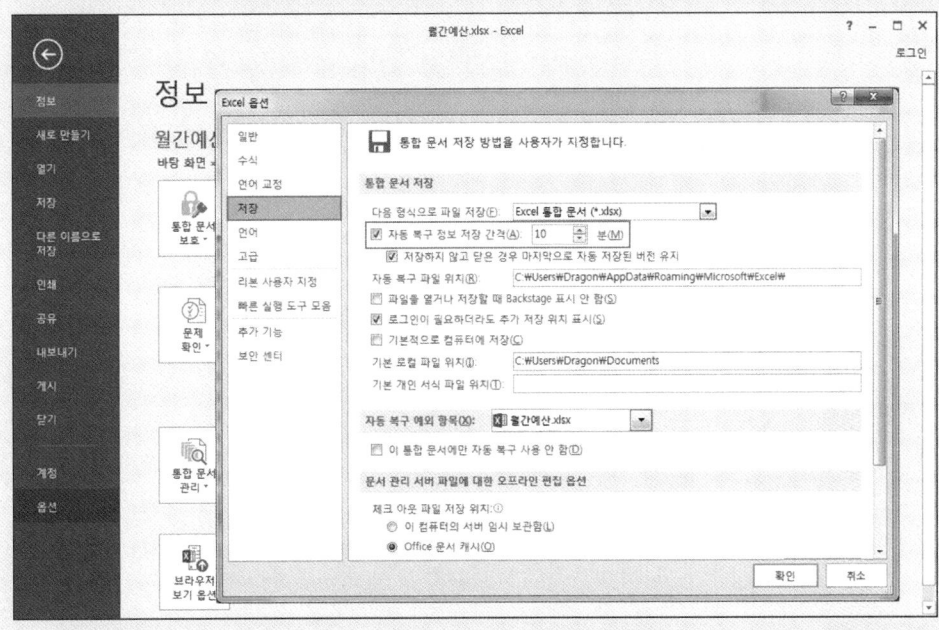

실무활용 02 보안이 필요한 문서에 암호 지정하기

날이 갈수록 보안에 대한 관리 감독이 강화되고 있습니다. 중요 파일이 외부로 유출되었다 하더라도 암호가 걸려 있다면 유출에 대한 걱정은 조금 접을 수 있습니다. 보안이 필요한 문서에 암호를 설정해 보겠습니다.

📁 준비파일 file/Part8/경비 보고서.xlsx   📁 결과파일 file/Part8/경비 보고서 추가.xlsx

❶ [파일] 탭 - [다른 이름으로 저장]을 선택 - [찾아보기]를 클릭합니다.

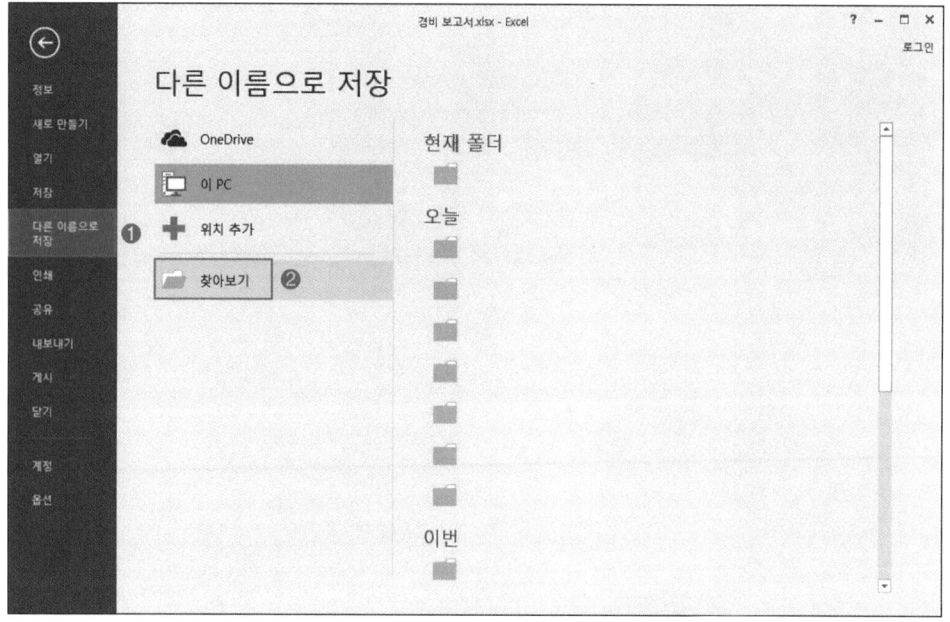

❷ [다른 이름으로 저장] 대화상자가 열리면 저장하려는 폴더를 선택하고 파일 이름을 입력합니다. 여기서는 [문서] 폴더를 선택하고 [파일 이름]에 『경비 보고서 추가』를 입력한 후 읽기 암호를 지정하기 위해 [도구] - [일반 옵션]을 선택합니다.

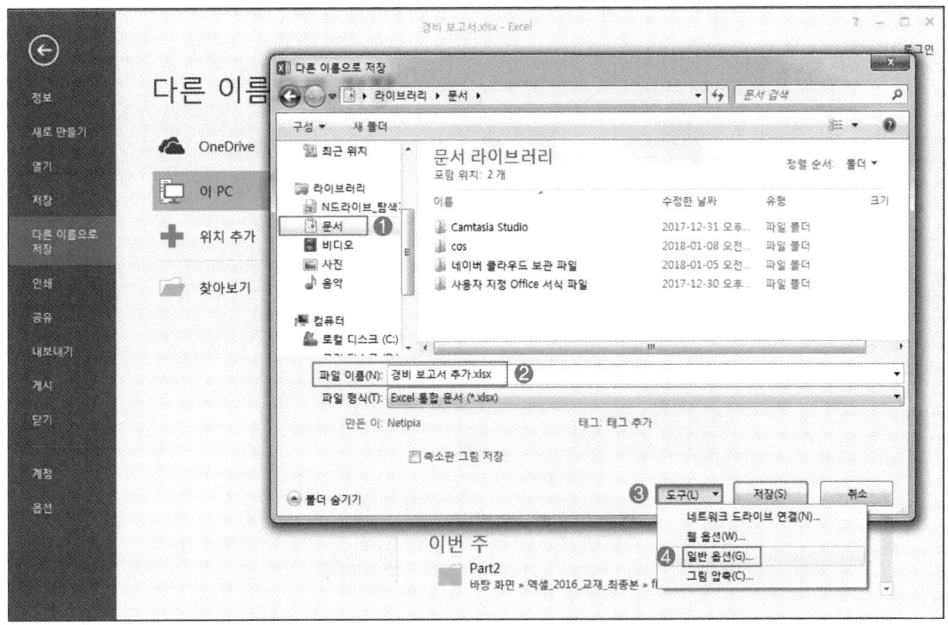

❸ [일반 옵션] 대화상자에서 [열기 암호]에 『1234』를 입력하고 [확인]을 클릭합니다.

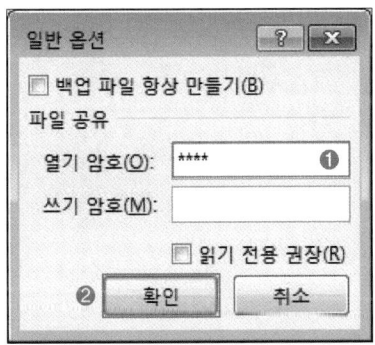

Tip [쓰기 암호]는 내용을 변경하지 못하도록 지정하는 암호입니다.

❹ [암호 확인] 대화상자가 열리면 다시 한 번 열기 암호 『1234』를 입력하고 [확인]을 클릭해 암호 지정을 완료합니다.

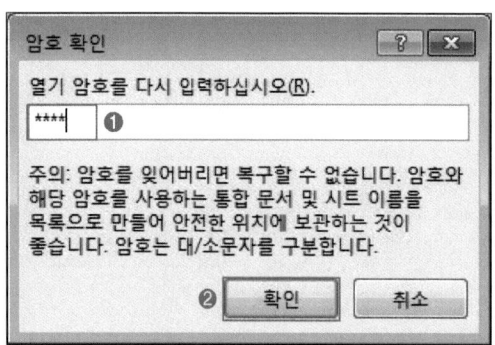

❺ [다른 이름으로 저장] 대화상자로 되돌아오면 저장 폴더와 이름을 한 번 더 확인한 후 [저장]을 클릭합니다.

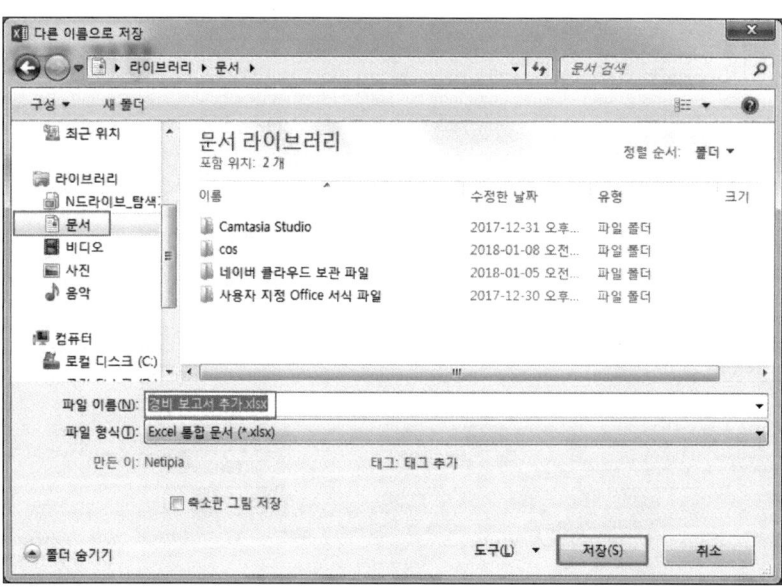

❻ 저장한 문서를 [문서] 폴더에서 더블클릭 하면 문서가 보호되어 있다는 [암호] 대화상자가 열립니다. [암호]에 『1234』를 입력하고 [확인]을 클릭하면 문서를 열 수 있습니다.

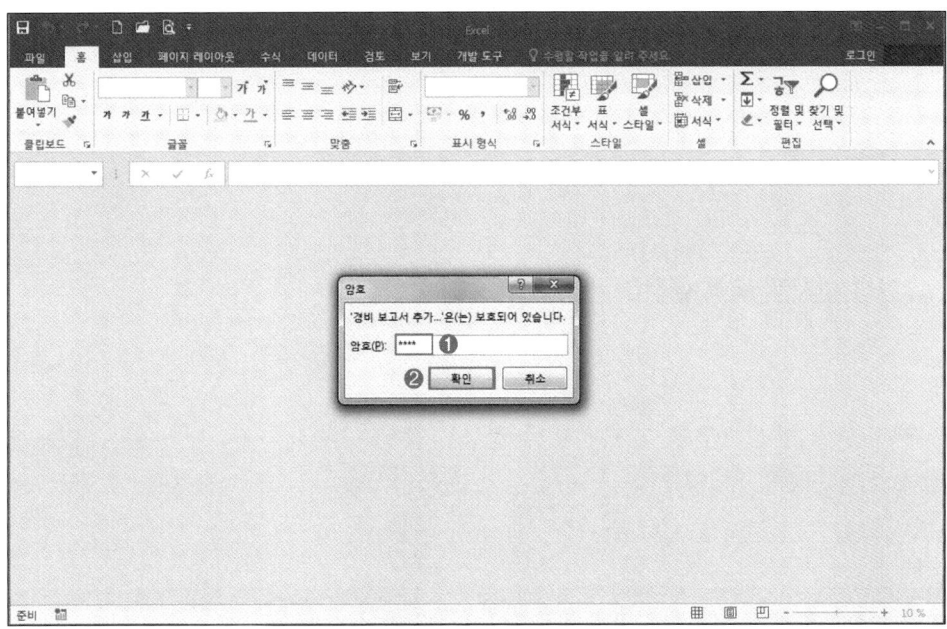

실무활용 03 유효성 검사를 이용해 자동화하기

사용자가 데이터를 입력할 때 자동으로 오류를 검사하여 형식에 맞지 않을 경우 입력을 제한하므로 입력 오류를 줄이고 데이터의 정확도를 유지할 수 있습니다.

A 유효성 검사로 목록 설정하기

📁 준비파일 file/Part8/유효성검사.xlsx   📁 결과파일 file/Part8/유효성검사_결과.xlsx

❶ '판매지점' 셀을 클릭했을 때 목록에서 '강동', '강서', '강남', '강북'을 고를 수 있도록 설정해 보겠습니다. [A]열 머리글을 범위 지정한 후 [데이터] 탭 – [데이터 도구] 그룹 – [데이터 유효성 검사]를 클릭합니다.

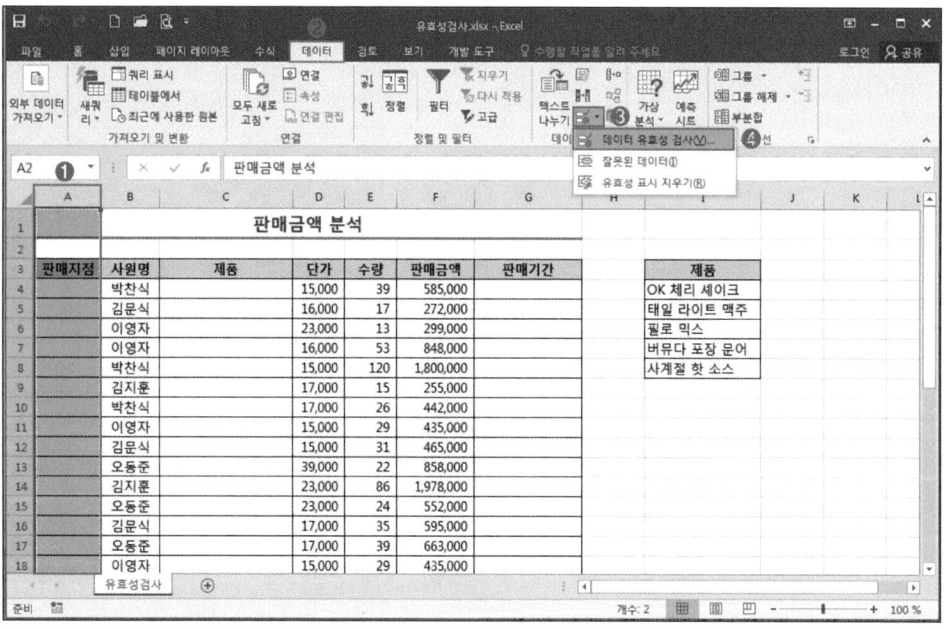

❷ [데이터 유효성] 대화상자의 [설정] 탭에서 [제한 대상]으로 '목록'을 선택 – [원본]에
『강동, 강서, 강남, 강북』을 입력합니다.

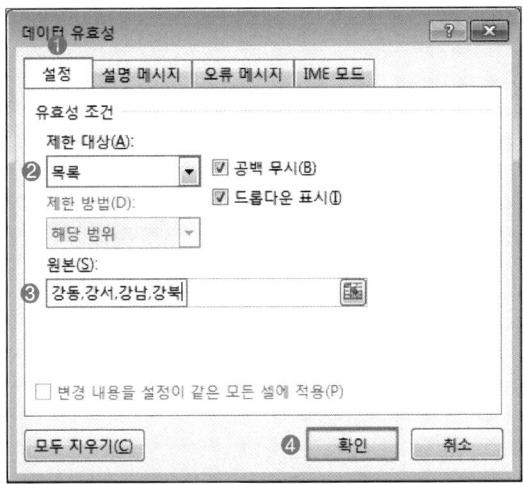

Tip [원본] 항목에 입력되는 데이터는 콤마(,)로 각 데이터를 구분합니다.

❸ [판매지점] 셀을 선택하여 드롭다운 버튼을 클릭하면 입력할 수 있는 리스트, '강동',
'강서', '강남', '강북'이 펼쳐지므로 간편하고 정확하게 입력할 수 있습니다.

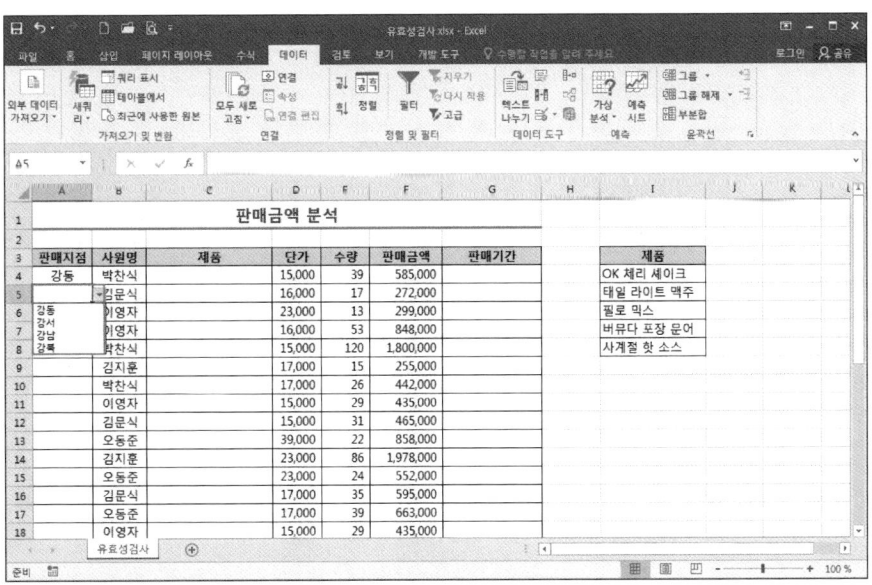

❹ I열의 [제품] 데이터 범위에서만 값을 고를 수 있도록 설정해 보겠습니다. [C]열 머리글을 범위 지정한 후 [데이터] 탭 – [데이터 도구] 그룹 – [데이터 유효성 검사]를 클릭합니다.

❺ [데이터 유효성] 대화상자의 [설정] 탭에서 [제한 대상]으로 '목록'을 선택 – [원본]을 클릭하고 [I4:I8] 셀 범위를 드래그한 후 [확인]을 클릭합니다.

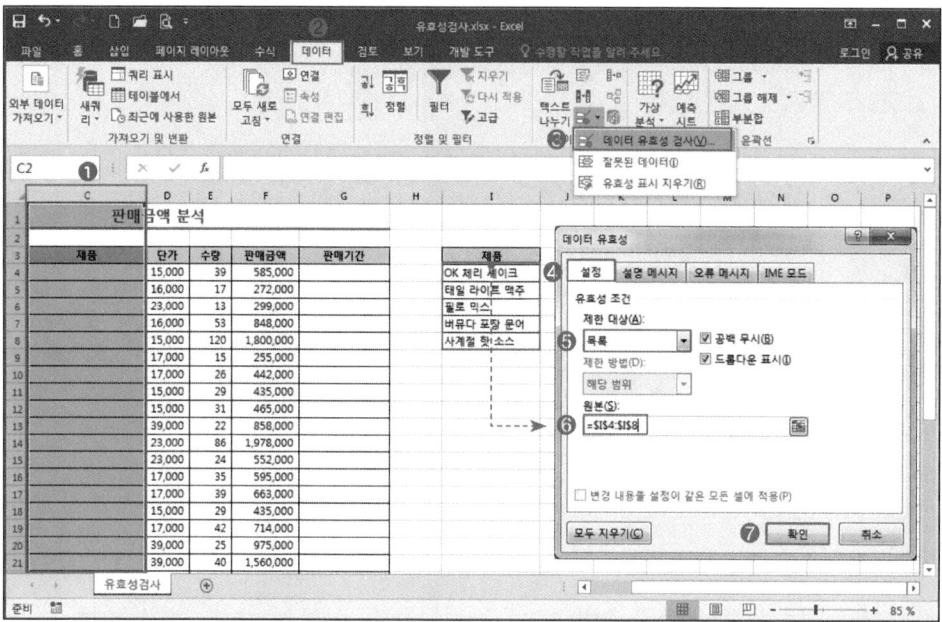

❻ [제품] 셀을 선택하여 드롭다운 버튼을 클릭하면 입력할 수 있는 리스트가 펼쳐지므로 간편하고 정확하게 입력할 수 있습니다.

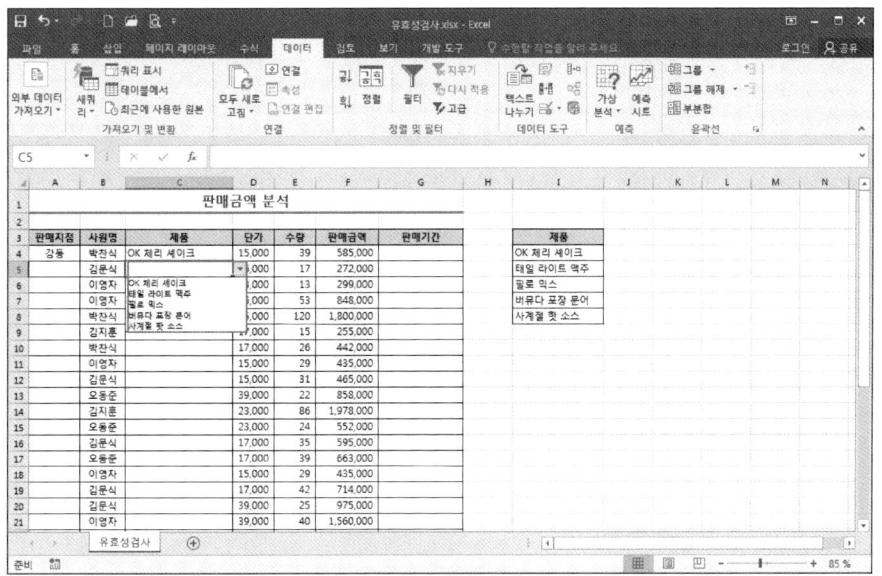

❼ 특정 날짜 범위에서만 기간을 표시할 수 있도록 설정해 보겠습니다. [G]열 머리글을 범위 지정한 후 [데이터] 탭 – [데이터 도구] 그룹 – [데이터 유효성 검사]를 클릭 – [데이터 유효성] 대화상자의 [설정] 탭에서 [제한 대상]으로 '날짜'를 선택 – [시작 날짜]에 『2017-1-1』을 입력 – [끝 날짜]에 『2017-12-31』을 입력합니다.

❽ 위에서 지정한 날짜에 유효한 데이터 값을 설명하기 위해 [설명 메시지] 탭 – [제목]에 『판매기간입력』을 입력 – [설명 메시지]에 『판매기간은 2017-01-01부터 2017-12-31 사이 기간』을 입력한 후 [확인]을 클릭합니다.

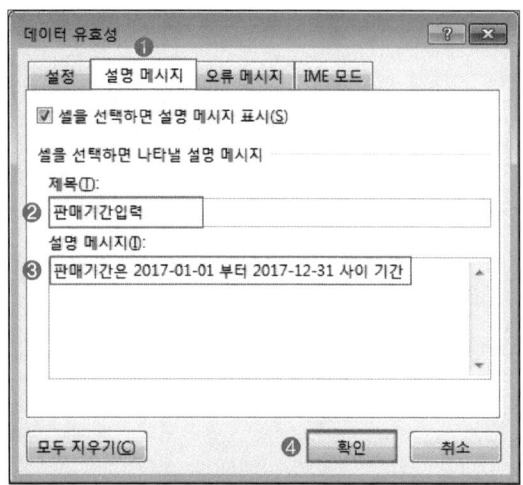

> **Tip** 유효성 검사에서 설정한 유효 값 이외의 값을 입력했을 때 나타나는 오류 메시지는 [오류 메시지] 탭에서 입력합니다.

❾ 유효성 검사를 모두 설정했습니다. [판매지점]열과 [제품]열에서 셀을 클릭한 후 목록 상자에서 원하는 항목을 선택하거나 목록에 있는 내용을 직접 입력해 봅니다. [판매기간]열에는 2017-01-01~2017-12-31 사이의 날짜를 입력할 수 있고, 잘못 입력하면 오류 메시지가 나타납니다.

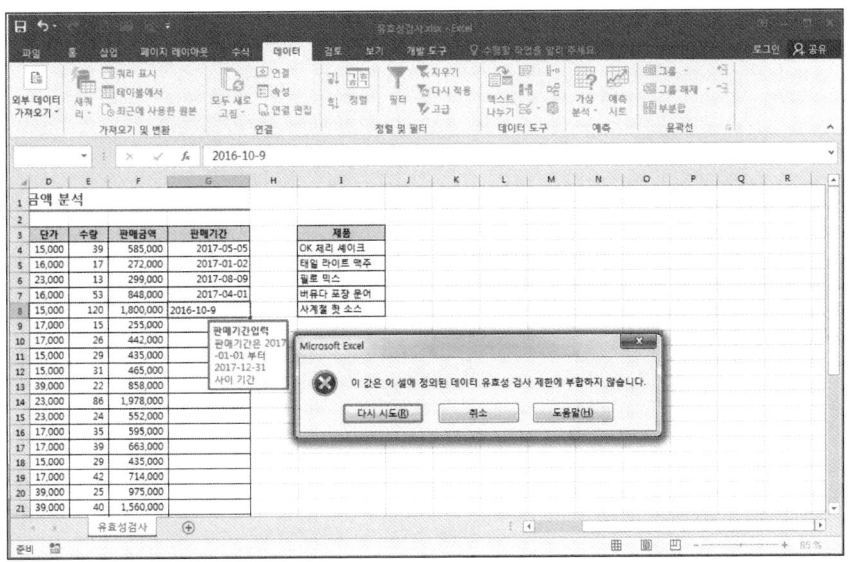

B 잘못된 데이터 표시하기

📁 준비파일 file/Part8/잘못된데이터.xlsx   📁 결과파일 file/Part8/잘못된데이터_결과.xlsx

❶ [국가], [주문 일자], [주문 번호] 셀 범위에 대해서 유효성 검사 규칙을 설정한 후 유효성 검사 규칙에 맞지 않는 잘못된 데이터에 표시하는 설정을 해보겠습니다. [A5:A24] 셀 범위를 지정한 후 [데이터] 탭 - [데이터 도구] 그룹 - [데이터 유효성 검사]를 클릭합니다.

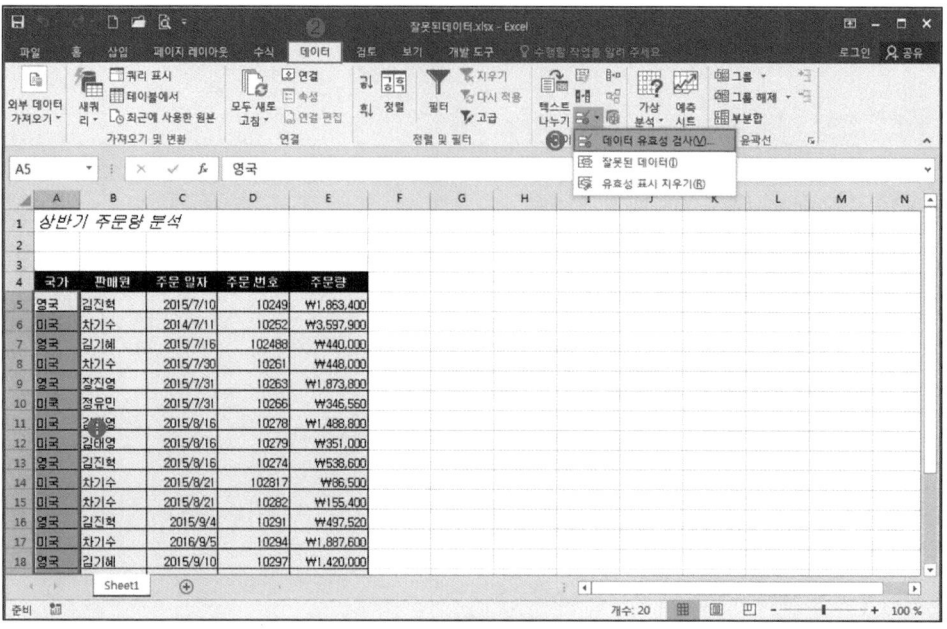

❷ [데이터 유효성] 대화상자 – [설정] 탭 –[제한 대상]으로 '목록'을 선택 – [원본]에 『미국, 영국』을 입력한 후 [확인]을 클릭합니다.

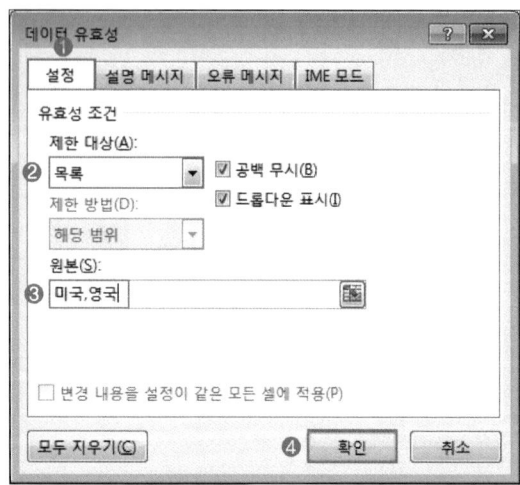

❸ [C5:C24] 셀 범위를 지정한 후 [데이터] 탭 – [데이터 도구] 그룹 – [데이터 유효성 검사]를 클릭합니다.

❹ [데이터 유효성] 대화상자 – [설정] 탭 –[제한 대상]으로 '날짜'를 선택 – [제한 방법] 목록에서 '>='을 선택 – [시작 날짜]에 『2015-7-1』을 입력한 후 [확인]을 클릭합니다.

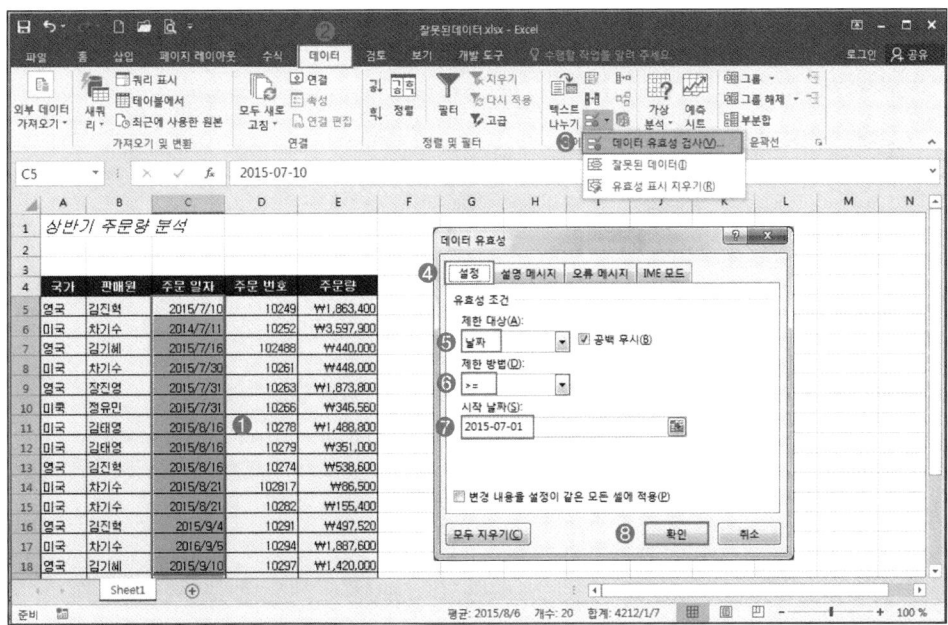

❺ [D5:D24] 셀 범위를 지정한 후 [데이터] 탭 – [데이터 도구] 그룹 – [데이터 유효성 검사]를 클릭합니다.

❻ [데이터 유효성] 대화상자 – [설정] 탭 – [제한 대상]으로 '텍스트 길이'를 선택 – [제한 방법] 목록에서 '='을 선택 – [길이]에 『5』를 입력한 후 [확인]을 클릭합니다.

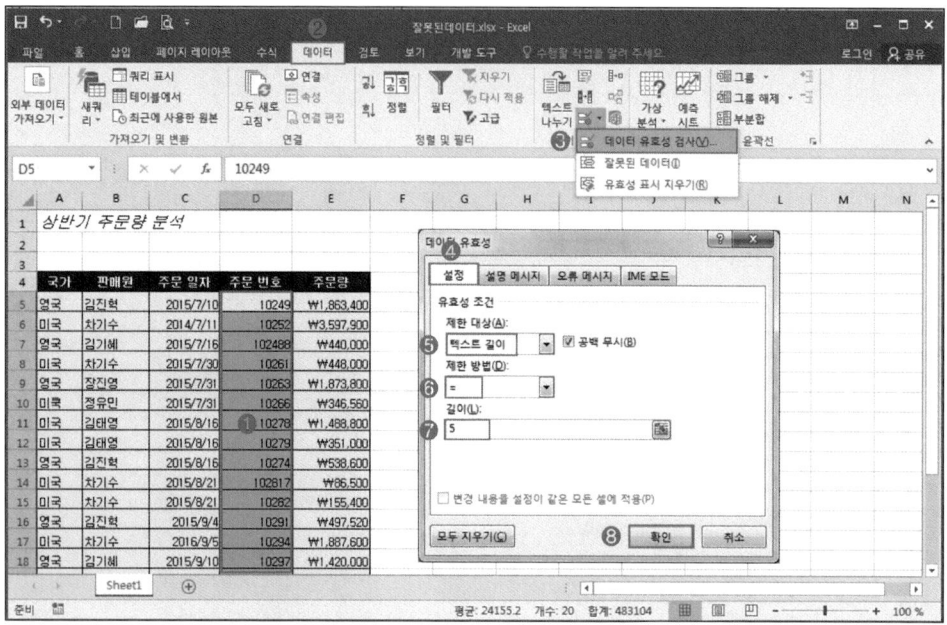

❼ [데이터] 탭 – [데이터 도구] 그룹 – [데이터 유효성 검사] – [잘못된 데이터]를 클릭하면 잘못 입력된 데이터들이 표시되어 오류를 찾습니다.

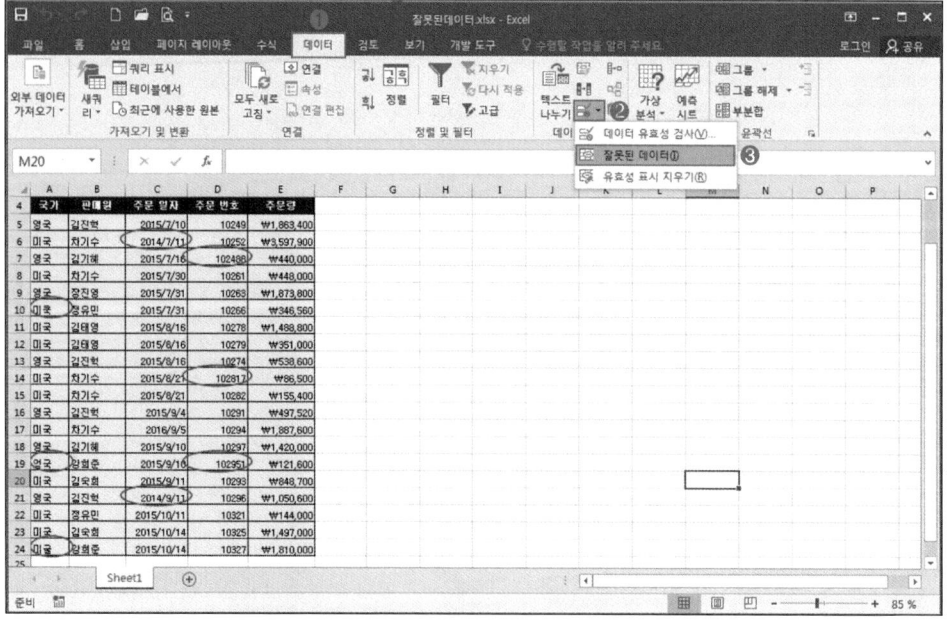

실무활용 04 틀 고정 기능으로 머리글 항상 표시하기

하나의 파일에 데이터의 양이 너무 많아 스크롤하여 아래쪽의 내용을 검토하다 보면 머리글이 보이지 않아 불편할 때가 많습니다. 이때 '틀 고정' 기능을 사용하면 행 또는 열을 고정시켜 계속 표시할 수 있어 편리합니다.

📁 준비파일 file/Part8/틀고정.xlsx   📁 결과파일 없음.

❶ A열과 4행을 고정시키기 위해 [B5] 셀을 선택하고 [보기] 탭 - [창] 그룹 - [틀 고정]을 클릭한 후 [틀 고정]을 선택합니다.

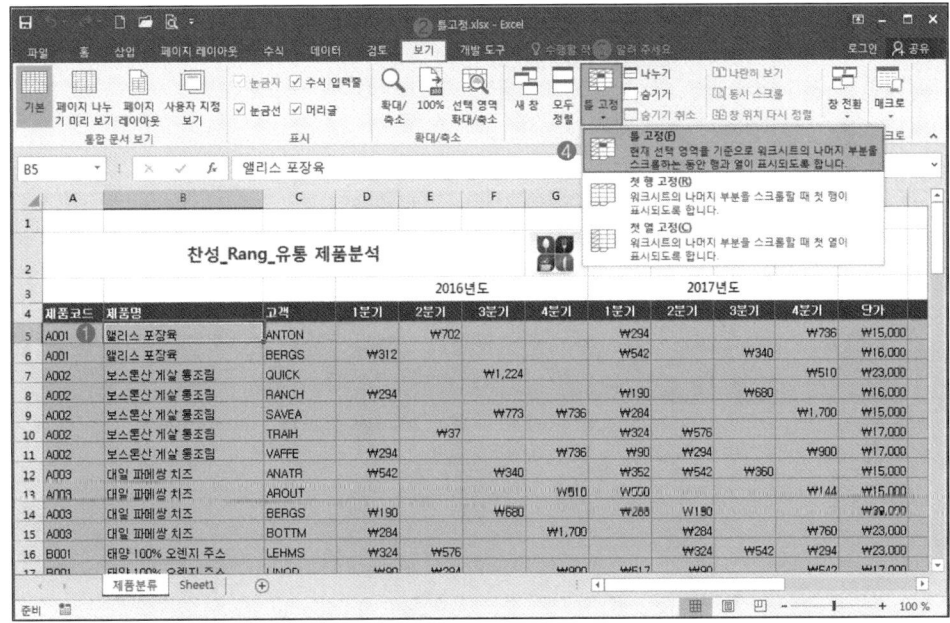

❷ Ctrl + ↓ 를 눌러 데이터의 맨 마지막 행으로 이동합니다. 가로 스크롤 막대를 이용해 열 방향으로 화면을 이동시켜 보면 고정시킨 4행의 머리글과 A열이 항상 표시되는 것을 확인할 수 있습니다.

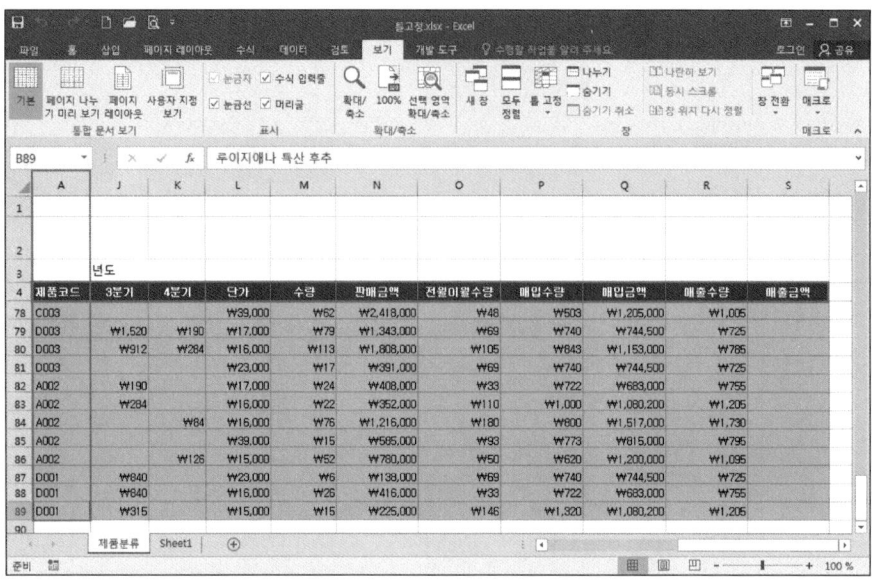

❸ 틀 고정을 취소하려면 임의의 셀을 클릭한 후 [보기] 탭 – [창] 그룹 – [틀 고정]을 클릭하고 [틀 고정 취소]를 선택합니다.

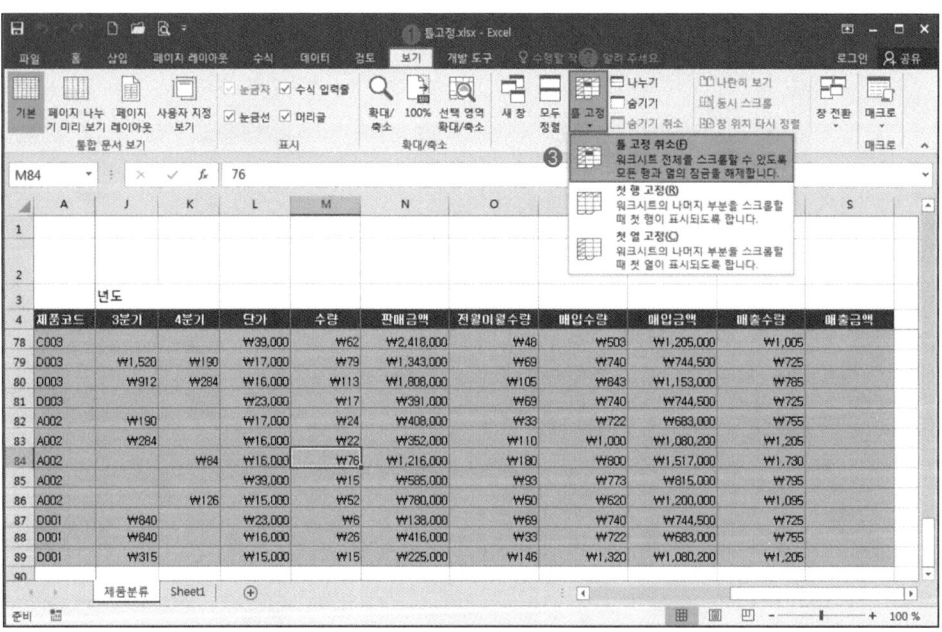

실무활용 05   주변 데이터에 영향 주지 않고 행 삽입/삭제하기

　엑셀에서 데이터를 다룰 때 하나의 시트에 여러 개의 테이블을 만들어서 작업하는 경우가 많습니다. 이때 행을 추가하면 전체 행이 추가되어 다른 테이블의 자료를 다시 정리해야 하기 때문에 번거로울 수 있습니다. 이번에는 원하는 범위에만 행을 삽입하거나 삭제하는 방법에 대해 알아보겠습니다.

　　　　　📁 준비파일 file/Part8/행삽입삭제.xlsx　📁 결과파일 file/Part8/행삽입삭제_결과.xlsx

❶ [상반기주문량] 워크시트 A열의 주문코드 'A-05'행이 누락되었습니다. 이 경우 'A-05' 행을 추가하기 위해 행 전체를 삽입하면 '미국 주문량 분석'도 수정해야 하므로 번거롭습니다. 행 삽입은 삽입하려는 행의 이전 데이터를 먼저 선택해야 합니다. 여기에서는 [A7:F7] 셀 범위를 선택하고 Shift 를 누른 상태에서 [F7] 셀의 자동 채우기 핸들을 행을 삽입하려는 만큼 아래쪽으로 드래그합니다.

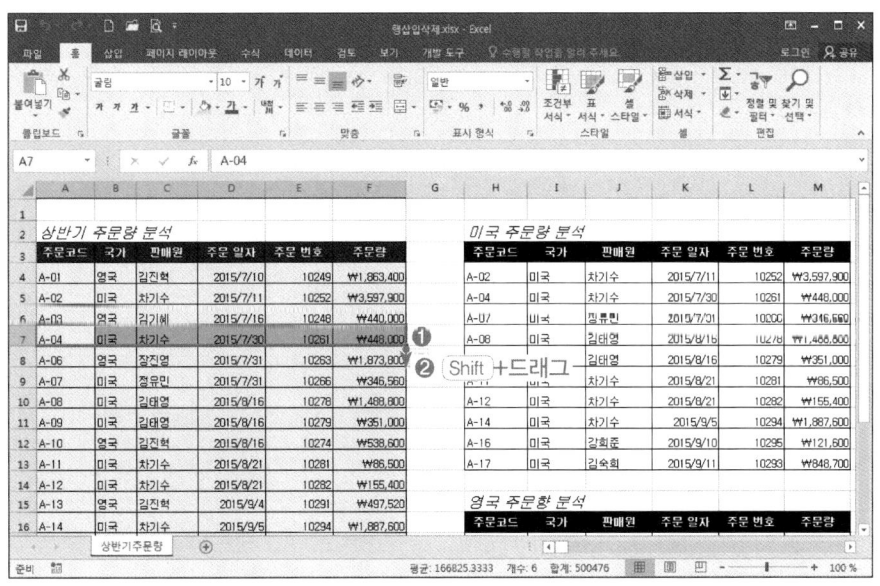

❷ '미국 주문량 분석' 표의 범위에 영향을 주지 않고 '상반기 주문량 분석' 표의 범위에 행이 추가된 것을 확인할 수 있습니다.

❸ 이번에는 다른 테이블에 영향을 주지 않고 행을 삭제해 보겠습니다. 'A-10' 주문코드 행 데이터를 삭제하기 위해 [A13:F13] 셀 범위를 선택하고 Shift를 누른 상태에서 [F13] 셀의 자동 채우기 핸들을 한 행 만큼 위쪽으로 드래그합니다.

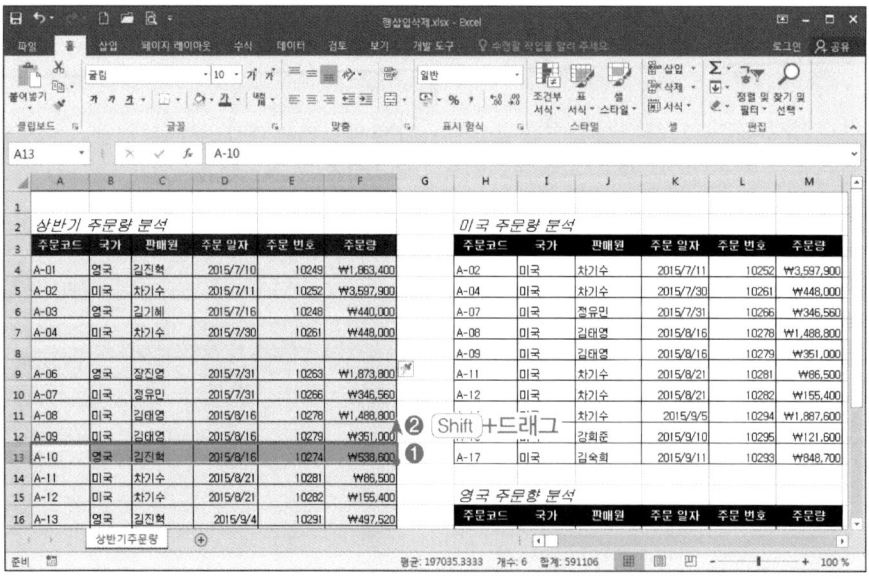

❹ '미국 주문량 분석' 표의 범위에 영향을 주지 않고 '상반기 주문량 분석' 표의 범위에 행이 삭제된 것을 확인할 수 있습니다.

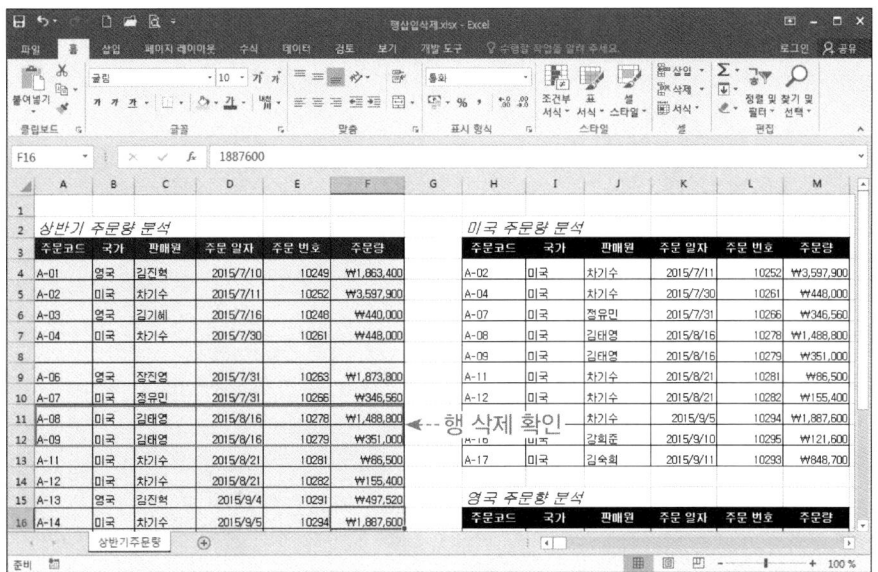

실무활용 06 다양한 조건에 적합한 데이터를 추출하는 고급 필터 사용하기

고급 필터는 조건을 만들고 메뉴에서 데이터 범위와 조건 범위를 지정하는 번거로움이 있지만 자동 필터보다 다양한 조건으로 레코드를 추출할 수 있습니다.

📁 준비파일 file/Part8/고급필터.xlsx   📁 결과파일 file/Part8/고급필터_결과.xlsx

A 고급 필터 조건을 만드는 규칙

❶ 조건을 만드는 방법은 데이터베이스 필드명을 쓰고 그 아래에 조건을 입력합니다.

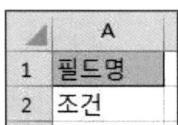

△ 필드명은 데이터베이스 필드명과 같아야 합니다.

a. AND조건 : 같은 행에 조건을 입력

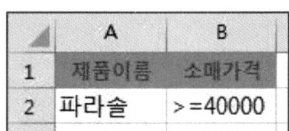

△ 제품이름이 '파라솔'이면서 소매가격이 40,000 이상인 데이터를 추출

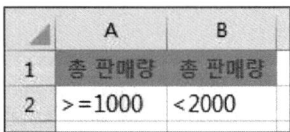

△ 총 판매량이 1,000이상, 2,000 미만인 데이터만 추출

b. OR 조건 : 서로 다른 행에 조건을 입력

△ 제품이름이 '파라솔'이거나 총 판매량이 2,000 이상인 데이터를 추출

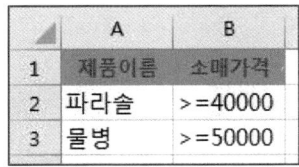

△ 제품이름이 '파라솔'이거나 '물병'인 데이터만 추출

c. 복합된 형태 : 제품이름이 '파라솔'이면서 소매가격이 40,000원 이상이거나, 제품이름이 '물병'이면서 소매가격이 50,000원 이상인 데이터만 추출

d. 조건을 수식으로 작성 : 데이터베이스에 없는 필드명을 입력하거나 필드명을 생략

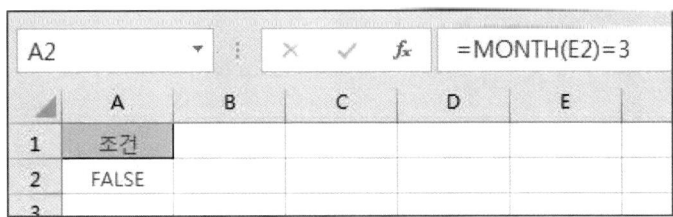

❷ 고급 필터 실행하기 : 고급 필터는 [데이터] 탭 – [정렬 및 필터] 그룹에서 [고급]을 클릭합니다.

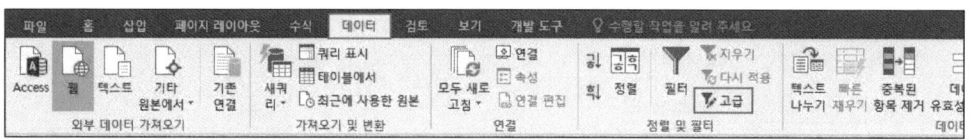

[고급 필터] 대화상자에서 결과, 목록 범위, 조건 범위, 복사 위치 등을 지정할 후 [확인]을 클릭합니다.

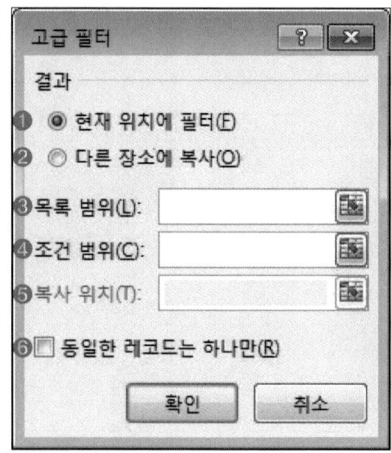

❶ 현재 위치에 필터 : 현재 데이터 목록 위치에 결과를 필터합니다.
❷ 다른 장소에 복사 : 다른 범위, 다른 워크시트, 다른 파일로 결과를 복사합니다.
❸ 목록 범위 : 데이터베이스 전체 범위를 지정합니다.
❹ 조건 범위 : 조건 범위를 지정합니다.
❺ 복사 위치 : 다른 장소에 복사할 경우 복사 위치를 지정합니다.
❻ 동일한 레코드는 하나만 : 중복된 레코드가 있을 경우 동일한 레코드는 하나만 추출합니다.

B OR조건으로 고급 필터 적용하기

❶ [C3] 셀을 선택한 후 Ctrl 키를 누른 상태로 [C7], [C10]을 선택합니다. Ctrl + C 를 눌러 복사한 후 [M3] 셀에서 Enter 키를 눌러 붙여넣기를 합니다.

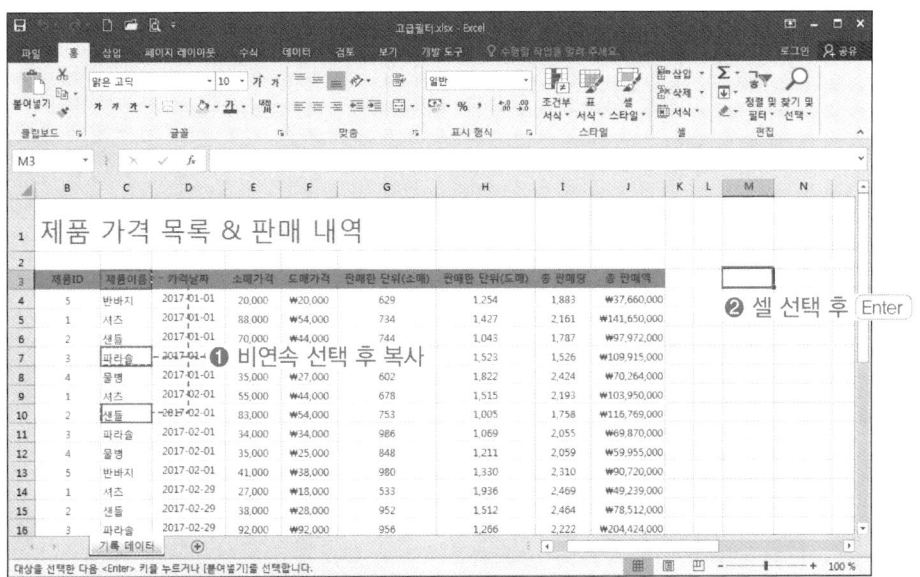

> **Tip** 필터 조건 작성 시 데이터 목록의 필드명과 항목명이 일치해야 하므로 입력보다는 복사하는 것이 좋습니다. 또한 필터 조건은 임의의 영역에 입력할 수 있으나 데이터 목록에서 2칸 이상 떨어진 영역에 작성하는 것이 좋습니다.

❷ [M3:M5] 셀 범위에 필터 조건을 만들었으면, 데이터 임의의 셀에 셀 포인터를 두고
[데이터] 탭 – [정렬 및 필터] 그룹 – [고급] 명령을 클릭합니다.

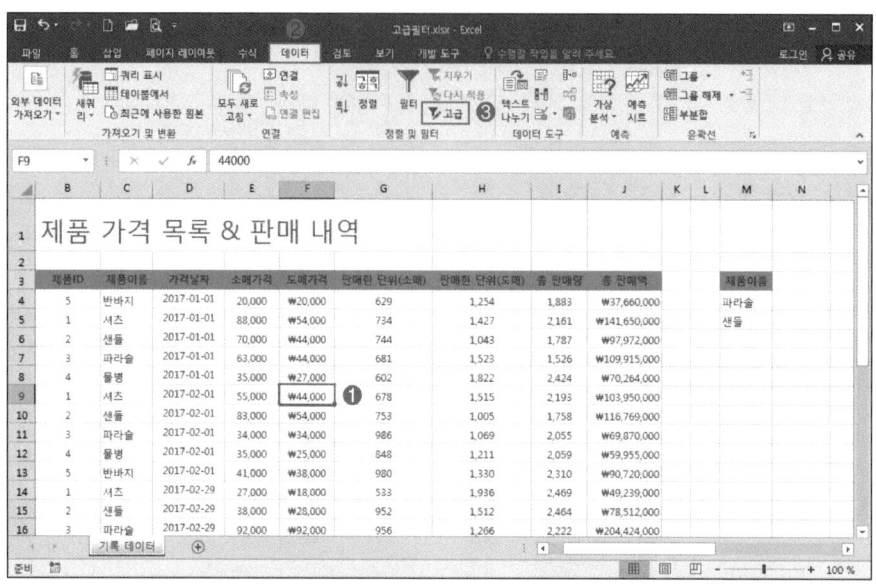

> **Tip** '파라솔'과 '샌들' 조건이 서로 다른 행에 입력되어 있으므로 OR조건입니다.

❸ [고급 필터] 대화상자에서 다음과 같이 지정한 후 [확인]을 클릭합니다.
   – [결과]는 [다른 장소에 복사]를 선택
   – [목록 범위]는 셀 포인터가 데이터 목록에 있었으므로 자동으로 설정
   – [조건 범위]는 [M3:M5] 셀 범위를 드래그하면 절대 참조로 지정
   – [복사 위치]는 [M7] 셀을 클릭하면 절대 참조로 지정

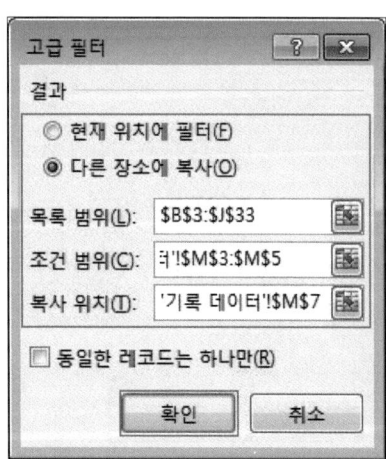

❹ 다음과 같이 제품이름이 '파라솔', 또는 '샌들'인 레코드만 추출됩니다.

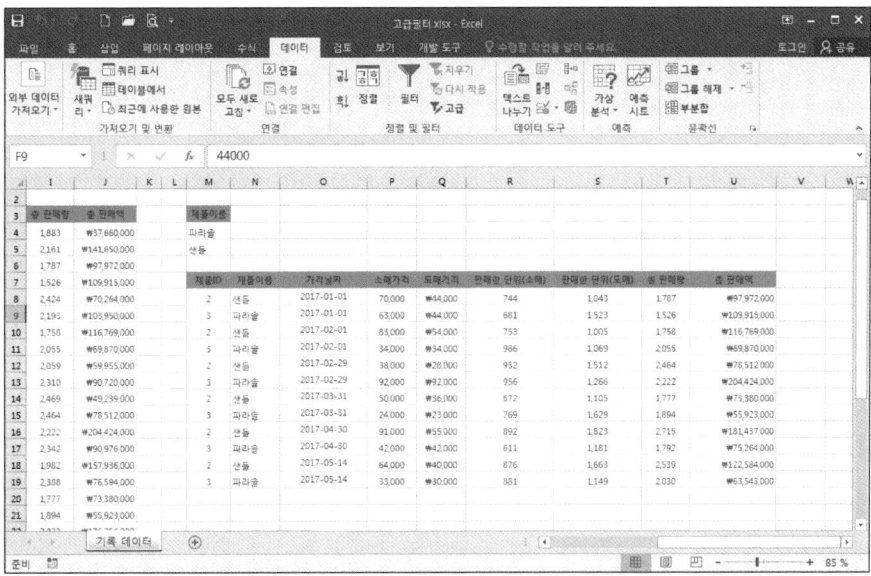

C 수식으로 고급 필터 적용하기

❶ [M22] 셀에 『조건』을 입력하고 [M23]셀에 『=MONTH(D4)=4』 수식을 입력한 후 Enter 를 누릅니다.

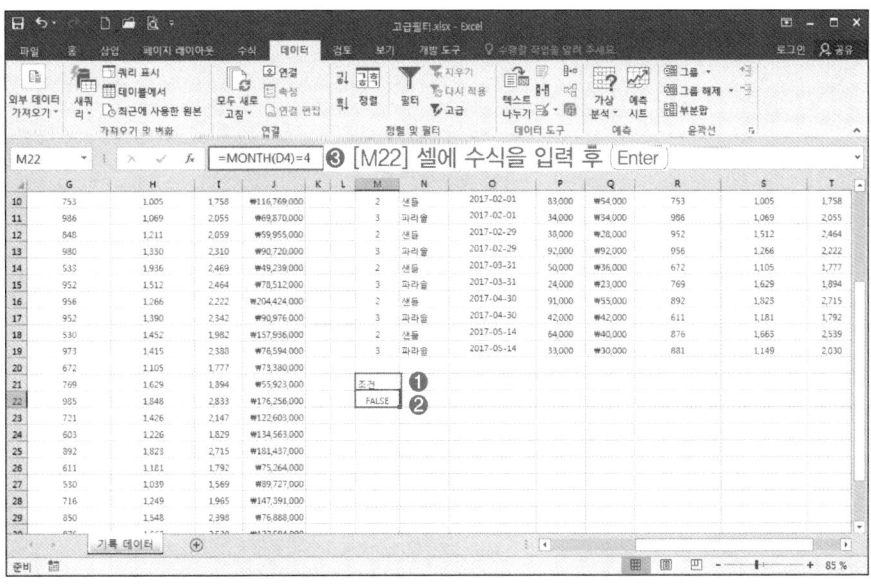

> **Tip** MONTH함수 : 날짜 데이터에서 해당 월을 구하는 함수
>
> '=MONTH(D4)=4' 수식은 가격날짜 데이터에서 월을 추출한 후 추출한 월이 4월과 같으면 필터하겠다는 의미입니다.

❷ [M21:M22] 셀 범위에 필터 조건을 만들었으면, 데이터 임의의 셀에 셀 포인터를 두고 [데이터] 탭 – [정렬 및 필터] 그룹 – [고급] 명령을 클릭합니다.

❸ [고급 필터] 대화상자에서 다음과 같이 지정한 후 [확인]을 클릭합니다.
  – [결과]는 [다른 장소에 복사]를 선택
  – [목록 범위]는 셀 포인터가 데이터 목록에 있었으므로 자동으로 설정
  – [조건 범위]는 [M21:M22] 셀 범위를 드래그하면 절대 참조로 지정
  – [복사 위치]는 [M24] 셀을 클릭하면 절대 참조로 지정

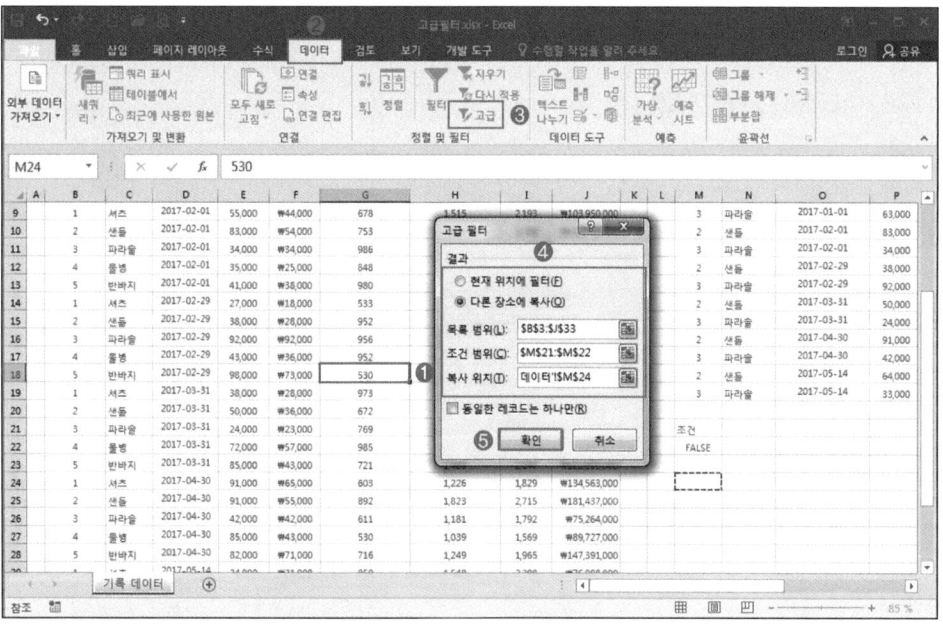

❹ 다음과 같이 가격날짜에서 4월에 해당하는 레코드만 추출됩니다.

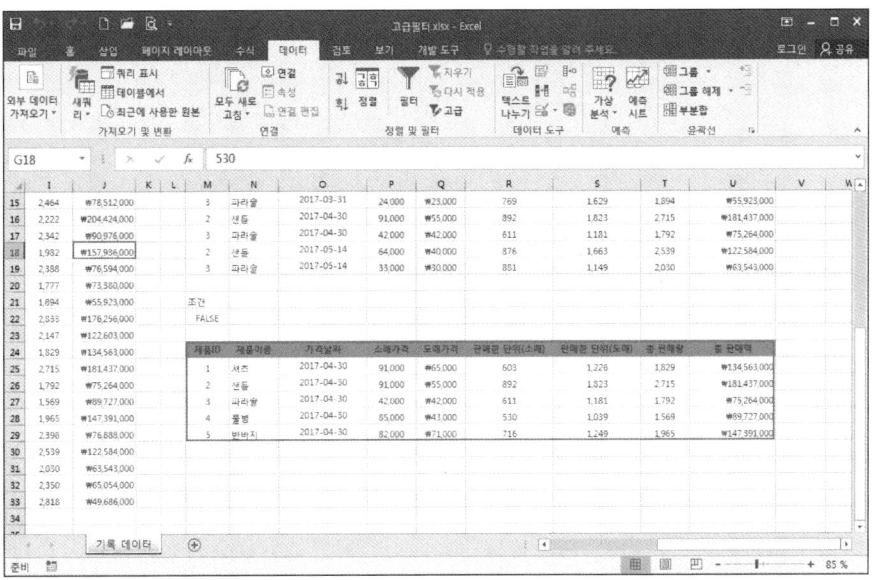

D 복합된 형태의 조건으로 고급 필터 적용하기

❶ [B35:C37] 셀 범위에 다음과 같이 조건을 입력한 후 데이터 임의의 셀에 셀 포인터를 두고 [데이터] 탭 – [정렬 및 필터] 그룹 – [고급] 명령을 클릭합니다.

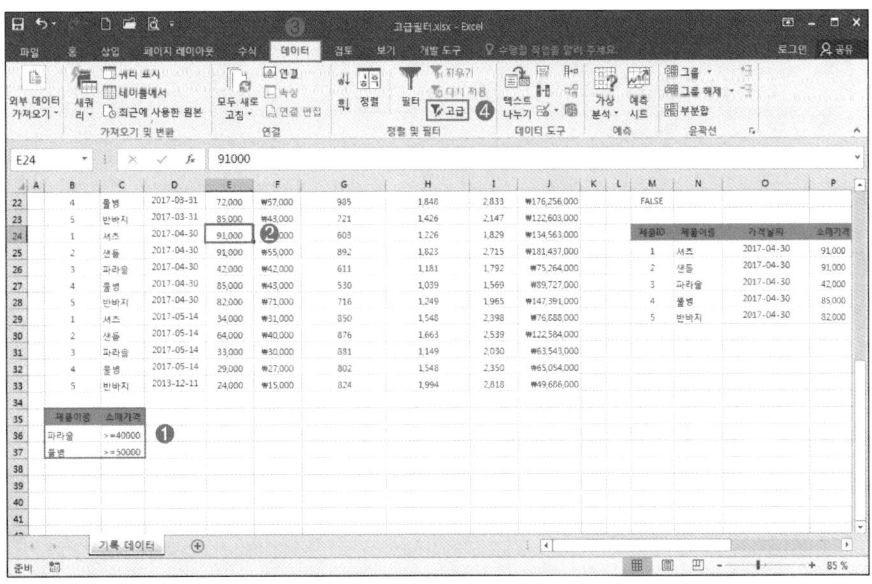

❷ [고급 필터] 대화상자에서 다음과 같이 지정한 후 [확인]을 클릭합니다.
- [결과]는 [다른 장소에 복사]를 선택
- [목록 범위]는 셀 포인터가 데이터 목록에 있었으므로 자동으로 설정
- [조건 범위]는 [B35:C37] 셀 범위를 드래그하면 절대 참조로 지정
- [복사 위치]는 [B39] 셀을 클릭하면 절대 참조로 지정

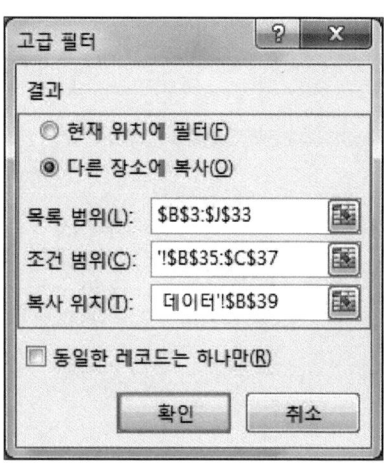

❸ 다음과 같이 제품이름이 '파라솔'이면서 소매가격이 40,000원 이상이거나, 제품이름이 '물병'이면서 소매가격이 50,000원 이상인 데이터만 추출됩니다.

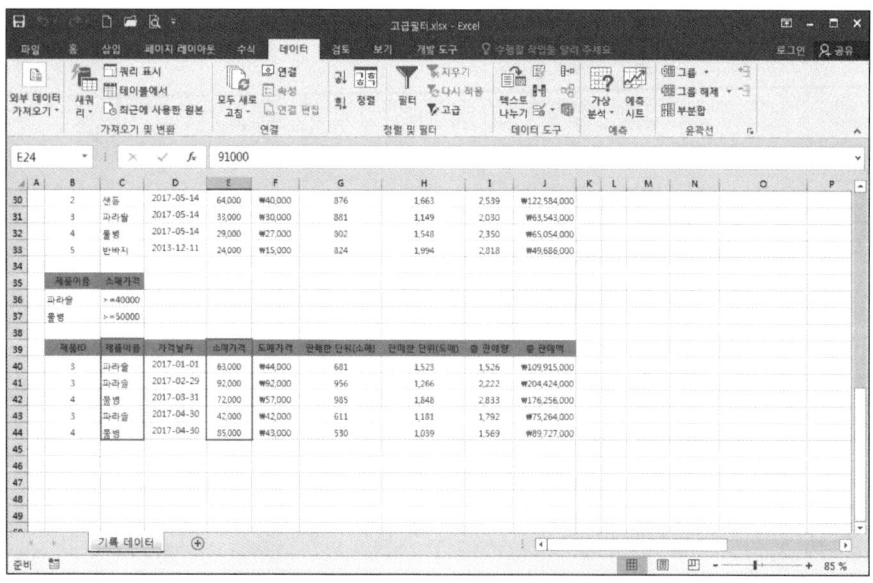

실무활용 07 문서에 워터마크 효과 나타내기

워터마크 기능은 기본적으로 제공하지 않지만 워터마크 정보가 표시된 그림을 머리글/바닥글에 삽입하거나 WordArt를 사용하여 워터마크를 모방할 수 있습니다.

📁 준비파일 file/Part8/워터마크효과.xlsx, 마크.png   📁 결과파일 file/Part8/워터마크효과_결과.xlsx

❶ [삽입] 탭 – [텍스트] 그룹 – [머리글/바닥글]을 클릭합니다.

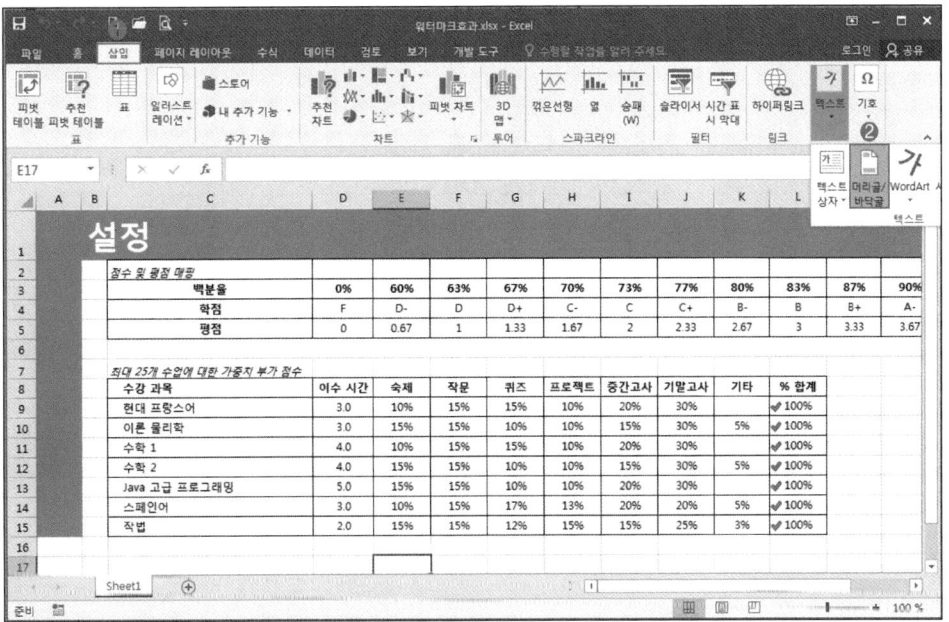

❷ 커서가 머리글 영역에서 깜박이면 [머리글/바닥글 도구] – [디자인] 탭 – [머리글/바닥글 요소] 그룹에서 [그림] 명령을 클릭합니다.

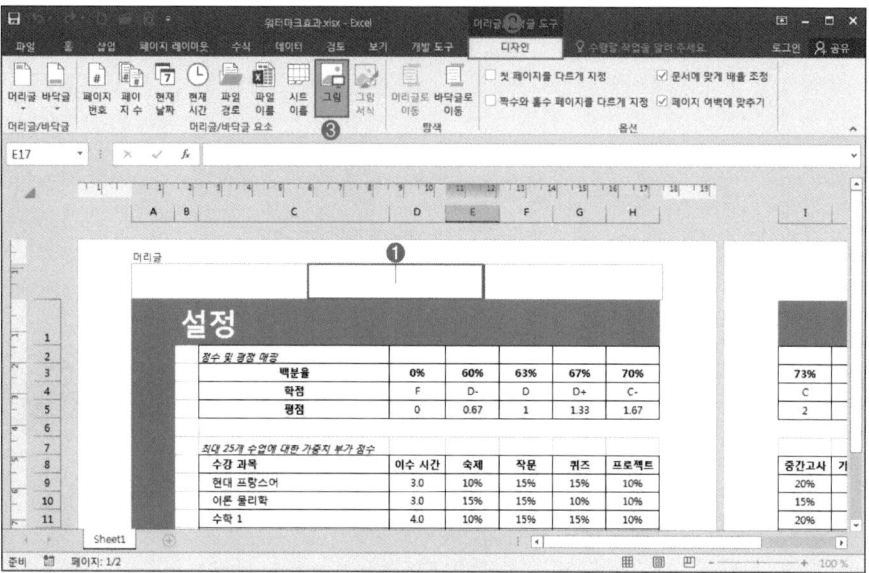

❸ [그림 삽입] 대화상자에서 [찾아보기]를 클릭합니다.

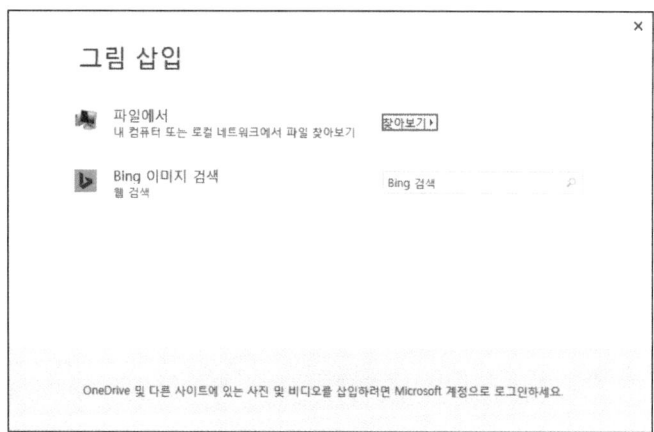

❹ [그림 삽입] 대화상자에서 'file/Part8/마크.png' 경로의 그림을 선택한 후 [삽입]을 클릭합니다.

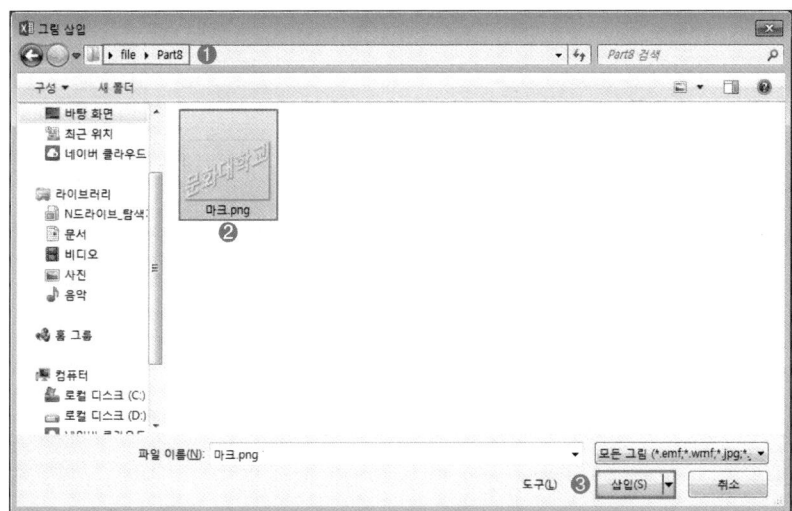

❺ '&[그림]'이 추가되면 &앞에 커서를 위치시킨 후 Enter 를 6번 정도 누른 후 임의의 셀을 클릭하여 확인합니다.

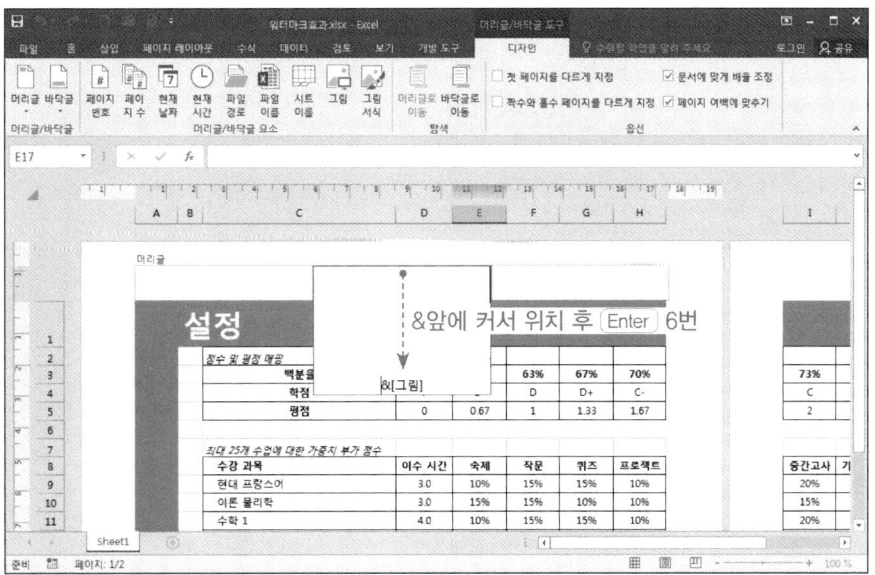

❻ 다음과 같이 워터마크 정보가 배경에 설정됩니다.

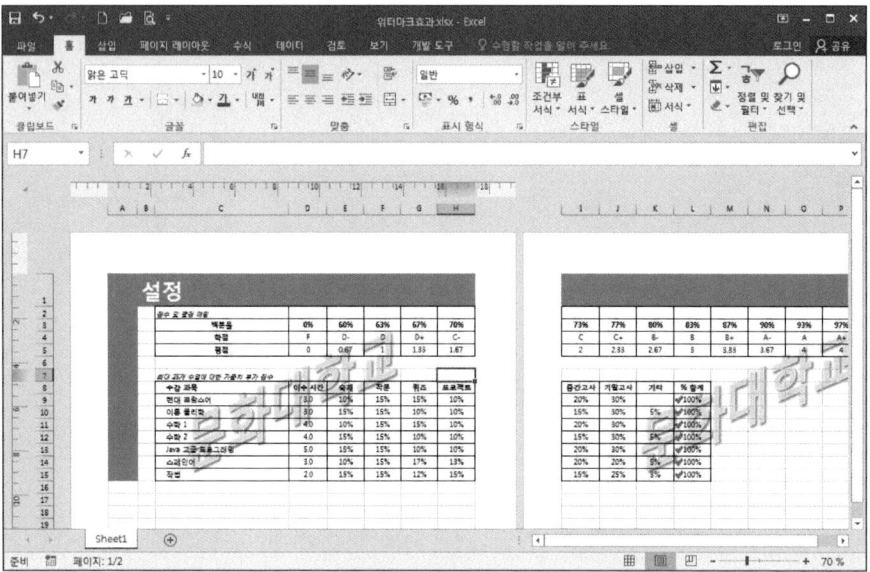

실무활용 08 앱스토어에서 지오그래픽 히트 맵 작성하기

앱은 엑셀의 작업을 확장하는 미니 응용 프로그램입니다. 스토어에서 원하는 앱을 찾아 추가 또는 구입하여 사용할 수 있습니다. 'Geographic Heat Map'이라는 무료 앱을 설치하여 10대 세계 인구 순위를 지도에 표시해 보겠습니다.

📁 준비파일 file/Part8/앱스토어.xlsx   📁 결과파일 file/Part8/앱스토어_결과.xlsx

❶ [삽입] 탭 – [추가 기능] 그룹 – [스토어] 명령을 클릭합니다.

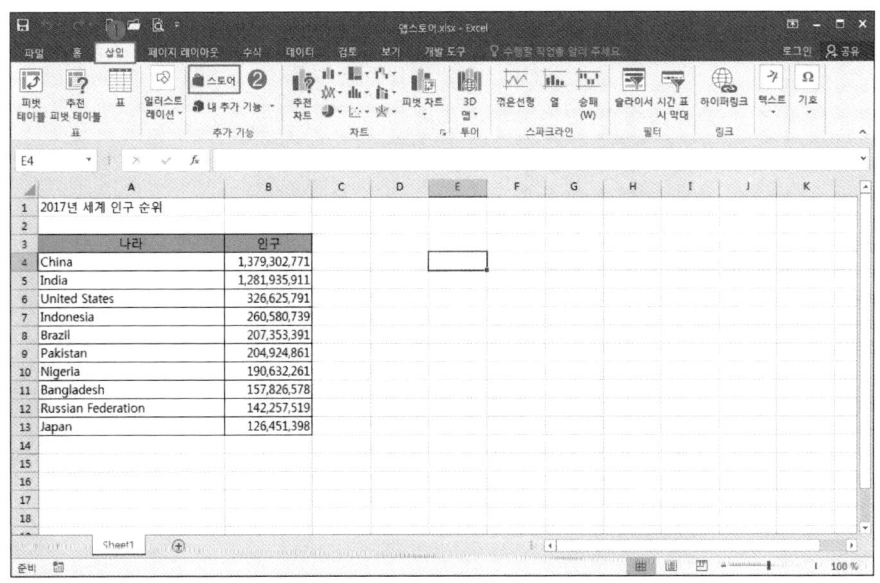

❷ [Office 추가 기능] 창이 나타나면 'Geographic Heat Map'을 클릭합니다. 만약 리스트가 보이지 않으면 검색란에 'Geographic Heat Map'을 검색하여 찾을 수 있습니다.

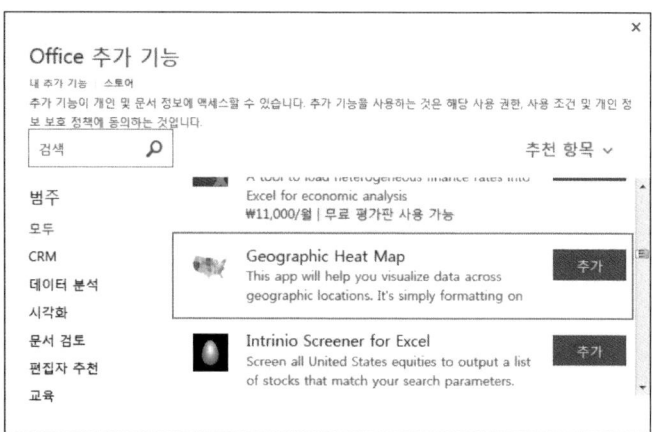

❸ [Office 추가 기능] 창에서 [추가]를 클릭합니다.

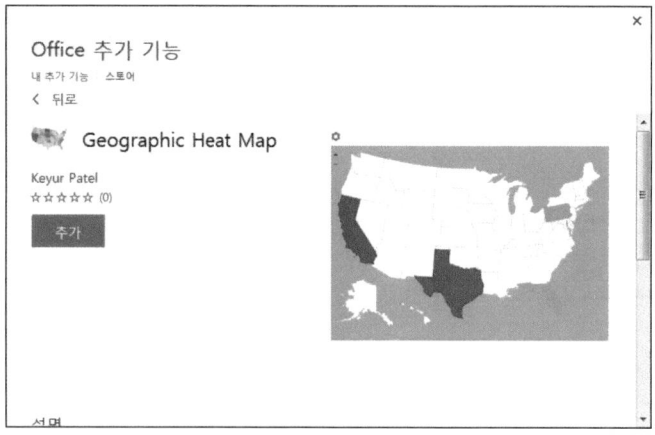

❹ 다음 화면과 같이 나타나면 앱이 추가된 것이므로 [Get Started]를 클릭합니다.

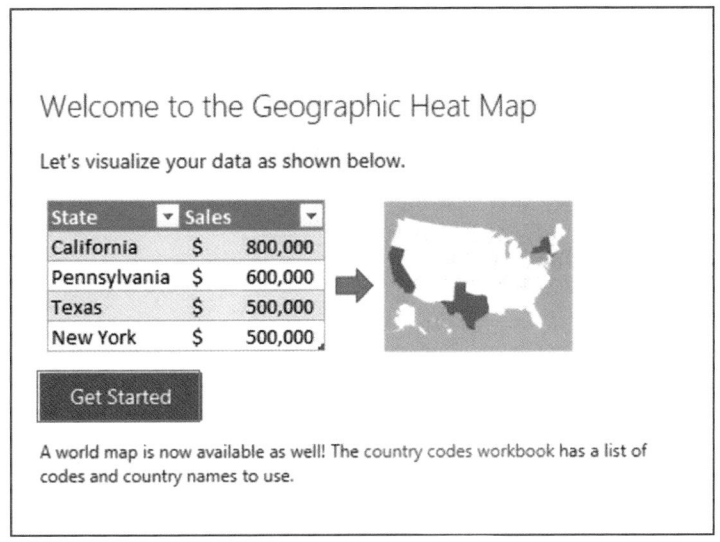

❺ [Settings] 창에서 [Select Data]를 클릭, [A3:B13] 셀 범위를 지정한 후 [확인]을 클릭합니다.

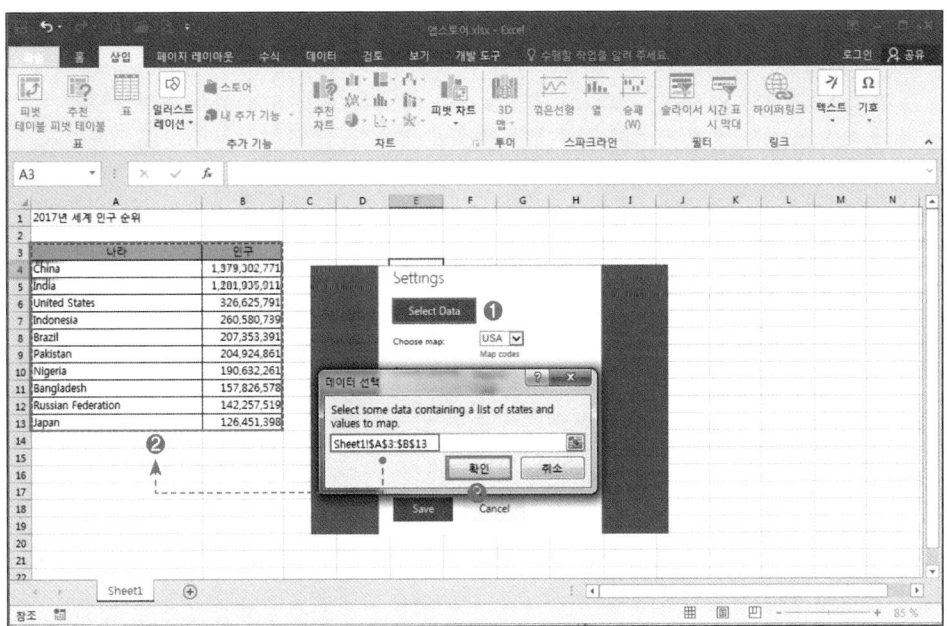

❻ [Settings] 창에서 다음과 같이 지정한 후 [Save]를 클릭합니다.

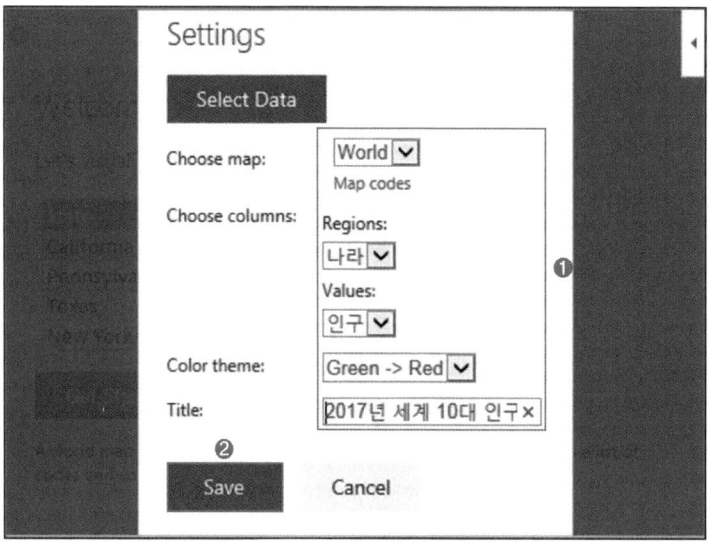

❼ 세계 지도에 2017년 10대 세계 인구 분포가 색상으로 표현되었습니다. 색상이 칠해진 곳에 마우스 포인터를 가져가면 나라이름과 인구수가 표시됩니다. 가장 많은 인구의 중국은 **빨간색**으로 나타내고 숫자가 작아질수록 초록색으로 흐려지게 됩니다.

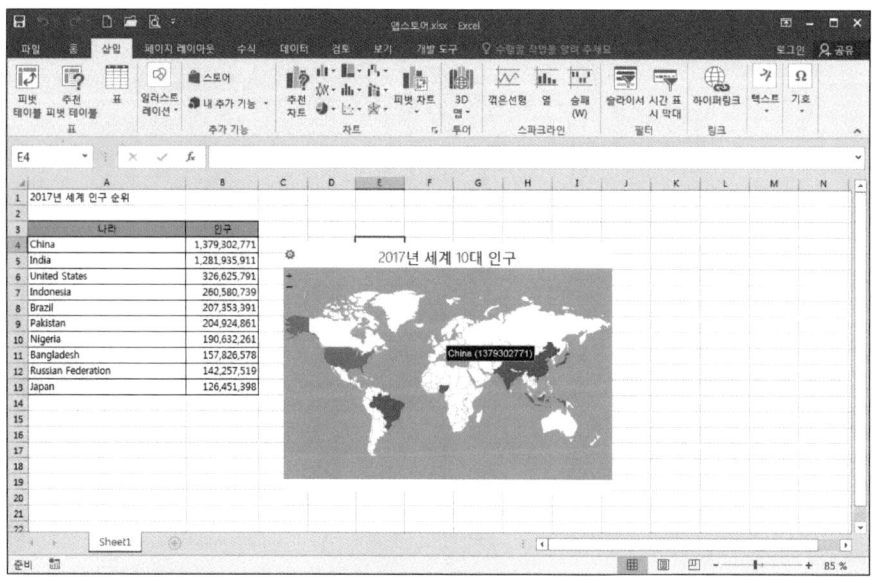

실무활용 09   조건부 서식과 함수(MOD, ROW 함수)를 이용해 문서 가독성 높이기

문서에 데이터가 빽빽하게 입력되어 있으면 가독성이 떨어집니다. MOD 함수와 ROW 함수를 사용하여 4행마다 채우기 색이 적용되는 조건부 서식을 지정해 보겠습니다.

MOD, ROW 함수 알아보기

범주	이름	설명
수학/삼각함수	MOD(수치, 나누는 수)	수치를 나누는 수로 나눈 나머지 값을 추출하는 함수
찾기/참조 영역 함수	ROW(참조 셀 또는 범위)	참조의 행 번호를 구하는 함수

📁 준비파일 file/Part8/조건부서식.xlsx   📁 결과파일 file/Part8/조건부서식_결과.xlsx

❶ [B5:G29] 셀 범위를 지정한 후 [홈] 탭 - [스타일] 그룹 - [조건부 서식] 명령을 클릭 - [새 규칙]을 선택합니다.

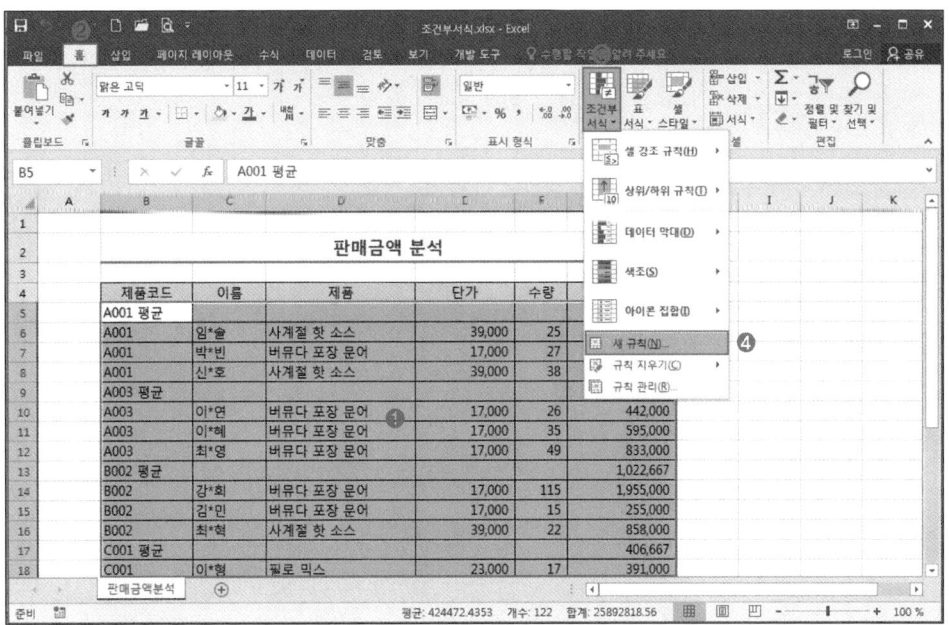

❷ [새 서식 규칙] 대화상자에서 [규칙 유형 선택] 목록에 '수식을 사용하여 서식을 지정할 셀 결정'을 선택 후 [규칙 설명 편집] – [다음 수식이 참인 값의 서식 지정] 입력란에 『=MOD(ROW(),4)=1』을 입력한 후 [서식] 단추를 클릭합니다.

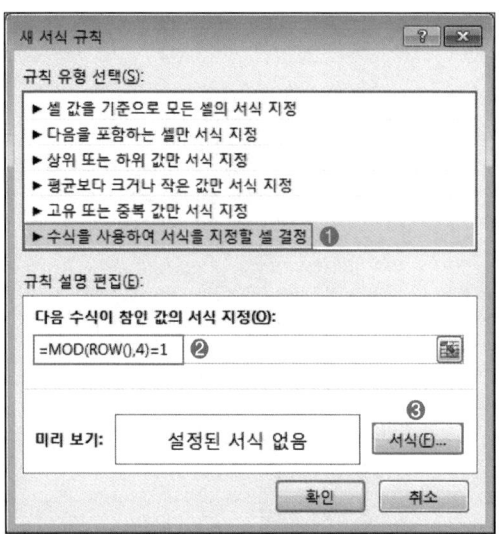

Tip '=MOD(ROW(),4)=1' 수식에서 ROW() 함수는 행 번호를 반환하며, MOD 함수는 나머지를 구합니다. 행 번호를 4로 나눈 나머지가 1이면 서식을 지정합니다.

❸ [셀 서식] 대화상자에서 [채우기] 탭 – [배경색] 색상에서 원하는 색상을 선택합니다. 여기에서는 '노랑'을 선택 – [확인]을 클릭합니다.

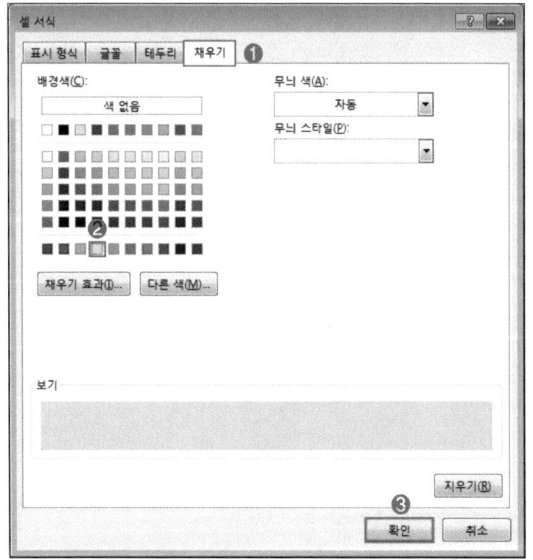

❹ 이어서 [새 서식 규칙] 대화상자에서 [확인]을 클릭합니다.

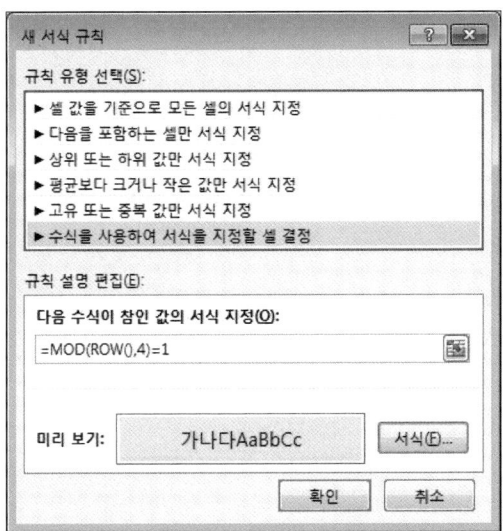

❺ 다음과 같이 4행마다, 즉 평균마다 색상이 지정되어 가독성이 좋아집니다.

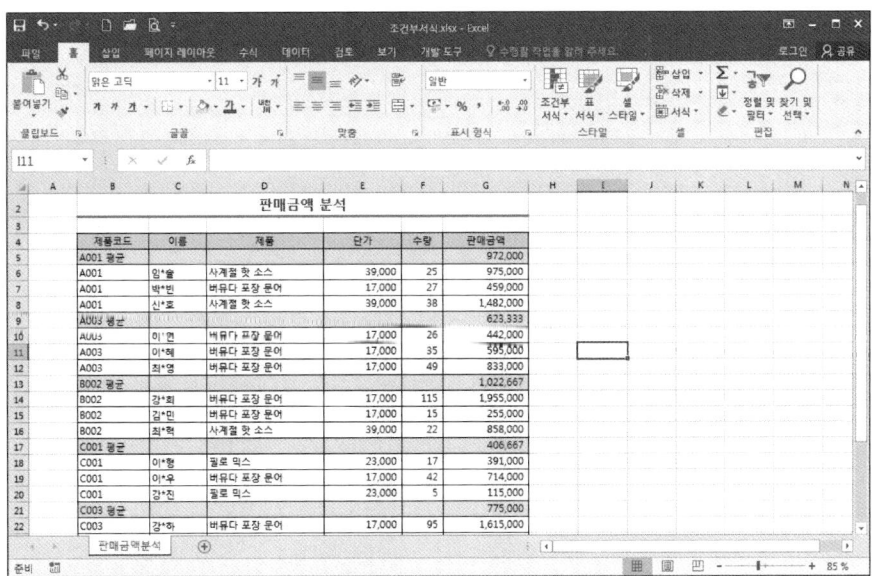

실무활용 10 여러 행의 메일 주소를 연결해 한 번에 메일 보내기(PHONETIC 함수)

엑셀로 업무와 관련된 데이터를 정리하고 관련자들에게 단체 메일을 보낼 때 포털에 메일 주소를 일일이 복사 및 입력하는 것은 매우 번거로운 일입니다. 이번에는 대량의 메일을 쉽게 보낼 수 있도록 PHONETIC 함수를 사용해 메일 주소 연결 스트링을 만들어 보겠습니다.

📁 준비파일 file/Part8/단체메일주소.xlsx   📁 결과파일 file/Part8/단체메일주소_결과.xlsx

❶ E-mail 주소 범위(F4:F13)만 드래그하여 복사(Ctrl+C)하고 [F15] 셀을 선택 후 Enter를 눌러 붙여넣기 합니다.

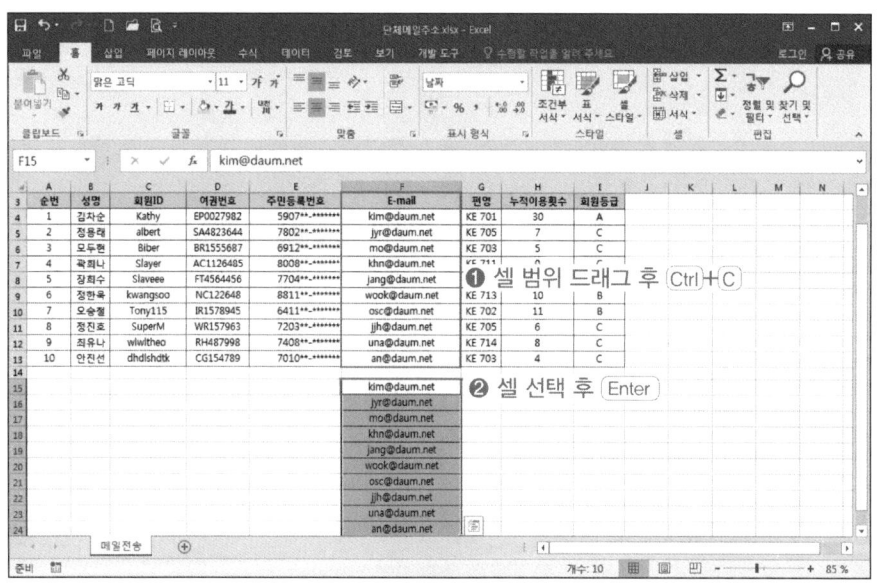

❷ 메일 주소간 구분 기호를 입력하기 위해 다중 메일의 구분 기호를 콤마(,)라고 가정하겠습니다. 메일 주소가 있는 셀 개수보다 하나 적은 [G15:G23] 셀 범위를 드래그하여 선택하고, 메일 구분 기호인 『,』를 입력한 후 Ctrl+Enter를 눌러 셀에 모두 같은 값으로 입력합니다.

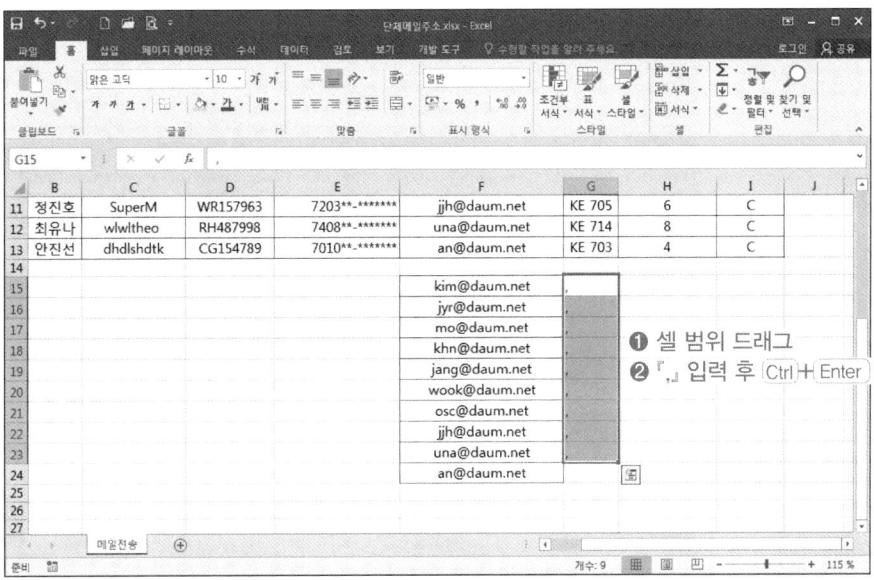

Tip 연결할 메일 주소가 모두 열 개이므로 구분 기호인 콤마(,)는 아홉 개가 필요합니다.

❸ [H15] 셀을 선택하고 『=PHONETIC(F15:G24)』를 입력, Enter를 누릅니다.

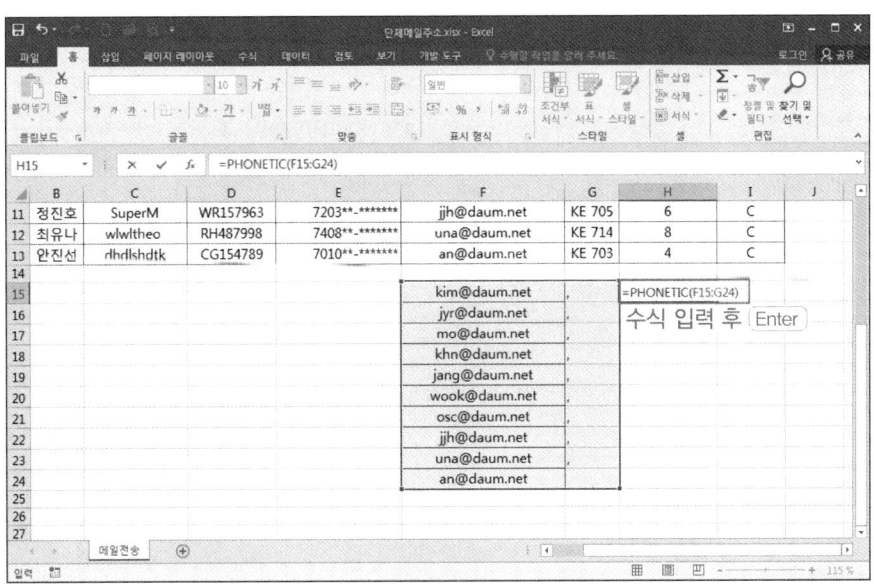

Tip PHONETIC 함수는 여러 셀에 나누어 입력된 문자를 하나의 셀로 병합해주는 함수입니다.

Part 08. 알아두면 쓸데 있는 엑셀 기능 • 219

❹ [H15] 셀을 선택하고 Ctrl+C - [H17] 셀을 선택 - [홈] 탭 - [클립보드] 그룹 - [붙여넣기] 명령을 선택 - [값 붙여넣기] 항목에서 [값](🗐123)을 클릭하여 값만 복사합니다.

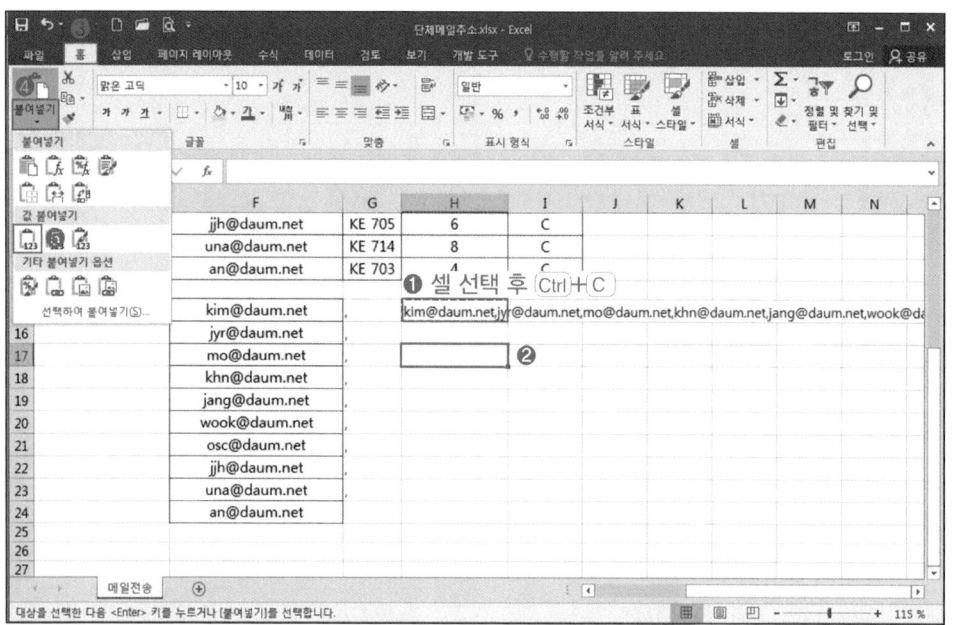

❺ [H17] 셀을 선택하고 수식 입력줄에서 값으로 변경된 내용을 드래그하여 모두 선택한 후 Ctrl+C를 눌러 복사합니다.

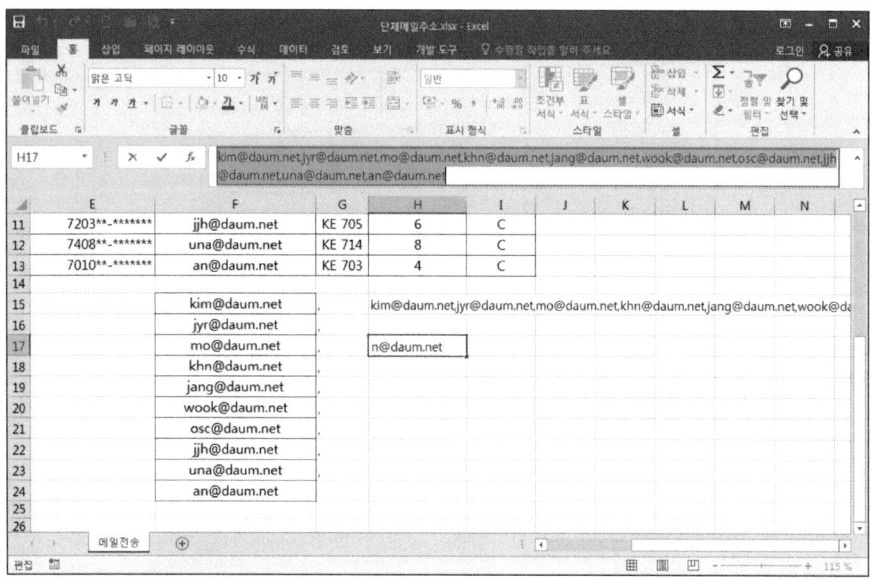

❻ 메일을 발송할 때 '받는 사람' 부분을 선택하고 Ctrl+V를 눌러 메일을 받을 사람들의 주소를 쉽게 입력할 수 있습니다.

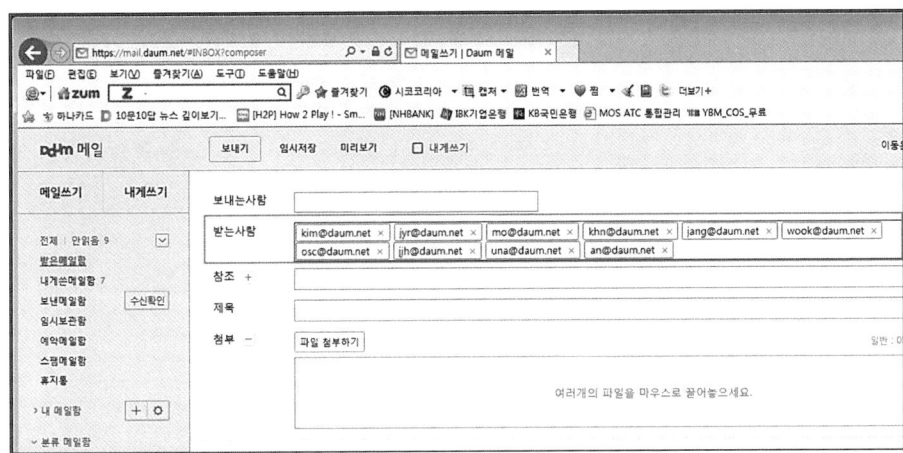

실무활용 11 │ 명단에서 이름과 전화번호 보호하기(REPLACE 함수)

작성한 데이터에서 명단을 공개하기 전에 이름과 전화번호 일부를 보호하려고 합니다. 이름은 가운데 한 글자를 '*'로, 전화번호는 가운데 네 자리를 '****'로 보호하는 방법을 알아보겠습니다.

REPLACE 함수 알아보기

범주	이름	설명
텍스트	REPLACE(바꾸려는 텍스트, 바꾸기를 시작할 위치, 바꾸려는 문자 개수, 대체할 새 텍스트)	텍스트의 일부를 다른 텍스트로 바꾸는 함수

📁 준비파일 file/Part8/개인정보보호.xlsx   📁 결과파일 file/Part8/개인정보보호_결과.xlsx

❶ [D4] 셀을 선택 – [수식] 탭 – [함수 라이브러리] 그룹 – [텍스트] 명령을 선택 – [REPLACE]를 클릭합니다.

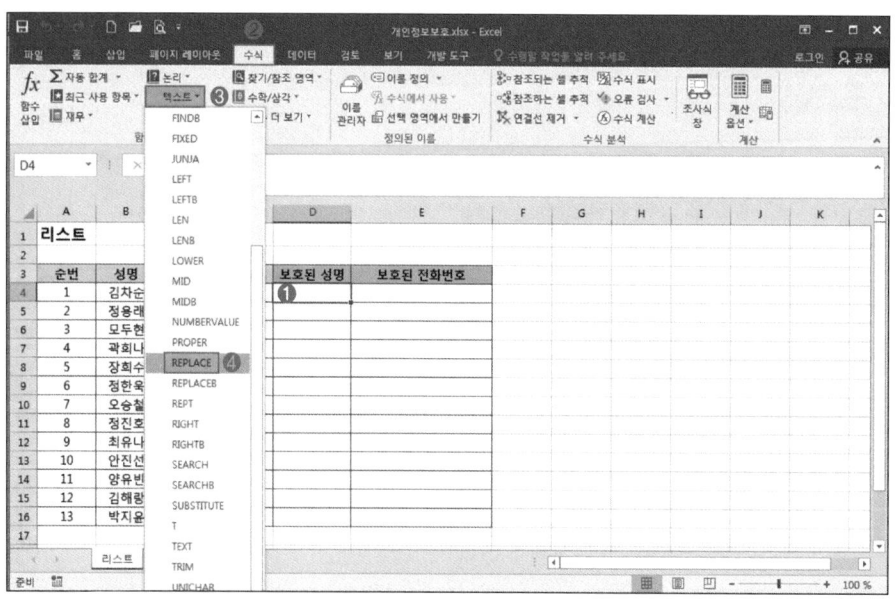

> **Tip** [D4] 셀에 『=REPLACE(』를 입력한 후 Ctrl+A를 누르면 [함수 인수] 대화상자가 바로 열립니다.

❷ [함수 인수] 대화상자가 열리면 다음과 같이 지정한 후 [확인]을 클릭합니다.

   a. [Old_text] 입력란에 '성명' 값인 [B4] 셀을 지정

   b. [Start_num] 입력란에 『2』를 입력

   c. [Num_chars] 입력란에 『1』을 입력

   d. [New_text] 입력란에 『*』을 입력

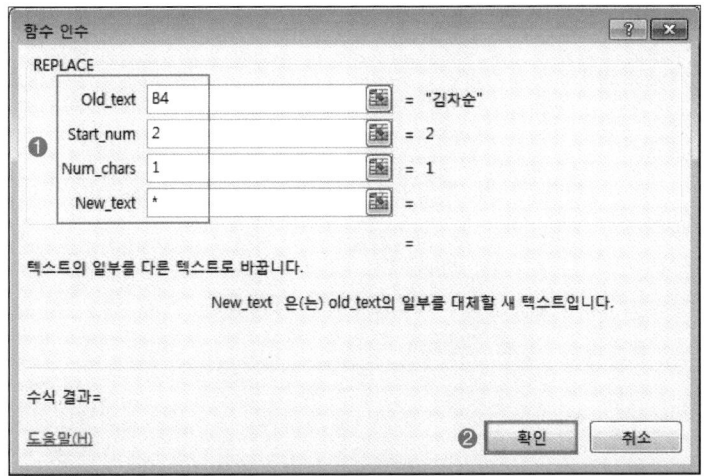

Tip 완성된 수식 '=REPLACE(B4,2,1,"*")' : [B4] 셀의 텍스트 중 2번 째부터 1글자를 '*'로 변경합니다.

❸ [E4] 셀에 『=REPLACE(』를 입력한 후 Ctrl+A를 누릅니다.

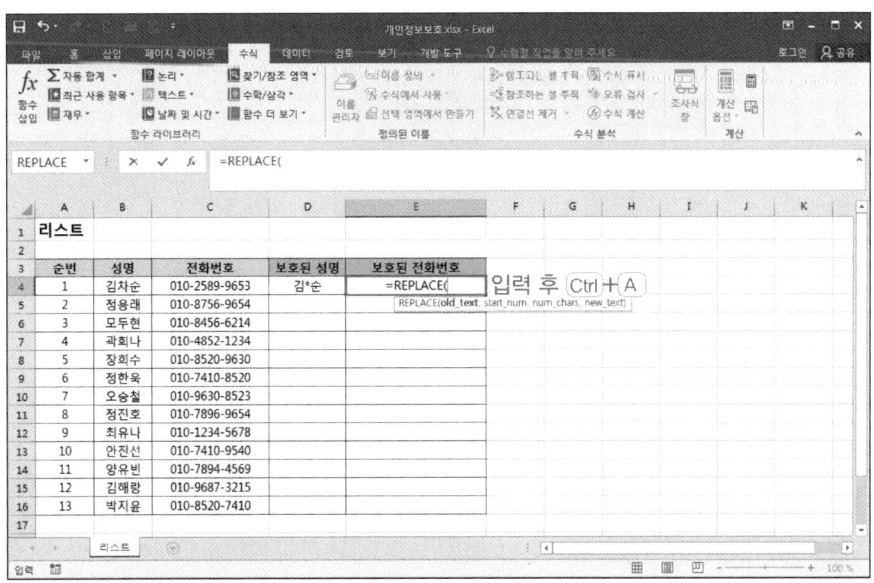

❹ [함수 인수] 대화상자가 열리면 다음과 같이 지정한 후 [확인]을 클릭합니다.

a. [Old_text] 입력란에 '전화번호' 값인 [C4] 셀을 지정

b. [Start_num] 입력란에 『5』를 입력

c. [Num_chars] 입력란에 『4』을 입력

d. [New_text] 입력란에 『****』을 입력

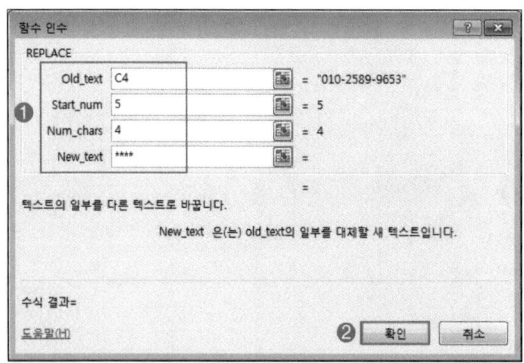

Tip 완성된 수식 '=REPLACE(C4,5,4,"****")' : [C4] 셀의 텍스트 중 5번 째부터 4글자를 '****'로 변경합니다.

❺ [D4:E4] 셀 범위를 지정한 후 채우기 핸들을 [D16:E16] 셀 범위까지 드래그하여 수식을 복사합니다. 이름과 전화번호 일부가 '*'로 보호됩니다.

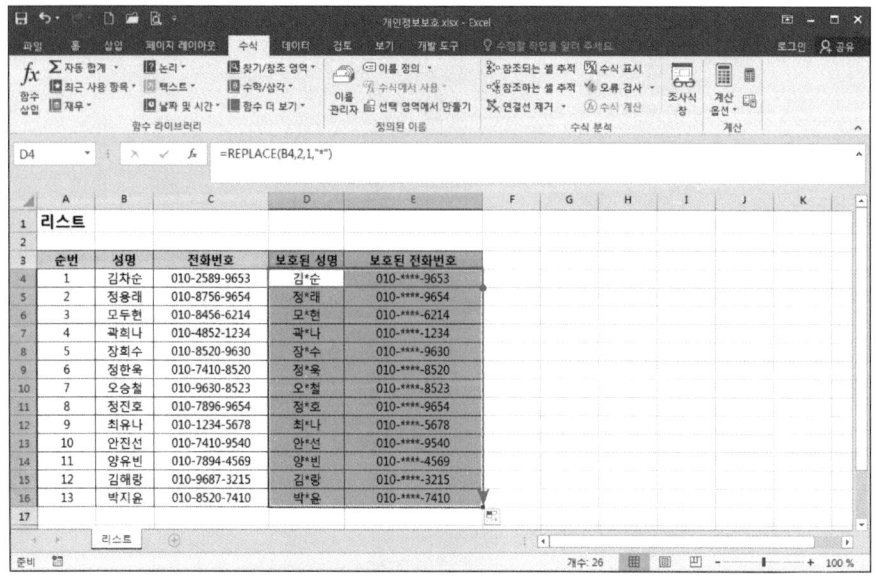

실습하기 해설

| Part 1. 해설 |

예제 01 [새로 만들기], [열기], [인쇄 미리 보기 및 인쇄]를 각각 선택하여 빠른 실행 도구모음에 추가하세요.

① [빠른 실행 도구 모음 사용자 지정]을 목록 단추를 클릭하고, [새로 만들기], [열기], [인쇄 미리 보기 및 인쇄] 항목을 각각 선택하여 빠른 실행 도구 모음에 추가

예제 02 [SmartArt] 명령을 빠른 실행 모음에 추가하세요.

① [삽입] 탭 - [일러스트레이션] 그룹 - [SmartArt] 명령에서 마우스 오른쪽 버튼을 클릭한 후 [빠른 실행 도구 모음에 추가] 항목을 선택

예제 03 사용자 지정 목록을 편집하여 [제품코드분류] 워크시트에서 분류 열 값인 [B4:B15] 셀 범위에 '소', '중', '대' 값이 채워지도록 편집하세요.

① [파일] 탭을 클릭 - [옵션] 명령을 선택
② [Excel 옵션] 대화상자에서 [고급] 항목을 선택하고 [사용자 지정 목록 편집] 단추를 클릭
③ [사용자 지정 목록] 대화상자의 [목록 항목]에 '소', '중', '대'를 Enter 를 눌러 줄을 구분하면서 입력

④ [추가] 단추를 클릭하여 사용자 지정 목록에 등록 – [확인] 단추를 클릭하고, [Excel 옵션] 대화상자에서 [확인]을 클릭

⑤ [제품코드분류] 워크시트에서 [B4] 셀에 '소'를 입력하고 [B4] 셀의 채우기 핸들을 [B15] 셀까지 드래그

예제 04 [식료품납품] 워크시트에서 [B3] 셀의 숫자 값이 1씩 증가되면서 채워지도록 편집하세요.

① [식료품납품] 워크시트에서 [B3] 셀의 채우기 핸들을 Ctrl 키를 누른 상태로 [B18] 셀까지 채우기

예제 05 [C3] 셀의 날짜 데이터가 '월' 단위로 채워지도록 자동 채우기 옵션을 설정하세요.

① [식료품납품] 워크시트에서 [C3] 셀의 채우기 핸들을 [C18] 셀까지 채우고 난 후, [자동 채우기 옵션] 단추를 클릭하여 [월 단위 채우기] 항목을 선택

예제 06 [제품코드분류] 워크시트와 [식료품납품] 워크시트의 탭 색을 임의의 서로 다른 색으로 수정하세요.

① [제품코드분류] 워크시트를 선택한 후 시트탭 위에서 마우스 오른쪽 버튼을 클릭 – [탭 색] – 임의의 색을 선택
② 같은 방법으로 [식료품납품] 워크시트의 탭 색도 변경

예제 07 [제품코드분류] 워크시트를 [새 통합 문서]로 복사한 후 [문서] 폴더에 『제품코드복사본』이라는 이름으로 저장하세요.

① [제품코드분류] 워크시트에서 마우스 오른쪽 단추를 눌러 [이동/복사]를 선택
② [이동/복사] 대화상자가 열리면 '대상 통합 문서'에서 [(새 통합 문서)]를 선택하고 [복사본 만들기]에 체크한 후 [확인]을 클릭

| Part 2. 해설 |

예제 01 [A2:A6] 셀 범위의 텍스트 뒤에 '지점'이, [B1:E1] 셀 범위의 숫자 뒤에는 '사분기'가 반복하여 입력되도록 사용자 지정 표시 형식을 설정하세요.

① [A2:A6] 셀 범위 지정 후 Ctrl+1을 눌러 셀 서식 대화상자를 실행
② [셀 서식] 대화상자에서 [표시 형식] 탭 – [범주] 목록에서 [사용자 지정]을 선택 – [형식] 입력란에『@ 지점』을 입력하고 [확인]을 클릭
③ [B1:E1] 셀 범위 지정 후 Ctrl+1을 눌러 셀 서식 대화상자를 실행
④ [셀 서식] 대화상자에서 [표시 형식] 탭 – [범주] 목록에서 [사용자 지정]을 선택 – [형식] 입력란에『0사분기』를 입력하고 [확인]을 클릭

예제 02 [B2:E6] 셀 범위의 데이터 형식을 통화 스타일로 설정하고 [E7] 셀의 숫자가 한글로 표시되도록 표시 형식을 설정하세요.

① [B2:E6] 셀 범위 지정 후 [홈] 탭 – [표시 형식] 그룹 – 목록에서 '통화'를 선택
② [E7] 셀을 선택한 후 Ctrl+1을 눌러 셀 서식 대화상자를 실행
③ [셀 서식] 대화상자에서 [표시 형식] 탭 – [범주] 목록에서 [기타]를 선택 – [형식]에서 [숫자(한글)]을 선택 후 [확인]을 클릭

예제 03 [C6:C22] 셀 범위에 '주' 텍스트를 포함하는 셀의 서식을 [진한 녹색 텍스트가 있는 녹색 채우기]로 지정하세요.

① [C6:C22] 셀 범위를 지정한 후 [홈] 탭 – [스타일] 그룹 – [조건부 서식] 명령을 클릭한 후 [셀 강조 규칙] – [텍스트 포함]을 선택

② [텍스트 포함] 대화상자가 열리면 [다음 텍스트를 포함하는 셀의 서식 지정]에 『주』를 입력하고 [적용할 서식] 목록에서 '진한 녹색 텍스트가 있는 녹색 채우기'를 선택한 후 [확인]을 클릭

예제 04 수익 열에 대해서 상위 5개의 항목에 [진한 빨강 텍스트가 있는 연한 빨강 채우기]를 적용하세요.

① [G6:G22] 셀 범위를 지정한 후 [홈] 탭 – [스타일] 그룹 – [조건부 서식] 명령을 클릭한 후 [상위/하위 규칙]에서 [상위 10개 항목]을 선택

② [상위 10개 항목] 대화상자에서 '다음 상위 순위에 속하는 셀의 서식 지정' 값에 『5』, [적용할 서식] 목록에서 '진한 빨강 텍스트가 있는 연한 빨강 채우기'를 선택하고 [확인]을 클릭

예제 05 비용 열에 대해서 주황 데이터 막대 단색 채우기 서식을 적용하세요.

① [F6:F22] 셀 범위를 지정한 후 [홈] 탭 – [스타일] 그룹 – [조건부 서식] 명령을 클릭한 후 [데이터 막대]를 선택한 후 [단색 채우기] 항목의 [주황]을 선택

실습하기 해설

예제 06 [Sheet1] 워크시트에서 수량이 50 이상인 데이터에 해당하는 행 전체에 조건부 서식의 수식을 이용하여 채우기 색을 노랑으로 적용하세요.

① [Sheet1] 워크시트에서 [A4:E50] 셀 범위를 지정하고 [홈] 탭 – [스타일] 그룹 – [조건부 서식] 명령을 클릭한 후 [새 규칙]을 선택
② [새 서식 규칙] 대화상자가 열리면 [규칙 유형 선택] 목록에서 [수식을 사용하여 서식을 지정할 셀 결정]을 선택
③ [규칙 설명 편집]의 [다음 수식이 참인 값의 서식 지정]입력란에 『=$D5〉=50』을 입력하고 [서식]을 클릭
④ [셀 서식] 대화상자에서 [채우기] 탭 – [배경색] 목록에서 노랑색을 선택한 후 [확인]을 클릭

| Part 3. 해설 |

예제 01 [F4:F43] 셀 범위는 '단가', [G4:G43] 셀 범위는 '수량', [H4:H43] 셀 범위는 '판매금액' 이라는 이름으로 정의하세요.

① [F3:H43] 셀 범위를 지정한 후 [수식] 탭 – [정의된 이름] 그룹 – [선택 영역에서 만들기] 명령을 클릭
② [선택 영역에서 이름 만들기] 대화상자에서 [첫 행]에 체크한 후 [확인]을 클릭

예제 02 정의된 이름을 사용하여 [M3] 셀에 판매금액 셀 범위의 합계를 계산하세요. (SUM 함수)

① [M3] 셀을 선택 – 『 =SUM(』를 입력하고 [수식] 탭 – [정의된 이름] 그룹 – [수식에서 사용] 명령 클릭 – [판매금액]을 클릭한 후 Enter

예제 03 [M4] 셀에 최대단가, [M5] 셀에는 최소단가를 계산하세요. (MAX 함수, MIN 함수)

① [M4] 셀을 선택 – 『 =MAX(』를 입력하고 [수식] 탭 – [정의된 이름] 그룹 – [수식에서 사용] 명령 클릭 – [단가]를 클릭한 후 Enter
② [M5] 셀을 선택 – 『 =MIN(』를 입력하고 [수식] 탭 – [정의된 이름] 그룹 – [수식에서 사용] 명령 클릭 – [단가]를 클릭한 후 Enter

실습하기 해설

예제 04 [M6] 셀과 [M7] 셀에 1위 판매금액과 2위 판매금액을 구하세요. (LARGE 함수)

① [M6] 셀에 『=L』을 입력한 후 수식 자동 완성 목록 상자에서 LARGE를 선택하고 Tab
② [수식] 탭 – [정의된 이름] 그룹 – [수식에서 사용] 명령 클릭 – [판매금액]을 클릭
③ 『,1)』를 입력한 후 Enter
④ [M6] 셀의 완성된 수식 '=LARGE(판매금액,1)'
⑤ [M6] 셀을 클릭하여 채우기 핸들로 [M7] 셀까지 수식을 복사한 후 수식에서 1을 2로 수정한 후 Enter
⑥ [M7] 셀의 완성된 수식 '=LARGE(판매금액,2)'

예제 05 제품코드(A4:A43)를 기준으로 [E4:E43] 셀 범위에 고객선호도를 표시하려고 합니다. 제품코드의 첫 글자가 A 또는 B이면 '우수', C이면 '양호', D이면 '보통'으로 표시하세요. (IF함수, OR함수, LEFT함수)

① [E4] 셀에 =IF(OR(LEFT(A4,1)="A",LEFT(A4,1)="B"),"우수",IF(LEFT(A4,1)="C","양호","보통"))수식을 입력 후 Enter
② [E4] 셀을 클릭하여 채우기 핸들로 [E43] 셀까지 수식을 복사

예제 06   고객선호도에 따른 개수를 [M10:M12] 셀 범위에 계산하세요.
(COUNTIF 함수)

① [M10] 셀에 =COUNTIF($E$4:$E$43,L10) 수식을 입력 후 Enter
② [M10] 셀을 클릭하여 채우기 핸들로 [M12] 셀까지 수식을 복사

예제 07   [N15] 셀에 제품이 '망고 트로피칼'이면서 고객선호도가 '우수'인 제품의 수를 계산하세요. (COUNTIFS 함수)

① [N15] 셀에 =COUNTIFS(D4:D43,L15,E4:E43,M15) 수식을 입력 후 Enter

예제 08   고객선호도가 '우수'인 A001 제품코드의 총 판매금액을 [L18]에 계산하세요. (SUMIFS 함수)

① [L18]에=SUMIFS(판매금액,E4:E43,"우수",A4:A43,"A001")수식을 입력 후 Enter

예제 09   판매금액에 대한 판매순위를 [J4:J43] 셀 범위에 계산하세요. 계산된 순위 값 뒤에 '위'를 포함하여 표시하세요. (RANK.EQ 함수, &연산자)

① [J4] 셀에 =RANK.EQ(H4,판매금액,0)&"위"수식을 입력
② [J4] 셀을 클릭하여 채우기 핸들로 [J43] 셀까지 수식을 복사

실습하기 해설

예제 10 판매금액(H4:H43)과 할인율 표(L21:M25)의 제품에 따른 할인율을 참조하여 [I4:I43] 셀 범위에 제품별 할인금액을 계산하세요. 할인금액 = 판매금액*할인율(VLOOKUP 함수)

① [I4] 셀에 =H4*VLOOKUP(D4,$L$22:$M$25,2,FALSE) 수식을 입력
② [I4] 셀을 클릭하여 채우기 핸들로 [I43] 셀까지 수식을 복사

예제 11 제품코드(A4:A43)의 오른쪽 문자가 '1'이면 '강남지점', '2'이면 '강서지점', '3'이면 '강동지점' 으로 [B4:B43] 거래처 셀 범위에 표시하세요. (CHOOSE 함수, RIGHT 함수)

① [B4] 셀에 =CHOOSE(RIGHT(A4,1),"강남지점","강서지점","강동지점")수식을 입력
② [B4] 셀을 클릭하여 채우기 핸들로 [B43] 셀까지 수식을 복사

| Part 4. 해설 |

예제 01 [기록데이터] 워크시트에서 추천 차트를 이용하여 [D3:F13] 셀 범위에 대한 묶은 세로 막대형 차트를 새 시트에 작성하세요.

① [기록데이터] 워크시트에서 차트로 표현할 [D3:F13] 셀 범위를 지정한 후 [삽입] 탭 – [차트] 그룹 – [추천 차트]를 클릭
② [차트 삽입] 대화상자가 열리면 [추천 차트] 탭에서 첫 번째에 위치한 [묶은 세로 막대형]을 선택하고 [확인]을 클릭

예제 02 삽입된 차트의 위치를 새 시트로 이동한 후 차트의 제목을 [2월 판매내역]으로 변경하세요.

① 삽입된 차트를 선택한 후 [차트 도구] – [디자인] 탭 – [위치] 그룹 – [차트 이동]을 클릭
② [차트 이동] 대화상자에서 [새 시트]를 선택한 후 [확인]을 클릭
③ 차트의 제목을 선택하고 『2월 판매 내역』이라고 입력

예제 03 삽입된 차트의 세로(값)축 서식을 '최소 : 0', '최대 : 100000', '주단위 : 20000'으로 설정하세요.

① [세로(값)축]을 선택하고 [차트 도구] – [서식] 탭 – [현재 선택 영역] 그룹

실습하기 해설

　에서 [선택 영역 서식]을 클릭
② 화면의 오른쪽에 [축 서식] 창이 열리면 [축 옵션 ▮▮] 단추를 클릭하고, [경계]의 '최대' 값에 『100000』을 입력, [단위]의 '주' 값에 『20000』으로 변경

예제 04　[2월 판매 내역] 차트의 스타일을 '스타일 9'로 변경하세요.

① [차트 도구] - [디자인] 탭 - [차트 스타일] 그룹 - [차트 스타일 자세히 ▾]를 클릭하고 [스타일 9]를 클릭

예제 05　[경비추세] 워크시트에서 [N2:N6] 셀 범위에 1월~12월의 경비 추세를 '꺾은 선형' 스파크라인으로 삽입하세요.

① [경비추세] 워크시트에서 [B2:M6] 셀 범위를 지정한 후 [삽입] 탭 - [스파크라인] 그룹 - [꺾은선형] 명령을 클릭
② [스파크라인 만들기] 대화상자의 [위치 범위]에 커서를 놓고 [N2:N6] 셀 범위를 드래그- 확인] 클릭

예제 06　삽입된 선 스파크라인에 [높은 점], [낮은 점], [표식]을 표시한 후, 스파크라인의 스타일을 [스파크라인 스타일 색상형 #6]으로 변경하세요.

① [N2:N6] 셀 범위가 지정되어 있는 상태에서 [스파크라인 도구] - [디자인] 탭 - [표시] 그룹에서 [높은 점], [낮은 점], [표식]에 체크 표시

| Part 5. 해설 |

예제 01 [중복데이터] 워크시트에서 [사원명]과 [제품]에 대해서 중복되는 데이터를 찾아 제거하세요.

① [중복데이터] 워크시트에서 임의의 데이터를 선택한 후 [데이터] 탭 – [데이터 도구] 그룹에서 [중복된 항목 제거]를 클릭
② [중복된 항목 제거] 대화상자에서 [모두 선택 취소]를 클릭하고, [사원명]과 [제품]에 체크 표시를 한 후 [확인]을 클릭
③ 40개의 중복된 데이터가 제거되었다는 메시지 창에서 [확인]을 클릭

예제 02 [정렬_부분합] 워크시트에서 첫 번째 기준으로 [회원등급]을 오름차순, 두 번째 기준으로 [회원ID]를 내림차순으로 정렬하세요.

① [정렬_부분합] 워크시트에서 임의의 셀을 클릭한 후 [데이터] 탭 – [정렬 및 필터] 그룹 – [정렬]을 클릭
② [정렬] 대화상자에서 [기준 추가]를 클릭 – [열] 정렬 기준에서 '회원등급', [정렬] 목록에서 '오름차순'을 선택하고, [열] 다음 기준에서 '회원ID'를, [정렬] 목록에서 '내림차순'을 선택한 후 [확인]을 클릭

예제 03 [회원등급]별로 [포인트]의 평균에 대해서 부분합을 계산한 후, 두 번째 부분합으로 [회원등급]별로 [누적이용횟수]의 최대값을 계산하세요.

① [정렬_부분합] 워크시트에서 임의의 셀을 클릭한 후 [데이터] 탭 – [윤곽선] 그룹 – [부분합] 명령을 클릭
② [부분합] 대화상자에서 [그룹화할 항목]을 '회원등급', [사용할 함수]를 '평균', [부분합 계산 항목]에서 '포인트'에 체크 표시한 후 [확인]을 클릭
③ '누적이용횟수'에 대한 최대값을 계산하는 두 번째 부분합을 구하기 위해 [데이터] 탭 – [윤곽선] 그룹 – [부분합]을 클릭
④ [부분합] 대화상자에서 [그룹화할 항목]을 '회원등급', [사용할 함수]를 '최대값', [부분합 계산 항목]에서 '누적이용횟수'에 체크 표시한 후 [새로운 값으로 대치]의 체크 표시를 해제한 후 [확인]을 클릭

예제 04 [자동필터] 워크시트에서 '2017년 11월 1일' 이후의 날짜에 해당하는 데이터를 필터링한 후 [종류]가 '지출'인 항목에 대해서 데이터를 필터링하세요.

① [자동필터] 워크시트에서 임의의 데이터 셀을 선택한 후 [데이터] 탭 – [정렬 및 필터] 그룹에서 [필터] 명령을 클릭
② '날짜' 필드명의 필터 단추를 클릭한 후 [날짜 필터] – [이후]를 클릭
③ [사용자 지정 자동 필터] 대화상자 '날짜'에서 [이후]가 선택되었는지 확인하고 『2017-11-1』을 입력한 후 [확인]을 클릭

예제 05 [피벗테이블] 워크시트에서 'ANTON' 고객의 1분기에서 4분기의 최소값을 표시하는 피벗 테이블을 만드세요. [고객]을 [필터]로 사용하고, [제품명]을 행에, [1분기], [2분기], [3분기], [4분기]를 값으로 사용하고 새 워크시트에 배치하세요.

① [피벗테이블] 워크시트에서 임의의 데이터 셀을 클릭한 후 [삽입] 탭 – [표] 그룹 – [피벗 테이블] 명령을 클릭

② [피벗 테이블 만들기] 대화상자에서 [표 또는 범위 선택] 옵션을 선택 – [표/범위]에 자동으로 데이터 범위가 지정되면, [새 워크시트] 옵션을 선택한 후 [확인]을 클릭

③ 필드 목록에서 [고객]을 [필터] 영역으로 드래그, [제품명]을 [행] 영역으로 드래그, [1분기], [2분기], [3분기], [4분기]를 [값] 영역으로 드래그

④ [B1] 셀의 필터 단추를 클릭한 후 목록에서 'ANTON'을 선택한 후 [확인]을 클릭

예제 06 새 워크시트에 삽입된 피벗 테이블의 스타일을 [피벗 스타일 어둡게 2]로 변경하세요.

① [피벗 테이블 도구] – [디자인] 탭 – [피벗 테이블 스타일] 그룹 – [자세히]를 클릭하여 [피벗 스타일 어둡게 2]를 클릭

| Part 6. 해설 |

예제 01 [기록 데이터] 워크시트에서 반바지, 셔츠, 샌들 제품의 단위당 소매 가격(E4:E6)이 5,000 인상되었을 때 '소매 가격 5000원 인상', 5,000 인하되었을 때 '소매 가격 5000원 인하'라는 이름의 시나리오를 만들고 총 판매액(J4:J6)의 결과값의 변화를 확인할 수 있도록 새 워크시트로 요약하세요.

① [기록 데이터] 워크시트에서 [데이터] 탭 - [예측] 그룹 - [가상 분석] 명령을 클릭 - [시나리오 관리자]를 클릭

② [시나리오 관리자] 대화상자에서 [추가] 단추를 클릭

③ [시나리오 편집] 대화상자에서 [시나리오 이름]에 『소매 가격 5000원 인상』을 입력 - [변경 셀]에 커서를 올려놓고 [E4:E6]을 드래그하여 선택한 후 [확인] 단추를 클릭

④ [시나리오 값] 대화상자에서 [$E$4]에 『25000』, [$E$5]에 『93000』, [$E$6]에 『75000』을 입력한 후 다른 시나리오를 작성하기 위해 [추가] 단추를 클릭

⑤ [시나리오 추가] 대화상자에서 [시나리오 추가]에 『소매 가격 5000원 인하』를 입력한 후 [확인] 단추를 클릭

⑥ [시나리오 값] 대화상자에서 [$E$4]에 『15000』, [$E$5]에 『83000』, [$E$6]에 『65000』을 입력한 후 [확인] 단추를 클릭

⑦ [시나리오 관리자] 대화상자에서 [소매 가격 5000원 인상]과 [소매 가격 5000원 인하]에 대한 시나리오의 내용을 보고서로 작성하기 위해 [요약]을 클릭

⑧ [시나리오 요약] 대화상자에서 [보고서 종류]를 [시나리오 요약]으로 선택하고 [결과 셀]에 커서를 올려놓고 [J4:J6] 셀 범위를 지정한 후 [확인]을 클릭

예제 02 [기록 데이터] 워크시트에서 [J9] 셀의 [총 판매액(₩)]이 '100,000,000'이 되려면 [H9] 셀의 [판매한 단위(도매)]의 값이 얼마가 되어야 하는지 목표값 찾기 기능을 이용하여 예측해 보세요.

① [데이터] 탭 – [예측] 그룹 – [가상 분석] 명령을 클릭하고 [목표값 찾기]를 클릭
② [목표값 찾기] 대화상자에서 [수식 셀]에 [J9] 셀을, [찾는 값]에는 『100,000,000』을 입력, [값을 바꿀 셀]에는 [H9] 셀을 선택하여 지정한 후 [확인]을 클릭

예제 03 [가족 예산] 워크시트에서 [월별 총 지출] 열 데이터가 1,000,000 이상인 값에 대해서 [C4:O17] 셀 범위에 [글꼴 스타일]은 '굵게 기울임꼴', [채우기색] '노랑' 조건부 서식이 기록되는 '백초과'라는 이름의 매크로를 작성하세요.

① 임의의 셀을 선택한 후 [개발 도구] 탭 – [코드] 그룹 – [매크로 기록] 명령을 클릭
② [매크로 기록] 대화상자에서 [매크로 이름]에 『백초과』 [매크로 저장 위치]를 [현재 통합 문서]로 선택한 후 [확인]을 클릭
③ [C4:O17] 셀 범위를 지정한 후 [홈] 탭 – [스타일] 그룹 – [조건부 서식]명령을 클릭 – [새 규칙]을 클릭

④ [새 서식 규칙] 대화상자가 열리면 [규칙 유형 선택] 목록에서 [수식을 사용하여 서식을 지정할 셀 결정]을 선택

⑤ [규칙 설명 편집]의 [다음 수식이 참인 값의 서식 지정]입력란에 『=$O4>=1000000』을 입력하고 [서식]을 클릭

⑥ [셀 서식] 대화상자에서 [글꼴] 탭 – [글꼴 스타일] 목록에서 '굵게 기울임꼴'을 선택 – [채우기] 탭 – [배경색] 목록에서 노랑색을 선택한 후 [확인]을 클릭

⑦ 임의의 빈 셀을 클릭하여 범위를 해제한 후 [개발 도구] 탭 – [코드] 그룹 – [기록 중지] 명령을 클릭

예제 04 기록된 조건부 서식 규칙이 지워지는 '서식지우기'라는 이름의 매크로를 작성하세요.

① [개발 도구] 탭 – [코드] 그룹 – [매크로 기록] 명령을 클릭한 후 [매크로 기록] 대화상자에서 [매크로 이름]에 『서식지우기』, [매크로 저장 위치]를 [현재 통합 문서]로 선택한 후 [확인]을 클릭

② [C4:O17] 셀 범위를 지정한 후 [홈] 탭 – [스타일] 그룹 – [조건부 서식] 명령을 클릭 – [규칙 지우기] 항목을 선택 – [선택한 셀의 규칙 지우기]를 클릭

③ 임의의 빈 셀을 클릭하여 범위를 해제한 후 [개발 도구] 탭 – [코드] 그룹 – [기록 중지] 명령을 클릭

예제 05 현재 통합 문서를 [문서] 폴더에 '매크로실습'이라는 이름의 Excel 매크로 사용 통합 문서 형식으로 저장하세요.

① [파일] 탭 – [내보내기] – [파일 형식 변경]을 선택한 후 [매크로 사용 통합 문서]를 클릭 – [다른 이름으로 저장]을 클릭
② [다른 이름으로 저장] 대화상자에서 저장 위치를 지정하고 [파일 이름]에 『매크로실습』을 입력한 후 [저장]을 클릭

④ [새 서식 규칙] 대화상자가 열리면 [규칙 유형 선택] 목록에서 [수식을 사용하여 서식을 지정할 셀 결정]을 선택

⑤ [규칙 설명 편집]의 [다음 수식이 참인 값의 서식 지정]입력란에 『=$O4>=1000000』을 입력하고 [서식]을 클릭

⑥ [셀 서식] 대화상자에서 [글꼴] 탭 - [글꼴 스타일] 목록에서 '굵게 기울임꼴'을 선택 - [채우기] 탭 - [배경색] 목록에서 노랑색을 선택한 후 [확인]을 클릭

⑦ 임의의 빈 셀을 클릭하여 범위를 해제한 후 [개발 도구] 탭 - [코드] 그룹 - [기록 중지] 명령을 클릭

예제 04 기록된 조건부 서식 규칙이 지워지는 '서식지우기'라는 이름의 매크로를 작성하세요.

① [개발 도구] 탭 - [코드] 그룹 - [매크로 기록] 명령을 클릭한 후 [매크로 기록] 대화상자에서 [매크로 이름]에 『서식지우기』, [매크로 저장 위치]를 [현재 통합 문서]로 선택한 후 [확인]을 클릭

② [C4:O17] 셀 범위를 지정한 후 [홈] 탭 - [스타일] 그룹 - [조건부 서식] 명령을 클릭 - [규칙 지우기] 항목을 선택 - [선택한 셀의 규칙 지우기]를 클릭

③ 임의의 빈 셀을 클릭하여 범위를 해제한 후 [개발 도구] 탭 - [코드] 그룹 - [기록 중지] 명령을 클릭

예제 05 현재 통합 문서를 [문서] 폴더에 '매크로실습'이라는 이름의 Excel 매크로 사용 통합 문서 형식으로 저장하세요.

① [파일] 탭 – [내보내기] – [파일 형식 변경]을 선택한 후 [매크로 사용 통합 문서]를 클릭 – [다른 이름으로 저장]을 클릭

② [다른 이름으로 저장] 대화상자에서 저장 위치를 지정하고 [파일 이름]에 『매크로실습』을 입력한 후 [저장]을 클릭

| Part 7. 해설 |

예제 01 [위쪽], [아래쪽] 여백은 『2.3』으로, [왼쪽], [오른쪽] 여백은 『1.5』로 설정한 후 페이지의 가운데로 맞춤 설정을 하세요.

① [페이지 레이아웃] 탭 – [페이지 설정] 그룹 – [여백] 명령을 선택한 후 [사용자 지정 여백]을 클릭
② [페이지 설정] 대화상자에서 [여백] 탭 – [위쪽], [아래쪽]에는 『2.3』을 입력하고, [왼쪽], [오른쪽]에는 『1.5』 입력, [페이지 가운데 맞춤]에서 [가로], [세로]를 체크한 후 [확인]을 클릭

예제 02 3행을 인쇄 제목 행으로 설정하여 매 페이지마다 필드명이 반복되도록 설정하세요.

① [페이지 레이아웃] 탭 – [페이지 설정] 그룹 – [인쇄 제목] 명령을 클릭
② [페이지 설정] 대화상자 – [시트] 탭 – [반복할 행]에 커서를 올려놓은 후 데이터의 필드명이 입력된 3행을 클릭한 후 [확인]을 클릭

예제 03 페이지 왼쪽 머리글 영역에 '날짜'가, 페이지의 가운데 바닥글에는 '파일 이름'이 삽입되도록 설정하세요.

① [페이지 레이아웃] 탭 – [페이지 설정] 그룹 – [인쇄 제목] 명령을 클릭
② [페이지 설정] 대화상자에서 [머리글/바닥글] 탭 – [머리글 편집] 단추를 클릭
③ [왼쪽 구역] 입력란을 클릭하고 [날짜 삽입] 단추를 클릭
④ [페이지 설정] 대화상자에서 [바닥글 편집] 단추를 클릭
⑤ [가운데 구역] 입력란을 클릭하고 [파일 이름 삽입] 단추를 클릭– [확인]을 클릭
⑥ [페이지 설정] 대화상자에서 [확인]을 클릭

대표저자

용승갑 (한국교통대학교 IT 응용융합학과 교수)
류상률 (청운대학교 컴퓨터공학과 교수)
전병찬 (청운대학교 기초교양교육원 교수)
이동은 (누리교육 대표)
박현철 (대원대학교 교양전담 교수)
송기현 (대전보건대학교 경영정보과 교수)

한 권으로 기본부터 실무까지
엑셀 2016

2018년 2월 25일 초판 발행
2025년 8월 20일 2쇄 발행

공 저	용승갑 · 류상률 · 전병찬 · 이동은 · 박현철 · 송기현
발 행 인	배영환
발 행 처	도서출판 현우사
등록번호	제10-929호
주 소	서울시 영등포구 영중로 138-1(영등포동 8가 80-2) 드림프라자 B 901호
	Tel. 02) 2637-4806, 4863 Fax. 02) 2637-4807
홈페이지	www.hyunwoosa.co.kr
E-mail	okpress1208@naver.com
정 가	16,000 원
I S B N	978-89-8081-515-9 93000

불법복사는 지적재산을 훔치는 범죄행위입니다.
저작권법에 의하여 무단전재와 무단복제를 금합니다.
이를 위반할 시에는 처벌을 받게 됩니다.